Ulrich Hemel (Hg.)

Weltethos für das 21. Jahrhundert

Ulrich Hemel (Hg.)

Weltethos für das 21. Jahrhundert

HERDER

FREIBURG · BASEL · WIEN

Umschlaggestaltung: Gestaltungssaal, Rosenheim
Umschlagmotiv: © Ipopba / iStock / GettyImages

Satz: Daniel Förster, Belgern
Herstellung: GGP Media GmbH, Pößneck

Printed in Germany

ISBN 978-3-451-38741-8

Hans Küng gewidmet,
dem Inspirator der Weltethos-Idee

Inhalt

III. Weltethos für die Politik

IV. Weltethos für die globale Zivilgesellschaft

V. Weltethos in ökologischer Verantwortung und Nachhaltigkeit

Dank und Ausblick: Zur Umsetzung von »Weltethos« im 21. Jahrhundert

Geleitwort: Weltethos heute

Eberhard Stilz
Präsident der Stiftung Weltethos
Präsident des Verfassungsgerichtshofs a.D.

Sind Sie denn überhaupt katholisch?

Das gehörte zu den verdutzten Fragen, die mich erreichten, als Anfang des Jahres 2013 bekannt wurde, dass Prof. *Hans Küng* mich zu seinem Nachfolger als Präsident der Stiftung Weltethos berufen hatte. Für Hans Küng selbst war mein Glaube (ich bin Protestant) kein Thema, er hat danach gar nicht gefragt. Natürlich, Küng selbst ist nicht nur herausragender Theologe, sondern auch (zwar kritischer, aber) überzeugter Katholik. Für sein Projekt Weltethos waren ihm seine wissenschaftliche Exzellenz und seine tiefen theologischen Kenntnisse gleichermaßen unentbehrlich.

Und doch war auch für ihn immer klar: Das Projekt Weltethos ist kein katholisches und kein christliches Projekt, sondern überhaupt kein religiöses Unterfangen. Für die wissenschaftliche Begründung bedurfte es zwar zuverlässiger Kenntnisse der Weltreligionen. Doch ging es von Anfang an nicht um die eigentlichen Glaubenssätze der Religionen, sondern um ihre jeweiligen ethischen Fundierungen, und von diesem Ausgangspunkt aus um die Suche nach den ethischen Gemeinsamkeiten der Weltreligionen. Hinzu kam die Suche nach jenen ethischen Grundprinzipien, zu denen sich auch religionsferne Humanisten bekennen.

Zweck dieser Untersuchungen war und ist nicht etwa die Suche nach einer Art Vereinigungsreligion – das wäre schon per se abwegig und für Weltethos erst recht unmöglich, weil es dabei eben nicht um religiöse, sondern um weltliche Fragen ging und geht. Auch die heute öfter zu hörende Frage, ob sich Kirchen oder Religionen als Träger oder Vermittler ethischer Gebote angreifbar gemacht hätten, stellt sich für das Projekt Weltethos nicht.

Es geht um etwas Schlichteres, deshalb aber um nichts Geringeres. Ausgangspunkt sind zwar die von Küng beschriebenen ethischen Maximen, denen sich Menschen aller Religionen und Überzeugungen überall in der Welt verbunden fühlen – trotz aller Regelabweichungen, die wir tagtäglich erleben, um uns herum und bei uns selbst. Doch ist Herausarbeitung und Darstellung der verbindenden Grundwerte kein Selbstzweck. Sie verweisen vielmehr in einer Welt voller Abgrenzung, Polarisierung, Selbstbezogenheit und ›Fake News‹ auf menschliche Gemeinsamkeiten; auf Verbindendes, das Grenzen überwindet und in seiner Größe und Kraft das Trennende kleiner erscheinen lässt. So bietet Weltethos eine glaubwürdige Hilfe bei der Frage nach dem guten Zusammenleben, nach dem guten Leben überhaupt, vielleicht sogar bei der Suche nach einer Antwort auf die alte Kant'sche Frage: *Was ist der Mensch?*

Dieser grundlegende Gegenentwurf zum engen Denken in Kästchen und Mauern erkennt sehr wohl an, dass es Unterschiede auch in ethischen Fragen gibt. Die Menschen dieser Welt sind und denken nicht stets gleich. Das einem jeden Menschen oder einer Gruppe jeweils Eigene gilt es grundsätzlich zu respektieren. Haben wir aber den Ausgangspunkt des Gemeinsamen gefunden, laufen wir nicht Gefahr, uns über die Suche nach unserer Identität im Identitären zu verirren. Vielmehr finden wir so Orientierung in einer globalen, pluralistischen Welt und Wege, unserer menschlichen Verantwortung gerecht zu werden.

Übernehmen, ja, überheben wir uns mit einem solchen Anspruch nicht?

Nun, das Projekt Weltethos wird nicht von sich aus die Welt verändern. Doch ich verweise nicht nur auf den schönen Beitrag von

Klaus Leisinger in diesem Band und auf sein treffendes Zitat von *Margaret Mead* an dessen Ende. Wir können in Stiftung und Institut auch aus eigener, praktischer Erfahrung berichten. Unsere Projekte, unsere Arbeit in Schule und Gesellschaft, in der Wirtschaft und mit Unternehmern, sie legen Samenkörner. Ich kann es nicht quantifizieren, bin aber gleichwohl sicher, dass diese geistigen Samen in vielen Menschen aufgehen, sie immun machen gegen Radikalisierung und Fundamentalismus, entscheidende Gemeinsamkeiten begründen und so Vertrauen schaffen.

Am Anfang meiner Amtszeit in der Stiftung Weltethos habe ich das Bürgerlied »*Ob wir rote, gelbe Kragen … tun wir, tun wir was dazu*« zitiert als Antwort auf die Frage, die mir auch schon damals gestellt worden war: Ob ich denn glauben würde, dass so eine Stiftung – und ich in ihr – tatsächlich etwas bewirken, etwas ändern könne. Ich würde heute sogar noch weiter gehen: Es steckt schon ein Fehler in der Frage selbst. Wir bewirken alle etwas, ständig. In unserem Tun setzen wir unablässig Kausalbeiträge für das Geschehen in der Welt, in unserem Lassen nicht weniger. Und im Inneren, wenn wir unser Gewissen befragen, wissen wir, dass wir schließlich verantworten müssen, in welche Richtung unsere Beiträge weisen.

Statt eines Vorworts:
Weltethos – ein Lernprogramm für die globale Zivilgesellschaft

Ulrich Hemel

1990 veröffentlichte *Hans Küng* sein Buch »Projekt Weltethos«. Seither ist es in 14 Auflagen und in Dutzenden von Sprachen erschienen und hat Millionen von Menschen auf der ganzen Welt inspiriert. 2020 ist also Jubiläumsjahr: Das Weltethos-Projekt wird 30 Jahre alt – ein Anlass zur Rückschau und zur Würdigung, aber auch zum Ausblick mit neuen Impulsen.

Hans Küng, der 1928 geborene Inspirator der Weltethos-Idee, wuchs in einer Welt mit weniger als 2 Milliarden Menschen auf. In der Zwischenzeit leben fast 8 Milliarden Personen auf dieser einen Erde, und die Begrenzung der natürlichen Ressourcen wird uns durch die Klimakrise, die Krise der Biodiversität und die Übernutzung von Land und Meer immer deutlicher. Nicht zuletzt vor diesem Hintergrund hat das Parlament der Weltreligionen im Oktober 2018 eine fünfte Weltethos-Weisung zur »Nachhaltigkeit« und ökologischen Verantwortung verabschiedet.

Stammt mit Blick auf diese großen Veränderungen die Weltethos-Idee nicht aus einer anderen Welt, die längst vergangen ist? Lohnt es sich denn, Zeit und Kraft für eine Idee zu investieren, die womöglich wirkungslos, verstaubt und veraltet sein könnte? Ist »Weltethos« bei den jüngeren Generationen, erst recht bei den in diesem 21. Jahrhundert geborenen, überhaupt noch präsent?

So berechtigt diese Fragen sind, so deutlich gibt der vorliegende Band eine andere, positive Antwort. Denn gerade die nicht nur harmonische, sondern auch konfliktive Globalisierung, gerade die fortwährende Präsenz und Durchmischung, nicht das Verschwinden von Religion zeigen auf, dass es einer einigenden Idee für die globale Zivilgesellschaft mehr denn je bedarf. Selbst in den Betrieben ist Religion in ihrer spannungsreichen Vielfalt angekommen, von Bekleidungsfragen bis hin zur Ausgestaltung des Angebots in den Kantinen und Betriebsrestaurants.

Die Frage nach »**Weltethos für das 21. Jahrhundert**« bringt daher die ursprünglichen Anliegen und die neuen Herausforderungen unserer Zeit ins Gespräch. Und dabei gibt es verschiedene Gesprächspartner: vor allem Juristinnen und Juristen, Philosophinnen und Philosophen, Wirtschaftswissenschaftlerinnen und Wirtschaftswissenschaftler, Theologinnen und Theologen, Literaturwissenschaftlerinnen und Literaturwissenschaftler und andere. Im Vordergrund stehen bei den Autoren und Autorinnen dieses Bandes die Protagonisten und Mitarbeitenden in der Weltethos-Stiftung und im Weltethos-Institut in Tübingen. Und weil an polyphone Vielstimmigkeit gedacht ist, erfolgt auch keine Glättung des durchaus unterschiedlichen Umgangs der einzelnen Autoren und Autorinnen mit dem derzeit stark diskutierten Thema der gendergerechten Sprache.

Weltethos-Stiftung und Weltethos-Institut gehören eng zusammen, unterscheiden sich aber in ihrer Blickrichtung und den konkreten Aufgaben. Während die Weltethos-Stiftung unter der operativen Leitung von *Stephan Schlensog* stärker in den Bereich Schule und Gesellschaft hineinwirkt, beschäftigt sich das 2012 gegründete und von der Karl-Schlecht-Stiftung finanzierte Weltethos-Institut mit Weltethos und dem Aufbau von Vertrauen in Unternehmen. Seit Juni 2018 habe ich die Ehre und die Freude, das Weltethos-Institut als Nachfolger von *Claus Dierksmeier* zu leiten: ein weiteres Motiv zu einer aktuellen Bestandsaufnahme rund um das Thema »Weltethos«. Präsident der Weltethos-Stiftung ist der frühere Präsident des Baden-

Württembergischen Verfassungsgerichts *Eberhard Stilz*, der in diesem Band ein Geleitwort und einen Beitrag verfasst hat.

Ziel dieses Werks ist aber nicht einfach eine dokumentarische Bestandsaufnahme. Aus diesem Grund enthält es keine vollständige Liste von Publikationen rund um Weltethos. Eine solche Liste ist aber für alle Interessierten unter dem Link **www.weltethos.org/bibliographien/** verfügbar.

Im vorliegenden Band geht es vielmehr um den Grundimpuls der Weltethos-Idee: das wechselseitige Gespräch und den Dialog als Wirkprinzip einer friedlichen Gesellschaft. Dies ist umso notwendiger, als Megatrends wie Globalisierung, Digitalisierung und Klimakrise den Ruf nach verbindenden und verbindlichen Werten in einem doch weithin säkularen Umfeld umso lauter ertönen lassen.

Die Fruchtbarkeit der Weltethos-Idee zeigt sich folglich auch in der Spannbreite ihrer Anwendungsbereiche. Nach einem großen Abschnitt über »30 Jahre Weltethos – Ein Panorama der Argumente« (Teil I) folgt die nähere Betrachtung großer Wirklichkeitsfelder wie der Wirtschaft (Teil II), der Politik (Teil III) und der Zivilgesellschaft (IV). Aufgrund der Brisanz des Themas und der erst 2018 getroffenen Entscheidung des Parlaments der Weltreligionen ist der Frage nach ökologischer Verantwortung und Nachhaltigkeit ein eigenes Kapitel gewidmet (Teil V).

Die Weltethos-Idee erweist sich dabei als Impuls für ein umfassendes Programm der globalen Zivilgesellschaft. Einzelne Staaten können nicht mehr alle Angelegenheiten ihrer Bürgerinnen und Bürger regeln. Gerade die weltweit wirksamen Kräfte der Globalisierung, der Migration und des Klimawandels zeigen, dass die Regelungsfähigkeit einzelner Staaten an Grenzen gerät, selbst bei so mächtigen Spielern wie den USA, Russland oder China. Wir brauchen die multilaterale Kooperation in globalem Maßstab und müssen dabei einen Weg finden, unsere eigenen Überzeugungen auf friedliche Art und Weise ins Spiel zu bringen.

Der Begriff der Zivilgesellschaft ist allerdings auch schillernd. Für viele Personen wird die Zivilgesellschaft abgegrenzt von »Wirtschaft«

und von »Staat«. In einem solchen Verständnis lassen sich die Bereiche »Politik«, »Wirtschaft« und (sonstige) »Zivilgesellschaft« leicht voneinander abgrenzen, so wie es aus Gründen der praktischen Übersicht auch in der Gliederung dieses Buchs geschieht. Mit dem 2009 von mir begründeten »Institut für Sozialstrategie« (www.institut-fuer-sozialstrategie.org) kam ein anderer Ansatz in die Diskussion, der Zivilgesellschaft umfassend als den Bereich aller Akteure umfasst, die weder Staat sind noch organisiertes Verbrechen. Als Folge dieser Definition werden speziell Religionen, aber eben auch Unternehmen zu verantwortlichen Akteuren der Zivilgesellschaft. Dies ist deshalb von besonderer Wichtigkeit, weil zu jeder »Akteurin« und zu jedem »Akteur« eben auch eine Akteurs-Verantwortung gehört. Weder Kirchen oder religiöse Organisationen noch Unternehmen können sich dann ihrer Verantwortung für das Ganze der Gesellschaft entziehen. Sie sind Akteure, interpretieren Spielregeln, schaffen neue, verstoßen gegen alte, suchen nach erweiterten Handlungsspielräumen und sind in jedem Fall vor allem eines: verantwortlich für ihr Handeln.

Dieser Gedanke der **Akteurs-Verantwortung** passt hervorragend in die Weiterentwicklung der Weltethos-Idee. Denn neben Menschenrechten gibt es auch Menschenpflichten oder, besser gesagt, Verantwortung für unser individuelles, soziales und institutionelles Handeln. In Entsprechung zu den Weltethos-Werten entspricht beispielsweise dem Wert der Gewaltlosigkeit die Verantwortung für den Weltfrieden und dem Wert der Nachhaltigkeit die Verantwortung für die Eindämmung des Klimawandels. Die Werte der Gerechtigkeit, Partnerschaftlichkeit und Wahrhaftigkeit gehen ebenfalls über eine reine Individualethik hinaus. Was bedeutet beispielsweise Gerechtigkeit mit Blick auf die alternde Gesellschaft und mit Blick auf unsere ungeborenen Nachkommen? Was bedeutet Partnerschaftlichkeit für den Umgang mit sprachlichen, ethnischen, aber auch sexuellen Minderheiten – oder gar für das Verhältnis zwischen »kleinen« und »großen« Staaten auf der Erde? Wie lässt sich Wahrhaftigkeit leben in Zeiten digitaler ›Fake News‹ und zunehmender staatlicher Kontrolle über die digitale Welt?

Auf keine dieser Fragen kann dieses Buch eine erschöpfende Antwort liefern. Andererseits schafft der Referenzrahmen »Weltethos« eine Dialogplattform im besten Sinn, weil sie Kriterien für eine lösungs- und nicht nur problemorientierte Debatte finden hilft.

Was bedeutet das im Einzelnen?

Nach dem aufs Wesentliche zurückführenden Impuls von **Eberhard Stilz** in seinem Geleitwort gibt **Stephan Schlensog** einen kenntnisreichen Überblick über die Geschichte, die verschiedenen Facetten und die Reichweite des Weltethos-Projekts in Schulen, Universitäten, Wirtschaftsunternehmen und Gesellschaft ganz allgemein. Diesem Projekt bleibt der gesamte Band verpflichtet.

Karl-Josef Kuschel als einer von Hans Küngs Mitstreitern der ersten Stunde erinnert an die Genese der Erklärung von Chicago 1993. Denn es war im Grunde das erste Mal, dass Weltreligionen sich zusammengefunden haben, um gemeinsam in einer multireligiösen Weltgesellschaft für ein friedliches Miteinander einzutreten. Das Vertrauen in die Weisheit der Religionen umfasste dabei von Anfang an auch die Achtung vor denjenigen Menschen, die ihr eigenes Leben nicht religiös interpretieren wollen oder können.

Claus Dierksmeier, der Gründungsdirektor des Weltethos-Instituts von 2012–2018, begründet anschließend, in einem gemeinsamen Beitrag mit **Christopher Gohl**, die Idee der »qualitativen Freiheit« als Leitwert einer von Globalität geprägten Welt. Damit wird zugleich ein negatives und quantitatives Verständnis der »Freiheit von« Zwang oder Zumutung kritisiert wie auch eine konstruktiv wirksame, weltethische Alternative dazu artikuliert: die Idee einer gestaltenden, »weltbürgerlich verantworteten Freiheit«. Die Fruchtbarkeit dieser Idee wird dann im Rahmen einiger Beiträge in diesem Band entfaltet.

Ulrich Hemel, Direktor des Weltethos-Instituts seit Juni 2018, interpretiert Weltethos als ein gesellschaftliches Lernprogramm. Denn friedliches Zusammenleben fällt nicht vom Himmel, sondern muss mühsam errungen und »erlernt« werden. Er verweist insbesondere auf das empirisch-normative Doppelprogramm im Begriff »Weltethos«, das als »Ethos in der Welt« und als »Ethos für die Welt« verstanden werden kann. Diese Doppelstruktur ermöglicht sowohl die empirische Erforschung wie die normativ wirksame Gestaltung von »Welt«. Beide Facetten sind von Bedeutung, wenn die Gefahr der empiristischen Engführung ohne Theorie ebenso wie die der normativ-imperialen Überwältigung vermieden werden soll.

Der **II. Teil des Bandes** nimmt dann insbesondere die Umsetzung von Weltethos in die wirtschaftliche Welt in den Blick.

Im ersten Beitrag dieses Teils spricht sich **Ulrich Hemel** für den Aufbau von Vertrauen und ethischer Sprachfähigkeit in Unternehmen aus. Er fordert dabei den gegenwärtigen Mainstream der Wirtschaftswissenschaften heraus, weil er für Unternehmen als Akteure der Zivilgesellschaft eine »Rationalität in Verantwortung« verlangt, die über das reine Gewinnstreben hinausgeht. Unternehmen müssen sich schon heute mit der Balance zwischen gesellschaftlicher Verantwortung und betrieblichem Eigennutzen auseinandersetzen. Sie sind also von Haus aus einem hybriden Zielsystem verpflichtet und gewinnen nur so gesellschaftliche Anerkennung, auch mit Blick auf das Talentmanagement.

Christopher Gohl führt das Argument nahtlos fort, weil er mit Blick auf das Humanistische Management die Beachtung von Menschenrechten und Nachhaltigkeitswerten für die unternehmerische Praxis fordert. Es geht also um eine »blaue« und »grüne« Wertschöpfungskette über Finanz- und Rentabilitätsansprüche hinaus. Im weltethischen Blick wird das Unternehmen zu einem Werteraum eigener Art, in dem das Ethos und die Dialogfähigkeit von Führungskräften eine Kultur des Vertrauens und der kooperativen Exzellenz fördern können. Als zivilgesellschaftliche Akteure suchen Unternehmen den Dialog mit ihren Teilhabern und richten idealerweise ihre Geschäftsmodelle an ihrer Verantwortung für Mitwelt, Umwelt und Nachwelt aus.

Friedrich Glauner berichtet über die Umsetzung der Weltethos-Werte in unternehmerische Praxis. In seiner Reflexion über »Weltethos als Grundlage erfolgreicher Unternehmensführung« geht es ihm um die Verankerung von Werten im Unternehmen. Das Unternehmen sieht er dabei u. a. als interaktiven Werteraum mit dem Ziel erfolgreicher Kooperation in unternehmerischer Verantwortung. Diese Verantwortung wird im Rahmen eines komplexen Führungssystems wahrgenommen, das nicht nur funktional wirksam sein kann, sondern wertebasiert wirken muss. In den Weltethos-Werten sieht der Autor eine Richtschnur zur Umsetzung einer solchen Wertorientierung mit dem Ziel einer gelingenden, humanen Führungskultur.

Bernd Villhauer überträgt anschließend den Weltethos-Gedanken auf die spezielle Welt der Finanz- und Geldindustrie. Dabei fordert er mit Recht eine bereichsspezifische Geld- und Finanzethik, bei der die Weltethos-Perspektive die Rolle eines einigenden Bandes spielen könnte. Gerade aktuelle Entwicklungen wie »Responsible Finance« und »Impact Investing« gehen schon jetzt in diese Richtung. Verantwortung wird daher auch in die Transaktionen der Geld- und Finanzwirtschaft encodiert. Und beim »Impact Investing« wird neben dem Renditeziel mit den Kriterien »Risiko und Rendite« das zusätzliche Kriterium der gesellschaftlichen Wirksamkeit (»Impact«) eingeführt.

Claus Dierksmeier beleuchtet die Weltethos-Idee dann in einer speziellen Anwendung: den Cryptocurrencies oder Internet-Währungen als »Weltgeld«. Die Hoffnungen ruhen dabei wie bei Bitcoin und weit über 1000 weiteren Cryptowährungen auf der Blockchain-Technologie, die als fälschungssicher gilt. Denn die Transparenz der Transaktionen sorgt zugleich für Vertrauen, und zwar im Raum zivilgesellschaftlichen, nicht staatlichen Handelns.

Nils Goldschmidt schlägt den Bogen vom Weltethos zur Rahmenordnung wirtschaftlichen Handelns im Kontext der Sozialen Marktwirtschaft, die als Friedensprojekt in der Balance aus der Freiheit des Wettbewerbs und der Verantwortung für sozialen Zusammenhalt beschrieben wird. »Markt« gilt ihm dabei als Mittel, nicht als Zweck gesellschaftlichen Zusammenlebens, sodass das Ziel einer sozialen Friedensordnung oder einer »sozialen Irenik« (Alfred Müller-Armack) ins Blickfeld gerät. Die heutige Herausforderung bestünde darin, diesen Gedanken einer Sozialen Marktwirtschaft als Friedensimpuls auch international und global wirksam werden zu lassen.

In einem zweiten Beitrag berichtet **Friedrich Glauner** über das »Tübinger Entwicklungsmodell«, und zwar mit Blick auf die heute immer aktuellere Suche nach tragfähigen Geschäftsmodellen für die Zukunft. Statt destruktiver Wohlstandsmehrung ohne Beachtung ökologischer und sozialer Folgewirkung geht es um integrative Vernetzung der verschiedenen Aspekte von Nutzenstiftung in sogenannten »Mehrwertkreisläufen«. Denn erst dadurch gelangen wir von einem individualistisch eng geführten Einzelnutzen zur Nutzenstiftung und tatsächlichen Wohlstandsmehrung im Gesamtsystem.

Ulrich Hemel schließt das Großkapitel Wirtschaft mit der Beschreibung eines Praxisprojekts ab. Dabei geht es um »Weltethos-Ambassadors«, die beim Weltethos-Institut eine Schulung erhalten und in ihren Unternehmen als Ansprechpartner für ethische Fragen agieren. Über die schon eingeführten Bereiche »Compliance« als Regelbefolgung und »Corporate Social Responsibility« (CSR) als Suche nach gesellschaftlicher Verantwortung hinaus soll dadurch die ethische Sprach- und Handlungsfähigkeit von einzelnen Menschen und von ganzen Unternehmen gestärkt werden, im Sinn eines konkreten Lernprogramms zur Verankerung ethischer Werte in Unternehmen.

Das Großkapitel »*Weltethos in der Politik*« wird eröffnet durch einen Beitrag von **Eberhard Stilz** zum Thema Weltrecht und Weltethos. Dabei geht es um die wesentliche, aber in der heutigen Diskussion oft vernachlässigte Frage nach dem Fundament des Rechts, etwa im Sinn eines »ethischen Minimums«. Gerade im Völkerrecht ist dieser Gedanke aber alles andere als trivial, schon durch die Unterschiedlichkeit der verschiedenen Blickwinkel. Die von allen Weltreligionen gemeinsam formulierten Weltethos-Werte könnten jedoch durchaus als Fundament für die internationale Rechtsetzung dienen.

Markus Weingardt führt den Gedanken mit Blick auf die Frieden stiftende Funktion von Religion weiter. Anhand konkreter historischer Beispiele zeigt er auf, dass Religionen nicht nur für kriegerische und gewaltsame Zwecke instrumentalisiert werden, sondern aufgrund ihrer Eigenart in vielen Fällen sogar besonders hilfreich für Friedensmissionen sein können. Dies gilt speziell für ihr emotionales Konfliktverständnis und den Vertrauensvorschuss, den religiöse Initiativen und Institutionen vor Ort immer wieder genießen.

Christopher Gohl wirft die aktuelle Frage auf, was es eigentlich heißt, zu Beginn des 21. Jahrhunderts eine Demokratin oder ein Demokrat zu sein. Dafür arbeitet er ein gemeinsames Motiv von Hans Küng, Claus Dierksmeier und Ulrich Hemel heraus: Dialogfähigkeit als Lern- und Friedensfähigkeit. Sie bedarf der Einübung, wenn Demokratie als zivilisatorische Praxis gelingen und Chancen und Fortschritt für jeden Menschen gewährleisten soll.

Daran anschließend befasst sich **Hans-Martin Schönherr-Mann** mit globalen Normen für die Weltordnung. Dabei wird anhand einer Wirkungsanalyse der Bewegung »Fridays for Future« die Frage nach einer gemeinsamen Weltordnung (»Global Governance«) mit der Frage verbunden, wie wir in einer Welt höchst widersprüchlicher Interessen zu gemeinsamen Lösungen für die globalen Herausforderungen gelangen, die uns alle betreffen.

Das Großkapitel *»Weltethos in der Politik«* wird abgeschlossen durch einen Beitrag von **Raban Fuhrmann** und **Christopher Gohl**, die die Idee der Dialogfähigkeit zum Leitbild einer »lernenden Demokratie« entfalten. Eine lernfähige Demokratie kann Probleme produktiv verarbeiten und Gestaltungskraft beweisen. Sie ist damit, so die Autoren, eine weltethische Antwort auf die Vertrauensfrage, der sich liberale Demokratien weltweit unter der »Wucht der Globalität« zu stellen haben.

Demokratie ist ja keine ein für alle Mal feststehende Errungenschaft, sondern ihrerseits auf Lern-, Such- und Gestaltungsprozesse angewiesen. Nicht nur die Agenda-21-Bewegung im Anschluss an den Gipfel von Rio de Janeiro 1992, sondern auch die vielfältigen

Bedürfnisse nach Partizipation und Mitgestaltung können in den Weltethos-Werten ein hinreichend praxisnahes Fundament finden.

Der Teil »*Weltethos in der Zivilgesellschaft*« wird eingeleitet durch **Hanna Schirovsky**, die die Weltethos-Idee mit dem Capability-Ansatz von Amartya Sen verknüpft. Dabei berichtet sie über ein konkretes Forschungsprojekt, bei dem die Verwirklichungschancen geflüchteter Menschen im Vordergrund stehen, weil diese selbst nach ihren Vorstellungen und Perspektiven befragt werden und dadurch im Gegensatz zur manchmal aufgeregten Tagesdiskussion eine eigene Stimme und damit ihre eigene Würde zurückerhalten.

Anna Tomfeah wiederum bezieht sich auf neue, digitale Formen der Kommunikation. Diese stellen auch für die Verbreitung und zielgenaue Ansprache von Weltethos-Diskursen eine Herausforderung dar. Dabei geht es nicht nur um visuelle, auditive oder gedruckte Formate, sondern auch um eine zielgruppengerechte Ansprache. Denn nur so wird es gelingen, der Weltethos-Idee auch in der jungen Generation des 21. Jahrhunderts Resonanz zu verschaffen.

Michael Wihlenda beschreibt in zwei Beiträgen den spezifischen Beitrag der »World Citizen School« zur Umsetzung der Weltethos-Ideen auf dem Gebiet studentischer Initiativen. Das Weltethos-Lernprogramm erweist sich dabei als »Lernspirale« für ein sozial engagiertes Identitätslernen, welches die fachliche Professionalität durch die kommunikative Praxis der Einübung von Weltethos-Werten im Miteinander konkreter Ziele solcher Initiativen ergänzt.

Ulrich Hemel schließt den Teil über die (sonstige) Zivilgesellschaft mit einem Beitrag zum aktuellen Thema der Digitalisierung ab. Er sieht die digitale Konnektivität als Sozialgestalt der Person in der digitalen Welt und fragt, wie humane Werte in dieser Welt bewahrt und sinnvoll entwickelt werden können. Dabei führt er den Begriff der »digitalen Balance« ein, der sich jenseits einer hemmungslosen kommerziellen Digitalisierung wie in den USA und einer digitalen Staatskontrolle wie in China entfalten sollte. Dieser »europäische« Weg der digitalen Balance wird auf ein gutes Wechselspiel zwischen den Anliegen der einzelnen Person wie etwa der informationellen

Selbstbestimmung und den Anliegen digitaler Sozialität wie etwa der Verbrechensbekämpfung durch CyberCrime zu achten haben.

Schließlich folgt das große *Kapitel zur ökologischen Verantwortung und Nachhaltigkeit*. Es wird eröffnet durch einen Beitrag von **Klaus Leisinger**, der das Weltethos auf die 2015 veröffentlichten und am 1. Januar 2016 in Kraft getretenen 17 Nachhaltigkeitsziele oder Sustainable Development Goals der Vereinten Nationen bezieht. Besonders hebt er den Wert des prinzipiengebundenen Nachdenkens hervor. Denn konkrete Dilemmata reichen weit über Schwarz-Weiß-Alternativen hinaus. Die Verbindung der wertegebundenen Prinzipienreflexion mit der konkreten Auslegung der 17 SDGs eröffnet damit einen neuen Raum für die Umsetzung der Weltethos-Ideen in die Praxis.

Robert Brunnhuber geht in seinem Beitrag über »Weltethos als Treiber Nachhaltiger Entwicklung« auf den Zusammenhang zwischen Humanitätsprinzipien, insbesondere der Goldenen Regel, und den Weltethos-Werten ein. Dabei begründet er die Goldene Regel in Verbindung mit Weltethos als ethisches Fundament und Programm für das Thema Nachhaltige Entwicklung in den verschiedenen Lebens- und Politikbereichen.

Felix Ekardt setzt einen weiteren, entschiedenen Akzent. Er spricht sich für eine Nachhaltigkeits-Governance im Sinn der »Suffizienz« ein, die ohne Verhaltensänderung speziell in den industrialisierten Ländern nicht möglich sein wird. Technologische Innovation als Treiber für eine Lösung der Nachhaltigkeitskrise sieht er als sinnvoll, aber als unzureichend an. Dabei bezieht er sich auch auf die 5. Weisung des Parlaments der Weltreligionen von 2018 und zeigt dabei, wie unterschiedlich die Perspektiven auf die einzelnen Weltethos-Werte ausfallen können.

Abschließend argumentiert **Friedrich Glauner** in seinem Beitrag über das Ethos der Nachhaltigkeit für eine noch engere Verknüpfung der SDGs mit den Weltethos-Werten. Denn gerade die Inspiration durch die Weltethos-Werte könne zum »Maßstab für humanes Miteinander« bei den Leitlinien zur Umsetzung der 17 SDGs werden.

Abgerundet wird der vorliegende Band mit einer weiterführenden Idee, die **Ulrich Hemel** vorträgt: Weltethos im 21. Jahrhundert sollte die Friedenspotenziale der Religionen auch dadurch zum Ausdruck bringen, dass über die UN ein gemeinsames Ziel wie »Gute Religiöse Praxis« (Good Religious Practice) im Sinn von Glaubens-, Kult- und Konversionsfreiheit verfolgt wird. Gleichzeitig müsse auf grausame religiöse Praxis verzichtet und das Recht anerkannt werden, ohne Religion zu leben. Gemeinsame Aufgabe wird es sein, solche Ziele als eines der offiziellen Ziele der Vereinten Nationen, als »SDG 18«, umzusetzen.

30 Jahre nach seiner Begründung erweist sich das Projekt Weltethos zugleich als bleibender Auftrag wie inspirierende Tradition. Die Vielschichtigkeit und Vielstimmigkeit des Weltethos-Gesprächs soll im vorliegenden Band zum Ausdruck kommen, eben als »Lernprogramm für das 21. Jahrhundert«. In diesem Sinne wünsche ich Ihnen als Leserinnen und Lesern eine ansprechende Lektüre!

I. 30 Jahre Projekt Weltethos: Ein Panorama der Argumente

Das Weltethos-Projekt: Drei Jahrzehnte globaler gesellschaftlicher Dialog

Stephan Schlensog

Das Weltethos-Projekt hat eine lange Geschichte: Eine Geschichte, die man als eine Geschichte des »gesellschaftlichen Dialogs« bezeichnen könnte, der sich auf unterschiedlichen Ebenen in unterschiedlichen Kontexten wie ein roter Faden durch das Weltethos-Projekt zieht. Schlüsselfigur des Projekts ist der in Tübingen lebende und lehrende Schweizer Theologe *Hans Küng*.

In den 1960er- und 1970er-Jahren gerät die Auseinandersetzung mit den *Weltreligionen* zunehmend in den Fokus von Küngs wissenschaftlichem Arbeiten, initiiert durch systematische Forschungsreisen rund um den Globus und durch zahllose Begegnungen mit Vertreterinnen und Vertretern anderer Religionen. Nach außen profiliert sich Küng als Botschafter und Initiator interreligiöser Verständigung, innerkirchlich profiliert er sich als theologischer Reformer und Kritiker des Systems. 1979 gerät er zusehends in Konflikt mit der katholischen Amtskirche, vor allem über die Frage der päpstlichen Unfehlbarkeit, sodass ihm Ende 1979 schließlich die kirchliche Lehrbeauftragung (*missio canonica*) entzogen wird. Hans Küng bleibt aber Theologie-Professor an der Tübinger Universität, nur jetzt außerhalb der katholisch-theologischen Fakultät. Sein damaliges »Institut für Ökumenische Forschung« wird fakultätsunabhängig und profiliert sich fortan als kreatives Laboratorium interdisziplinärer Forschung und gesellschaftlicher Diskussion: der ideale Raum für das sich allmählich abzeichnende Weltethos-Projekt.

1982 hält Hans Küng öffentliche Dialogvorlesungen mit drei führenden Religionswissenschaftlern über Islam, Hinduismus und Buddhismus – später publiziert im Buch »Christentum und Welt-

28

religionen. Hinführung zum Dialog« (Küng et al. 1984). Es endet mit jenem Wort, das für das Projekt Weltethos zum Programmwort werden sollte: »Kein Weltfrieden ohne Religionsfrieden!«. Was aus heutiger Sicht den meisten plausibel erscheint, war für die damalige Zeit weitgehend neu, denn Küng adressiert damit zum ersten Mal eine ganz wesentliche Komponente des späteren Weltethos-Projekts: die politische Dimension des interreligiösen Dialogs. Wörtlich schreibt er im Nachwort des genannten Buches: »Interreligiöser ökumenischer Dialog ist heute alles andere als die Spezialität einiger weltfremder religiöser Ireniker, sondern hat heute zum ersten Mal in der Geschichte den Charakter eines auch weltpolitisch vordringlichen Desiderats; er kann helfen: unsere Erde bewohnbarer, weil friedlicher und versöhnter, zu machen. Kein Frieden unter den Völkern dieser Welt ohne einen Frieden unter den Weltreligionen!« (Küng et al. 1984: 620 f.).

Die Folgezeit nutzt Hans Küng, um seine Bemühungen um Vertrauensbildung und Dialog der Religionen auf eine breite *wissenschaftliche Basis* zu stellen, und schafft damit zugleich wichtige ideengeschichtliche Grundlagen für das Projekt Weltethos:

I. Die Theorie der *Paradigmenwechsel,* wie sie der Amerikaner *Thomas S. Kuhn* in seinem wissenschaftstheoretischen Klassiker über die Struktur wissenschaftlicher Revolutionen in der Welt der Naturwissenschaften entwickelt hatte (Kuhn 1962), wendet Küng auf die *Religionsgeschichte* an: Er analysiert die Paradigmenwechsel in der Geschichte von Judentum, Christentum und Islam und arbeitet dabei – noch lange vor seinem großen Forschungsprojekt zur religiösen Situation der Zeit (Küng 1991; 1994; 2004; Schlensog 2006) – Variablen und Konstanten in der Entwicklung dieser Religionen heraus.

II. Aufgrund seiner interreligiösen Dialogerfahrungen entwickelt er eine ökumenische Kriteriologie, konzentriert auf die Frage: »Was ist die wahre Religion?«, und arbeitet dabei sowohl spezifische wie allgemein religiöse Kriterien heraus und schließlich das für alle Religionen und Philosophien grundlegende moralische Kriterium des »Humanum«, des wahrhaft Menschlichen.

III. Als Konsequenz der Programmatik »Kein Weltfriede ohne Religionsfriede« kritisiert Küng den amerikanischen Politikwissenschaftler *Samuel Huntington*: jenen Autor, der zunächst in einem knappen Artikel, später in einem großen Buch einen globalen »Clash of Civilizations« als unausweichliches Szenario des 21. Jahrhunderts prognostiziert (Huntington 1993) – eine Theorie, deren Begründung sich in vielen Details als fragwürdig herausstellte, die sich aber, fatalerweise, im Rahmen der US-Politik als »self-fulfilling prophecy« erweisen sollte. Mit dem Projekt Weltethos wird Hans Küng zu einem führenden Kritiker dieser Theorie, der darauf aufbauenden Politik und ihrer Folgen – erstmals in »Das Christentum« (Küng 1994), später ausführlich in »Weltethos für Weltpolitik und Weltwirtschaft« (Küng 1997).

Unmittelbare Wegbereiter des Weltethos-Projekts sind schließlich zwei Veranstaltungen, deren Grundlagenpapiere in die Publikation »Projekt Weltethos« (Küng 1990) Eingang finden, die dem Weltethos-Projekt seinen Namen geben und zu dessen programmatischer Grundlage werden sollte:

– Im Frühjahr 1989 ein *UNESCO-Kolloquium* in Paris, auf dem Küng sein Konzept »Kein Weltfriede ohne Religionsfriede« internationalen Gelehrten aus allen großen Religionen sowie Völkerrechtlern zur Diskussion vorstellt.
– Im Herbst 1989 ein Plenumsvortrag beim *World Economic Forum* in Davos, bei dem Küng dafür wirbt, auch Vertreter der Politik, Wirtschaft und Finanzwelt für die ethische Programmatik des Weltethos-Projekts zu gewinnen, da ohne ihre Mitwirkung alle noch so gut gemeinten Forderungen der Religionen ins Leere laufen.

Am 9. November 1989 fällt die Berliner Mauer und damit jener »Eiserne Vorhang«, der Europa seit dem Zweiten Weltkrieg in zwei ideologische Blöcke teilt. Quasi über Nacht stellen sich ganz neue Fragen für die Zukunft der Gesellschaften in West und Ost. Mit Themen wie »Warum wir ein globales Ethos brauchen«, »Wozu Ethik?«, »Eine Koalition von Glaubenden und Nichtglaubenden«, »Ethik im Spannungsfeld von Autonomie und Religion« und »Weltreligionen und Weltethos« trifft die Programmschrift »Projekt Weltethos« zentrale Fragen dieser Zeit und wird nicht ohne Grund – publiziert in 18 fremdsprachigen Ausgaben – in den Folgejahren eine der am breitesten diskutierten Publikationen Küngs.

Damit sind die Grundlagen für das Weltethos-Projekt gelegt, das aus einem Plädoyer für interkulturellen Dialog erwuchs und sich in den Folgejahren zum globalen gesellschaftlichen Dialogprojekt weiterentwickeln sollte.

Eine Schlüsselrolle spielt dabei die von Hans Küng und dem Baden-Badener Unternehmer *Karl Konrad Graf von der Groeben* 1995 gegründete *Stiftung Weltethos* (weltethos.org), die Küng die für seine weiteren Aktivitäten notwendige personelle Unterstützung und die für das Weltethos-Projekt notwendige operative Plattform bieten sollte, sowie die zeitgleich gegründete Stiftung Weltethos Schweiz (weltethos.ch) und – neben Weltethos-Stiftungen oder -Initiativen in Österreich, Tschechien, Slowenien, Kolumbien und Mexiko – ab 2012 vor allem das *Weltethos-Institut an der Universität Tübingen* (weltethos-institut.org). So konnte sich das Weltethos-Projekt, auf dessen wichtigste Dimensionen jetzt einzugehen ist, zu dem entwickeln, was es heute ist.

Dimension I: Dialog der Religionen und Kulturen

Wie oben beschrieben, ist das Weltethos-Projekt aus diesem Themenkreis erwachsen. Lang ist die Liste der Aktivitäten, Initiativen und Projekte, die zunächst von Hans Küng und seit 1995 im Rahmen seiner Stiftung von ihm und vielen anderen angestoßen oder durchgeführt wurden und bis heute werden. Im dritten Band seiner Memoiren bietet Hans Küng dazu einen Überblick (Küng 2013).

Ein erster Meilenstein des Weltethos-Projekts von religionsgeschichtlicher Tragweite ist die Verabschiedung der »Erklärung zum Weltethos« des *Parlaments der Weltreligionen* 1993 in Chicago (Küng 2002). Es geht zurück auf das erste »Parlament« der Weltreligionen 1893: ein Treffen von Vertretern unterschiedlicher Weltreligionen am Rande der Weltausstellung von Chicago, initiiert vom Anwalt Charles Bonney, mit Vertreterinnen und Vertretern von 45 religiösen Gruppen und Vereinigungen. Dieses »Parlament« wird gemeinhin als Beginn der interreligiösen Bewegung gewertet. Hundert Jahre später plant man an der University of Chicago ein Gedenken an dieses Ereignis, das sogenannte zweite »Parlament der Weltreligionen« – in den Folgejahren sollten noch sechs weitere solcher »Parlamente« folgen. Im Vorfeld kommen die Verantwortlichen mit dem Vorschlag auf Hans Küng zu, eine interreligiöse *Erklärung* auf Grundlage der Weltethos-Idee zu verfassen, die – vor dem Hintergrund aktueller globaler Herausforderungen – die Grundelemente eines verbindenden Menschheitsethos skizziert. Das Ergebnis ist die »Erklärung zum Weltethos«, die 1993 in Chicago diskutiert und verabschiedet wird. Ausgehend von den Prinzipien »Menschlichkeit« und »Gegenseitigkeit« (die sog. »Goldene Regel«) zielt diese Erklärung auf Werte wie Gewaltlosigkeit, Gerechtigkeit, Wahrhaftigkeit und Partnerschaft. Das 8. Parlament der Weltreligionen 2018 in Toronto – 25 Jahre nach Chicago – steht erneut ganz im Zeichen der Weltethos-Thematik. Vor dem Hintergrund der kontroversen politischen Diskussion um die Folgen des Klimawandels wird dort die Weltethos-Erklärung um eine fünfte Weisung zur ökologischen Verantwortung ergänzt, um deren ethische Dimension zu unterstreichen. Von Beginn an fungiert die Weltethos-Erklärung als »Magna Charta« der Stiftungsarbeit.

Ein zweiter Punkt, der zu erwähnen ist, da er für die Rezeption des Weltethos-Projekts nicht unwesentlich ist, betrifft die *mediale Umsetzung und Verbreitung* der in diesem Zusammenhang geleisteten Forschung. Komplexe Forschungsergebnisse werden von Nicht-Fachleuten nur dann in der Breite rezipiert, wenn man deren Komplexität angemessen reduziert. Und dies geht nur über eine möglichst vielfältige mediale Wertschöpfungskette, welche die Inhalte unterschiedlichsten Zielgruppen erschließt, ihnen damit *interreligiöse* und *ethische* Kompetenz vermittelt und sie so sprach- und dialogfähig macht. Denn Dialog setzt Wissen voraus – im Kleinen wie im Großen. So entstehen auf Grundlage wissenschaftlicher Grundlagenarbeiten zunächst das Multimedia-Projekt »Spurensuche« mit sieben Fernsehfilmen, Sachbuch (Küng 1999) und interaktiver CD-ROM, dann im Jahr 2000 die Ausstellung »Weltreligionen – Weltfrieden – Weltethos«, die bald weltweit gezeigt werden wird, und schließlich unterschiedlichste Online-Angebote der Stiftung Weltethos.

Dimension II: Dialog über Werte in der Erziehung

Vom früheren Verfassungsrichter *Ernst-Wolfgang Böckenförde* stammt der Satz: »Der freiheitliche, säkularisierte Staat lebt von Voraussetzungen, die er selbst nicht garantieren kann … ohne seine Freiheitlichkeit in Frage zu stellen« (Böckenförde 1976: 60). Böckenförde spricht von Voraussetzungen, die der Staat nicht garantieren kann. Und warum nicht? Weil sie von den Menschen von sich aus erbracht werden müssen, gewissermaßen als Vorleistung, als Voraussetzung für ein gelingendes Miteinander. Was er genau damit meint, hat Böckenförde 2010 konkretisiert: »Vom Staat her gedacht, braucht die freiheitliche Ordnung ein verbindendes Ethos, eine Art ›Gemeinsinn‹ bei denen, die in diesem Staat leben« (Frankfurter Rundschau 2010: 32 f.). Oder anders gesagt: Es braucht Werte, gemeinsame Werte, die von der Mehrheit der Bevölkerung geteilt werden, damit das Zusammenleben gelingt.

An solche Werte, die einen Menschen menschlich und gemeinschaftsfähig machen, wird man, wenn Erziehung gelingt, schon als Kind sukzessive herangeführt. Wertevermittlung muss in der Familie beginnen und sie wird im Idealfall von Kindergarten und Schule unterstützt und weitergeführt. Deshalb sind *Kindertagesstätten* und vor

allem *Schulen* erstrangige Lernorte für *ethisches Lernen* und für ein gelingendes *Zusammenleben in Vielfalt*. In Kooperation mit Erziehungs-
wissenschaftler/innen, Schulpraktiker/innen und Schulbehörden hat
sich die Stiftung Weltethos von Anfang an konsequent bemüht, ihre
Themen und Inhalte Lehrkräften zugänglich zu machen und vielfältige Projekte, Fortbildungsformate, praxiserprobte Lernmedien
und Instrumente für den pädagogischen Alltag zu entwickeln – bis
hin zur Zertifizierung von Schulen als »Weltethos-Schulen«. Dabei
geht es immer um die Vermittlung von interkultureller *und* ethischer
Kompetenz, das heißt die Fähigkeit, Moral und Moralität zu reflek-
tieren und zu konkretisieren und diese in der interkulturellen Ge-
mengelage heutiger Schulen einzuüben und zu leben.

Dimension III: Dialog mit Politik und Gesellschaft

Das Weltethos-Projekt ist ein Projekt, das von Anfang an den Dialog mit der Politik und der Gesellschaft insgesamt gesucht hat. Was
in »Projekt Weltethos« noch sehr allgemein gefordert ist, wird in den
Folgejahren weiter konkretisiert und entfaltet: der notwendige Mit-
telweg zwischen Real- und Idealpolitik, der Primat der Verantwor-
tungsethik vor reiner Gesinnungsethik sowie der Zusammenhang
von Menschenrechten und Menschenpflichten (Küng 1997).

Letzteres findet seinen Niederschlag in einem Dokument, das
von der Stiftung Weltethos gemeinsam mit dem *InterAction Council* ehemaliger Staats- und Regierungschefs entwickelt wurde. Trei-
bende Kraft ist Altbundeskanzler *Helmut Schmidt*, der die Frage
gemeinsamer »Human Values« zum zentralen Thema des InterAction
Councils macht. In mehreren Expertentreffen wird schließlich eine
»Universal Declaration of Human Responsibilities« erarbeitet, die
den Zusammenhang von Rechten und Pflichten, der ja auch schon
in der UN-Menschenrechtserklärung thematisiert wird, ausbuchstabiert (Küng 2002).

Das Jahr 2001 markiert einen dramatischen Höhepunkt in der
Wirkungsgeschichte des Weltethos-Projekts. Bereits 1998 war von der

Vollversammlung der Vereinten Nationen ein muslimischer Antrag – von Mohammad Khatami, dem reformorientierten zu der Zeit amtierenden Präsidenten der Islamischen Republik Iran – angenommen worden, 2001 zum »Internationalen Jahr des Dialogs der Kulturen« auszurufen. UN-Generalsekretär Kofi Annan erkennt in der interkulturellen Verständigung eine Aufgabe von höchster weltpolitischer Dringlichkeit und beruft eine zwanzigköpfige »Group of Eminent Persons« von internationalem Ansehen, persönlicher Glaubwürdigkeit und anerkannter Kompetenz – darunter auch Hans Küng –, um ein »Manifest zum Dialog der Kulturen« zu erarbeiten. Es trägt den Titel »Crossing the Divide« (Picco et al. 2001) und unterstreicht explizit die Notwendigkeit eines gemeinsamen Menschheits- oder Weltethos. 2001, nach den verheerenden Terroranschlägen von New York und Washington, wird jene UN-Vollversammlung, die über den »Dialog der Kulturen« beraten sollte, vorgezogen. Das Manifest wird vorgestellt, Hans Küng hält als einer der Expert/innen ein Statement vor der Vollversammlung, und eine Resolution zu einer »Globalen Agenda für den Dialog der Kulturen« wird verabschiedet – leider konterkariert von der damaligen US-Kriegspolitik unter Präsident Bush jun.

Dimension IV: Dialog mit der Welt der Wirtschaft

Ein Grundgedanke des Weltethos-Projekts ist die Einsicht, dass die globale Marktwirtschaft auf Dauer nur gut funktionieren wird, wenn sie einen *ethischen Bezugsrahmen* hat. Denn nicht nur das Versagen der Märkte selbst und das Versagen der Institutionen, sondern auch das Versagen der Moral, des Ethos von einzelnen Personen, ist verantwortlich für Probleme, Schieflagen und Skandale, wie wir sie immer wieder erleben. Marktwirtschaft funktioniert nur gut, wenn ihr ein klar geregelter rechtlicher Rahmen gesetzt ist und sie zugleich getragen wird vom Verantwortungsbewusstsein der wirtschaftlichen Akteure. Wirtschaftliches Handeln muss zudem sozialverträglich, umweltverträglich und damit zukunftsverträglich sein – das versteht das Weltethos-Projekt unter einem globalen »Wirtschaftsethos«.

Auf die vielen Initiativen, Publikationen – etwa Hans Küngs Schlüsselpublikation »Anständig wirtschaften« (Küng 2010) oder das »Manifest Globales Wirtschaftsethos« (Küng et al. 2010) – und all die Aktivitäten, die es in all den Jahren diesbezüglich gab und mit denen Hans Küng, die Stiftung Weltethos und andere Mitengagierte den Austausch mit Ökonominnen und Ökonomen, internationalen Organisationen wie IWF, UNO und Weltbank, mit Unternehmen und anderen Entscheidungs- und Verantwortungsträgern suchten, kann hier nicht eingegangen werden.

Trotz solcher Bemühungen hatte man aber im Bereich der Wirtschaft und des Weltfinanzsystems mehr als in anderen Bereichen lange den Eindruck, dass die Ethik der Wirklichkeit immer hinterherläuft. Wirtschafts- und Unternehmensethik wurden (und werden von nicht wenigen noch heute) nicht als Partnerinnen, sondern als Gegenspielerinnen der Wirtschaft gesehen. Forderungen nach sozialer, ökologischer oder gar moralischer Verantwortlichkeit fanden wenig Beifall, wurden oft nur als kostentreibende Beschränkung gesehen und bestenfalls als Mittel zur Vermeidung von Konfliktkosten akzeptiert.

Doch die Zeiten ändern sich. Managementtheorien heute sprechen – in Anlehnung an heutige Nachhaltigkeitstheorien und ganz im Sinne der Weltethos-Programmatik – von einem »Drei-Säulen-Modell«, der sogenannten »triple bottom line«, derzufolge sich die »bottom line«, also das Ergebnis von Gewinn und Verlust nicht nur aus ökonomischen, sondern auch aus ökologischen und sozialen und damit ethischen Komponenten berechnet. Ethische Unternehmensführung heißt, die Menschen und deren Bedürfnisse besser und tiefer zu verstehen, auch angesichts ökonomischer Sachzwänge zu vertrauensvollem Umgang miteinander zu finden und damit Raum zu schaffen für neue, innovative Ideen unternehmerischen Tuns, die nicht nur Geld kosten, sondern die durchaus auch profitabel sein können.

Ein Ort, an dem dies reflektiert und gelehrt wird, ist das *Weltethos-Institut an der Universität Tübingen*. Es entstand aufgrund der Initiative des Unternehmers Prof. h. c. Karl Schlecht, wurde 2012 gemeinsam von Stiftung Weltethos, Universität Tübingen und Karl Schlecht Stiftung (KSG) gegründet und wird seither von der KSG finanziert.

Am 22. April 2013 zieht sich der damals 85-jährige Hans Küng aus dem operativen Geschäft als Präsident der Stiftung Weltethos zurück und konzentriert sich fortan auf die Herausgabe seiner 24-bändigen »Sämtlichen Werke« beim Herder-Verlag, die wir gemeinsam besorgen. Das Präsidium der Stiftung übergibt er an den Juristen und früheren baden-württembergischen Verfassungsgerichtspräsidenten *Eberhard Stilz*, der sich als hervorragender Botschafter der Weltethos-Idee und unermüdlicher Netzwerker für die Stiftung Weltethos erweisen sollte. Das operative Portfolio der Stiftung konsolidiert sich in den Folgejahren zusehends und wird sukzessive erweitert – nicht zuletzt auch dank der hervorragenden Arbeit, die am Weltethos-Institut geleistet wird. Entsprechend entwickelt sich das Weltethos-Projekt auf den hier skizzierten Linien stetig weiter: als *mehrdimensionales globales gesellschaftliches Dialogprojekt* für ein vertrauensvolles und menschliches Miteinander in Vielfalt. Wohin diese Entwicklung geht und gehen kann, ist in den Beiträgen dieses Sammelbandes skizziert.

Literatur:

Böckenförde, Ernst Wolfgang (1976): *Staat, Gesellschaft und Freiheit*, Frankfurt/M.: Suhrkamp.

Frankfurter Rundschau (2010): Freiheit ist ansteckend, [online] (Memento vom 4. November 2010 im *Internet Archive*), 32 f.

Huntington, Samuel P. (1993): The Clash of Civilizations?, in: *Foreign Affairs*, Jg. 72, Nr. 3, 22–49.

Kuhn, Thomas S. (1962): *The Structure of Scientific Revolutions*, Chicago: University of Chicago Press.

Küng, Hans (1990): *Projekt Weltethos*, München: Piper.

Küng, Hans (1991): *Das Judentum. Die religiöse Situation der Zeit*, München: Piper.

Küng, Hans (1994): *Das Christentum. Wesen und Geschichte*, München: Piper.

Küng, Hans (1997): *Weltethos für Weltpolitik und Weltwirtschaft*, München: Piper.

Küng, Hans (1999): *Spurensuche. Die Weltreligionen auf dem Weg*, München: Piper.

Küng, Hans (Hrsg.) (2002): *Dokumentation zum Weltethos*, München: Piper.

Küng, Hans (2004): *Der Islam. Geschichte, Gegenwart, Zukunft*, München: Piper.

Küng, Hans (2010): *Anständig wirtschaften. Warum Ökonomie Moral braucht*, München: Piper.

Küng, Hans (2013): *Erlebte Menschlichkeit. Erinnerungen*, München: Piper.

Küng, Hans, Josef van Ess, Heinrich von Stietencron und Heinz Bechert (1984): *Christentum und Weltreligionen. Hinführung zum Dialog mit Islam, Hinduismus, Buddhismus*, München: Piper.

Küng, Hans, Klaus M. Leisinger und Josef Wieland (2010): *Manifest Globales Wirtschaftsethos. Konsequenzen und Herausforderungen für die Weltwirtschaft. Manifesto Global Economic Ethic. Consequences and Challenges for Global Business*, München: dtv.

Picco, Giandomenico, Hans Küng und Richard von Weizsäcker (u. a.) (2001): *Crossing the Divide. Dialogue among Civilizations*, New Jersey: Sheton Hall University.

Schlensog, Stephan (2006): *Der Hinduismus. Glaube, Geschichte, Ethos*, München: Piper.

Weltreligionen im Dialog über Weltprobleme – Die Erklärung des Parlaments der Weltreligionen in Chicago

Karl-Josef Kuschel

Die Erklärung der Weltreligionen (WEE) 1993 in Chicago beginnt mit einer Problemanzeige. »Unsere Welt geht durch eine fundamentale Krise: eine Krise der Weltwirtschaft, der Weltökologie, der Weltpolitik.« Wie sah sie aus, die Welt von 1993? Ich nehme die drei Stichworte auf.

Stichwort Krise der Weltwirtschaft

1993 steht die Welt noch unter dem Eindruck des zweiten großen »Börsenkrachs« in der Wirtschafts- und Finanzgeschichte des 20. Jahrhunderts. Auf den »Schwarzen Donnerstag« im Oktober 1929 war der »Schwarze Montag« gefolgt. Es ist der 19. Oktober 1987. An diesem Tag verliert der Dow-Jones-Index über 20 Prozent. Es kommt zu dem mit Abstand größten Tagesverlust aller Zeiten an den Börsen. In New York sehen sich die amtlichen Kursmakler zeitweise außerstande, überhaupt noch Kurse zu stellen, zumal die Computersysteme wegen Überlastung immer wieder ausfallen. Insgesamt verliert der amerikanische Aktienmarkt an diesem Tag 500 Milliarden Dollar an Wert. Ungezählte Investoren sind ruiniert.

Es ist die Zeit des US-Präsidenten *Ronald Reagan* (im Amt: 1981–1989). Seine Wirtschaftspolitik hatte vor allem durch Steuersenkungen die Reichen angespornt, noch reicher zu werden – in der Erwartung, sie würden dann Jobs schaffen und dem Staat Steuereinahmen ermöglichen. Irgendwann also käme der Reichtum der Reichen schon »unten« an. »Trickle down«- Theorie nennt man das. Die Folge aber ist eine ungeheure Gier nach Geld. »Greed« wird denn auch zum Schlüsselwort der Reagan-Jahre.

Gegen diese Verwerfungen der US-Wirtschaft, der spiegelbildlich eine geschichtlich beispiellose Staatsverschuldung entspricht, ist die 2. Weisung der WEE geschrieben: »Verpflichtung auf eine Kultur der Solidarität und eine gerechte Wirtschaftsordnung«. Der erläuternde Kommentar dazu endet nicht zufällig mit dem Abschnitt: »Statt einer unstillbaren Gier nach Geld, Prestige und Konsum ist wieder neu der Sinn für Maß und Bescheidenheit zu finden. Denn der Mensch der Gier verliert seine ›Seele‹, seine Freiheit, seine Gelassenheit, seinen inneren Frieden und somit das, was ihn zum Menschen macht« (WEE 1993: 34).

Stichwort Krise der Weltökologie

Dass das wirtschaftliche Wachstum auf dieser Erde auch »*Grenzen*« hat: Spätestens seit 1972 war diese Analyse auch einer *breiteren* Öffentlichkeit ins Bewusstsein getreten. In diesem Jahr veröffentlicht das Ehepaar *Meadows* seine berühmte Studie »The Limits to Growth«. Grundanliegen der im Auftrag des »Club of Rome« erstellten Untersuchung ist es, zu zeigen, dass das jeweilige individuelle und lokale Handeln *aller* globale Auswirkungen hat, die jedoch nicht dem Zeithorizont und dem Handlungsraum des Einzelnen *entsprechen*. Im Klartext: Der Einzelne ist sich in der Regel überhaupt nicht bewusst, was er langfristig anrichtet. Woraus der Bericht folgert: Wenn die gegenwärtige Zunahme der Weltbevölkerung, der Industrialisierung, der Umweltverschmutzung, der Nahrungsmittelproduktion und der Ausbeutung natürlicher Rohstoffe auf jetzigem Niveau so weitergeht, werden die absoluten Wachstumsgrenzen auf der Erde im Laufe der nächsten hundert Jahre erreicht sein.

Weltweit ist diese Studie leidenschaftlich diskutiert worden, ihre Prämissen und Prognosen haben vielfach Widerspruch erfahren. Aber sie hat ein Doppeltes erreicht: *Zum einen* hat sie weitere Forschungen, Analysen und Prognosen vorangetrieben. Ignorieren konnte das Thema niemand mehr. So war ein Jahr, bevor wir nach Chicago fuhren, 1992, die Folge-Studie »Die neuen Grenzen des Wachstums« erschienen. Neue Erkenntnisse (beispielsweise größere Rohstoffvorkommen als 20 Jahre zuvor bekannt) und die in der Zwischenzeit eingetretene Entwicklung waren in die aktualisierten Simulationen aufgenommen worden. Falsifiziert wurde die Grundprognose damit nicht. *Zum Zweiten* hat die 72er-Studie das Thema Ökologie unwiderruflich auf die Agenda der Weltpolitik gesetzt. 1992 hatte nicht zufällig auch eine Konferenz der Vereinten Nationen über Umwelt und Entwicklung (United Nations Conference on Environment and Development, UN-CED) stattgefunden, auch »Erdgipfel« genannt. Sie hatte im Juni '92 in Rio de Janeiro stattgefunden. Viele bezeichnen sie als Meilenstein für die Integration von Umwelt- und Entwicklungspolitik auf Weltebene. Und zugleich bildet sie den Auftakt zu einer Serie von »Erdgipfeln«: Rio+5 1997 in New York, Rio+15 2002 in Johannesburg, Rio+20 2012 erneut in Brasilien mit einer »UN-Konferenz über Nachhaltige Entwicklung«, alles Unternehmungen, die, wie wir heute wissen, weit hinter den in sie gesetzten Erwartungen zurückgeblieben sind.

Stichwort Krise der Weltpolitik

Weltpolitisch gesehen zeigte die Welt von 1993 ein Doppelgesicht. Das konnten wir nicht ignorieren. Es hat uns vor »Alarmismus« bewahrt. *Einerseits:* Der Makro-Konflikt Ost-West war entschärft. 1989 war die Berliner Mauer gefallen und schon 1990 war Deutschland wiedervereinigt worden. Unglaublich: Auf einmal gab es keinen Eisernen Vorhang mehr, keinen Warschauer Pakt, kein Machtmonopol der kommunistischen Parteien. Auch die atomare Abrüstungspolitik der Supermächte war weitergegangen. Noch im Januar 1993 hatten der damalige russische Präsident *Boris Jelzin* und der amerikanische Präsident *Bush* Senior in Moskau das START-II-Abkommen unterzeichnet. Es sieht eine weitere drastische Verringerung der strategischen Atomwaffen vor.

Andererseits aber: Von einer neuen Weltordnung, wie Präsident Bush Senior sie angekündigt hatte, konnte keine Rede sein. Neben dem Versagen in der Wirtschafts- und Sozialpolitik (Bush war Vizepräsident unter Reagan gewesen) der Hauptgrund, warum Bush im November 1992 die Präsidentschaftswahl gegen *Bill Clinton* verloren hatte. Schon am 20. Januar 1993 wird dieser ihn als 42. Präsident der USA ablösen. Unterhalb der Ebene des alten Makro-Weltkonflikts waren mit Beginn der 1990er-Jahre regionale Meso-Konflikte ausgebrochen, hatten erste spektakuläre Terroranschläge verheerende Wirkungen: Bürgerkrieg in Ex-Jugoslawien, Bombenanschlag auf das World-Trade-Center in New York, Erster Irakkrieg unter Bush Senior. Erstmals in der Nachkriegsgeschichte hatte der islamistische Terror derart spektakulär zugeschlagen und erstmals hatte eine westlich-»christliche« Macht Krieg auf »muslimischem Boden« geführt.

Der Text der Weltethos-Erklärung hält sich denn auch durchgehend auf mittlerer Stil- und Tonhöhe in der für ihn eigentümlichen Mischung aus Pathos und Präzision. Gleich zu Anfang spricht er von der Notwendigkeit einer »neuen Weltordnung«, und zwar angesichts »alter und neuer ethnischer, nationaler, wirtschaftlicher und religiöser Spannungen« (WEE 1993: 22). Wir wissen jetzt, warum. Bewusst nimmt er dabei das Schlagwort von Präsident Bush auf, bindet eine Weltordnung aber zugleich ein in eine *globale Rechtsordnung*, für die der Internationale Strafgerichtshof nicht nur symbolisch steht. Vor *diesem* zeitgeschichtlichen Hintergrund von 1993 (regionale Kriege, islamistischer Terror, atomare Abrüstung, Abschaffung der Apartheit) verstehen wir jetzt besser, wer und was gemeint ist, wenn es im Kommentar zur 1. Weisung heißt: »Gerade die politischen Machthaber sind aufgefordert, sich an die Rechtsordnung zu halten und sich für möglichst gewaltlose, friedliche Lösungen einzusetzen. Sie sollten sich engagieren für eine internationale Friedensordnung, die ihrerseits des Schutzes und der Verteidigung gegen Gewalttäter bedarf. Aufrüstung ist ein Irrweg, Abrüstung ein Gebot der Stunde. Niemand täusche sich: es gibt kein Überleben der Menschheit ohne Weltfrieden« (WEE 1993: 30).

Das Potenzial der Religionen im Zeitalter des Säkularismus

Angesichts dieser Weltlage ist es die *Grundintention* der Chicagoer Erklärung, das spirituelle und weisheitliche Potenzial der Weltreligionen einzubringen, nicht simpel als Problemlöser, sondern als innere Kraftquelle und Orientierungsrahmen für sachgerechtes Handeln. Und zwar im Blick auf *jeden einzelnen* Menschen, welcher religiösen oder weltanschaulichen Herkunft auch immer. Religiöse Leidenschaft gekoppelt mit Sachverstand. Damit erreicht werden sollte, dass Menschen vor den Problemen nicht ins Private flüchten oder sich gesinnungsethisch vor der Wirklichkeit drücken oder gar vor lauter Problemdruck zynisch abwinken, sondern sich der Lösung der Probleme *stellen* – mit Sachverstand im Kopf. Brennendes Herz und kühler Kopf müssen sich nicht ausschließen. Aber gerade weil auf das Potenzial der Religionen gesetzt wird, sieht die Erklärung sich mit scharfen Einwänden der Religionskritik konfrontiert. Damit musste sie umgehen. Der Diskurs mit der Religionskritik läuft denn auch im Text gewissermaßen ständig mit, auch dort, wo er nicht direkt angesprochen wird.

Da ist der vor allem in nord- und westeuropäischen Ländern weitverbreitete *Laizismus und Säkularismus*. Ihre Anhänger erklären Religion bestenfalls zur Privatsache, wenn sie nicht von vornherein als freiheitsfeindliche Ideologie ganz verwerfen. Religionen gelten ihnen als die untauglichsten »Agenturen« zur Vermittlung einer demokratiekompatiblen Lebenseinstellung in der Weltgesellschaft des 3. Jahrtausends: Freiheit von aller geistigen und moralischen Bevormundung, Erziehung zur Respektierung der Menschenrechte, Leben im Geist des Pluralismus und des frei floatenden Ideenaustausches. Dagegen musste sich die Erklärung behaupten. Sie tut das durch ein Vierfaches:

I. Sie nimmt die Religionskritik auf und biegt sie zur *Selbstkritik* um. Sie distanziert sich mit aller Deutlichkeit von »Führern und Anhängern von Religionen«, die »Aggression, Fanatismus, Hass und Fremdenfeindlichkeit schüren, ja so-

gar gewaltsame und blutige Auseinandersetzungen inspirie-
ren und legitimieren« (WEE 1993: 20). Der Text setzt dabei die Erkenntnis voraus, dass man nur durch Selbstkritik
in der heutigen Weltgesellschaft Glaubwürdigkeit erlangt.
Religionen können nur *dann* buchstäblich »glaub-würdig«
sein, heißt es wörtlich, »wenn sie selbst jene Konflikte be-
seitigen, deren Quelle sie selber sind, wenn sie wechselseitig
Überheblichkeit, Misstrauen, Vorurteile, ja Feindbilder ab-
bauen und den Traditionen, Heiligtümern, Festen und Ri-
ten der jeweils Andersgläubigen Respekt entgegenbringen«
(WEE 1993: 26).

II. »Religion« tritt nicht als »System« auf, auch nicht als »Institution«, die Menschen beherrschen und bevormunden will,
sondern als *Grundhaltung*, bescheiden und entschieden zugleich. Sie kann sich ja auch auf jahrtausendalte Überlieferungen stützen, vielfach verraten und geschändet, aber un-
widerlegt. *Jürgen Habermas* wird später diese Denkfigur auf
seine Weise aufnehmen, wenn er davon spricht, »in heili-
gen Schriften und religiösen Überlieferungen« seien »Intuiti-
onen von Verfehlung und Erlösung, vom rettenden Ausgang
aus einem als heillos erfahrenen Leben artikuliert, über Jahrtausende hinweg subtil ausbuchstabiert und hermeneutisch
wachgehalten worden« (Habermas 2005: 31). Nicht Besser-
wisserei also ist die Schlüsselkategorie, sondern *Vertrauen
in die »uralte Weisheit unserer Religionen«*: »Wir als religiöse und spirituell orientierte Menschen, die ihr Leben auf eine Letzte Wirklichkeit gründen und aus ihr in Vertrauen,
in Gebet oder Meditation, in Wort oder Schweigen spirituelle Kraft und Hoffnung schöpfen, haben eine besondere Verpflichtung ... Wir halten uns nicht für besser als andere Menschen, aber wir vertrauen darauf, dass uns die uralte
Weisheit unserer Religionen Wege auch für die Zukunft zu
weisen vermag« (WEE 1993: 21).

III. Grundlage des Denkens ist eine *multireligiöse Weltgesellschaft*.
Wie auch anders, wenn sie von einem »Parlament der Religionen der Welt« angenommen werden sollte, mit der Präsenz von gut 100 Delegationen aus den verschiedensten Religionen der Welt in einer multireligiösen Stadt wie Chicago?
Wie auch anders, wenn das Symbolwort »Parlament« zwar
nicht demokratische Legitimation im politischen, wohl aber
»dieselbe Augenhöhe« von Präsenz und Kommunikation
im moralischen Sinn signalisieren sollte. Eine auftrumpfen-
de Monopolisierung der Wahrheit durch eine der Religionen wäre denn auch angesichts der in der Weltgesellschaft gemeinsam zu bewältigenden Aufgaben grotesk gewesen. Der
Religionspluralismus ist denn auch nicht Anlass, eine »Dikta-
tur des Relativismus« zu beschwören, sondern eine Aufforde-
rung, das spirituelle und lebenspraktische Potenzial *aller* Religionen einzubringen, wo immer dies möglich ist.
Daraus folgt: Es wird Schluss gemacht mit der Monopolisierung der Wahrheit durch eine Religion, Schluss mit dem Su-
perioritätsanspruch einer Religion als angeblich vollkommen
oder umfassend gegenüber allen anderen, Schluss mit einem
Triumphalismus, mit dem andere Religionen als »defizitär«
abqualifiziert werden. Religionen sind *verschieden*, »Unterschiede zwischen den einzelnen Religionen« sollen nicht ver-
wischt oder ignoriert werden.

IV. Auch nicht religiösen Menschen gegenüber ist die Erklärung
frei von jedem Triumphalismus. Weder beansprucht eine Religion die Überlegenheit über alle anderen Religionen noch
alle Religionen zusammen eine über Nichtreligiöse. Sie macht
keine neuen Fronten auf zwischen Religiösen und Nichtreli-
giösen, sondern ermutigt zur Partizipation, und zwar unter
Verweis auf ein Grundethos, das »für alle Menschen guten
Willens, religiöse und nicht religiöse, einsichtig und lebbar«
ist (WEE 1993: 25). Das Signal ist ja bewusst gesetzt: »Aus

den großen religiösen *und ethischen* Traditionen der Menschheit ...«. Will sagen: Auch die nicht religiösen Überlieferungen des Ethischen haben eine große Geschichte hinter sich:
den vor- und nachchristlichen Humanismus.

Was die *vier unverrückbaren Weisungen* angeht, dürfte es kein Zufall
sein, dass sich in der Kultur- und Religionsgeschichte der Menschheit diese und nicht andere ethische Normen herausgebildet haben.
Bei genauerem Hinsehen kreisen alle um das Thema *Lebensschutz
und Lebensvertrauen*. Wie auch anders? Wie sollte sonst menschliches
Zusammenleben gelingen? »Du sollst nicht lügen«: Es geht um die
Sicherung der Vertrauenswürdigkeit meiner selbst und meiner Mitmenschen. »Nicht stehlen«: Es geht um die Sicherung dessen, was
mir und auch anderen gehört. »Nicht töten«: Es geht ganz elementar
um die Unantastbarkeit meines und fremder Menschen Leben. »Se-
xualität nicht missbrauchen«: Auf dem Spiel steht nicht mehr und
nicht weniger als die Bewahrung der körperlich-seelischen Integrität meiner selbst und der anderer. Diese ethischen Weisungen haben
sich seit der Menschwerdung des Menschen aus dem Tierreich lang-
sam durchgesetzt und sind von den verschiedenen religiösen und
philosophischen Traditionen deshalb als verbindend und verbindlich
formuliert worden. Ein Basis-Ethos für eine Gemeinschaft hat sozi-
alpsychologisch die Funktion der Autodestruktions-Prophylaxe, der
Stärkung innerer Bindungen. Es sichert so Überleben im Lebens-
kampf. Wie viel an Menschenkenntnis und Lebensweisheit steckt
gerade auch in der Goldenen Regel: Ohne Gegenseitigkeit kein Zusammenleben der Menschen in Frieden und Gerechtigkeit. Das ist
im wohlverstandenen Eigeninteresse. Der moralisch Handelnde
ist keineswegs – so das gängige Klischee – automatisch »der Dumme«. Warum nicht? Weil Rücksichtslosigkeit (z. B. nackte Interes-
sen-Durchsetzung), Lüge (z. B. in Form von Bilanzfälschungen) oder
Betrug (meist in Form von Korruption) auf längere Sicht die Grundlage allen Zusammenlebens zerstören: *Vertrauen*, sei es in der Welt
der Parteien, der Unternehmen, der Kirchen oder Universitäten. Da-

bei fordert gerade auch die »Goldene Regel« keinen überzogenen Altruismus, sondern appelliert ganz nüchtern an des Menschen Eigeninteresse: Du willst Respekt für deine Person, übe ihn anderen gegenüber. Du willst Verständnis für deinen Standpunkt, verstehe auch deinen Nächsten. Und der andere ist immer auch der Andersglaubende, Andersdenkende und Anderslebende.

Der Dialog der Religionen bleibt wichtig!

Für eine *globale Religionsdiagnose der Gegenwart* scheinen mir folgende Beobachtungen unabweisbar. Untersuchungen zeigen (Joas 2011): Der Anteil religiöser Menschen an der Weltbevölkerung hat unter dem Einfluss der Modernisierung nicht etwa abgenommen. Im Gegenteil: Er steigt dramatisch an.

So breitet sich in *Afrika* nicht nur der Islam, sondern auch das Christentum stark aus, ungeachtet des Endes der Kolonialherrschaft. Das hat neben missionarischen Aktivitäten der Kirchen vor allem auch mit der demografischen Entwicklung zu tun. Schätzungen besagen, dass gegenwärtig in Afrika pro Tag 23.000 Menschen zur Zahl der Christen *hinzukommen* – durch Geburt, aber auch zu mehr als einem Sechstel durch Konversion. Der christliche Anteil an der afrikanischen Bevölkerung ist von 1965 bis 2001 von 25 auf 46 Prozent gestiegen.

Auch in *Asien* gibt es eine erstaunliche Erfolgsgeschichte des Christentums, am spektakulärsten wohl in *Südkorea.* Ähnlich in China. Zwar ist die religionsgeografische Lage im »Reich der Mitte« gegenwärtig noch unübersichtlich, aber Tatsache ist schon jetzt: China bleibt – Maoismus hin oder her – tief vom Konfuzianismus geprägt. Hinzu kommt, dass China heute die größte *buddhistische* Nation der Welt ist, dass die Zahl der *daoistischen* Sakralorte sich in den letzten 15 Jahren verdreifacht hat und mehr Christen – in absoluten Zahlen gerechnet – heute schon zu einem Sonntagsgottesdienst gehen als in ganz Westeuropa.

Was *Lateinamerika* angeht, haben Pfingstbewegungen und protestantisch-charismatische Kirchen einen derartigen Massenzulauf, dass sie schon jetzt das Antlitz eines Kontinents verändert haben, der über Jahrhunderte die Domäne der katholischen Kirche war. In globaler Perspektive besteht somit kein Grund, an der Vitalität der Religionen zu zweifeln, auch des Christentums nicht. Im Gegenteil: Viele der am schnellsten wachsenden Nationen dieser Erde, Brasilien, Uganda, Philippinen, sind ganz oder stark vom Christentum geprägt.

Dasselbe gilt für den *Islam*, der heute seine größten Zuwächse in asiatischen Staaten aufweist: in Indonesien, Pakistan und Bangladesch. Man schätzt, dass es im Jahre 1900 etwa 200 Millionen Muslime auf der Welt gegeben hat, heute geht man von ca. 1,2 Milliarden aus. Ein Wachstum um den Faktor sieben. Christentum und Islam sind die am stärksten weltweit verbreitetsten und zugleich noch wachsenden Religionen. Für die Welt insgesamt und das Jahr 2050 wird geschätzt, dass rund ein Viertel der Weltbevölkerung (27,5 Prozent) islamischen, 35 Prozent christlichen Glaubens sein wird. Nach diesen Prognosen also werden 2,5 Milliarden Muslimen 3,1, Milliarden Christen gegenüber stehen. Was folgt daraus?

Eine *Revision der Säkularisierungsbehauptung.* Alle Prognosen vom gewissermaßen automatischen Absterben der Religion im Zuge einer Modernisierung, sprich: Technisierung, Industrialisierung, Urbanisierung und Bildung haben sich nur partiell bewahrheitet. Was zu Beginn des 20. Jahrhunderts noch plausibel zu sein schien, muss hundert Jahre später teils falsifiziert, teils differenziert werden. Solche Prognosen treffen nur für einen Teilbereich der Weltgesellschaft zu. Nord- und Westeuropa haben, was Religion angeht, global gesehen eine *Sonderentwicklung* durchgemacht. Viele bei uns in Europa sind deshalb einer Fehleinschätzung erlegen. Man hat die eigene Sonderentwicklung auf die Weltgesellschaft hochgerechnet und dabei übersehen: In anderen Kontinenten dieser Erde spielt Religion für Hunderte von Millionen von Menschen eine nach wie vor prägende, motivierende Rolle – in aller Ambivalenz selbstverständlich, immer um Segen und Fluch der real existierenden Religionen wissend.

Durch die Weltgesellschaft zieht sich nach wie vor ein gewaltiges Reichtum-Armut-Gefälle. Soziologen sprechen von *weltweiter sozialer Fragmentierung.* Das heißt: Die Weltgesellschaft ist faktisch auseinandergefallen in Regionen höchst unterschiedlicher Verteilung der Güter. Man vergleiche afrikanische Staaten mit der Wirtschaftskraft sog. Tiger-Staaten Südostasiens: Taiwan, Südkorea, Singapur und Malaysia. *Proteste* gegen diese Verwerfungen aber äußern sich heute nicht mehr – wie noch bis Ende der 80er-Jahre – in ideologischer Sprache: Marxismus, Maoismus. Der Protest der Modernisierungs- und Globalisierungsverlierer artikuliert sich heute in religiöser Sprache, insbesondere im Raum des Islam und des Hinduismus.

Religiöse Energien weltweit sind eine Tatsache. Sie zu unterschätzen, heißt, eine der stärksten Triebkräfte der menschlichen Kultur zu unterschätzen. Bei aller Notwendigkeit der Religionskritik als Reinigungsinstrument der Religionen ist es deshalb ein Trugschluss zu meinen, durch noch mehr Laizismus und Säkularismus ließen sich Menschheitsprobleme lösen. Wichtiger sind nach meinen Erfahrungen Strategien zur Selbstreinigung und inneren Erneuerung der traditionellen Religionen. Religionen sind Faktoren der Weltpolitik auch im 21. Jahrhundert, ob man sie mag oder nicht. Zumindest politisch sind sie ernst zu nehmen, wenn man unsere sich kommunikationstechnisch immer stärker verdichtende Welt verstehen will. Um Vertrauen zu bilden, brauchen wir dringender denn je *auf allen Seiten* wechselseitige Grundkenntnisse über die Weltreligionen. Diese Grundintention der WEE ist auch 20 Jahre danach nicht »erledigt«. Im Gegenteil: Der Religionsdialog und die Erziehung zur interreligiösen Dialogkompetenz sind eine unerledigte Agenda.

Arbeitsfelder des Weltethos-Projekts

Die Stiftung Weltethos hat in den letzten gut 20 Jahren ihres Bestehens Erstaunliches geleistet. Das alles zu erwähnen oder gar zu würdigen, ist hier nicht der Ort. Auf einen wissenschaftstheoretischen Nenner gebracht, ist es durch großen Einsatz gelungen, die Anschlussfähigkeit der WE-Thematik an die unterschiedlichsten Arbeitsfelder und Wissenschaftsbereiche zu zeigen. Doch sei mir gestattet, im Lichte der neuen Herausforderungen für heute und morgen mehrere Arbeitsfelder zu skizzieren.

Arbeitsfeld I: Förderung des Dialogs und der Zusammenarbeit der Religionen.
Selbstverständlich ist auch auf diesem Gebiet in den letzten 20 Jahren einiges geschehen. Zum einen *wissenschaftlich* durch die Trilogie zu den abrahamischen Religionen aus der Feder von Hans Küng, durch das Buch von Stephan Schlensog zum Hinduismus und meine eigenen Grundlagenarbeiten zum Trialog von Juden, Christen und Muslimen. Zum zweiten *medial* durch das *Multimedia-Projekt* »Spurensuche« mit den Dokumentarfilmen auf DVD und dem Buch zur Filmreihe. Auch die höchst erfolgreiche *Ausstellung »Weltreligion – Weltfrieden – Weltethos«* muss eigens genannt werden. Schließlich ist auch *dialogpraktisch* einiges geschehen. Ich denke nur an die Publikation »Weltethos aus den Quellen des Judentums« mit Rabbiner *Walter Homolka* oder die WE-Konferenzen in Indien und vor allem in China.

Aber eine *systematische Strategie* zum Engagement für einen nachhaltigen, d. h. regelmäßigen und institutionalisierten Dialog mit Vertretern verschiedener Religionen ist nicht zu erkennen. Der Arbeit für die Bewusstmachung und Durchsetzung eines Ethos im Raum der Wirtschaft entspricht wenig im Raum des Religionsdialogs. Dabei gilt es, sich bewusst zu bleiben, woher das Projekt WE kommt. Seine Wurzeln liegen in der Welt der Religionen. Es setzt somit interreligiöse Dialogleidenschaft und -kompetenz voraus, und zwar in dreifacher Hinsicht:

1. Umfassende Kenntnisse der je verschiedenen Religionen
2. Umfassende Kenntnisse im Religionsvergleich
3. Umfassende praktische Erfahrung im Religionsgespräch

Es wird auf Dauer nicht genügen, es bei dem bisher religionsvergleichend erhobenen Konsens der WEE zu belassen: bei den beiden Regeln (der Humanitäts- und Reziprozitätsregel) sowie bei den vier unverrückbaren Weisungen. Als sei damit schon »alles gesagt«. Es dürfte der intellektuellen Anstrengung wert sein, diese so wichtige und unverzichtbare Basis durch religionsvergleichende Forschungen zu verbreitern. Es gibt in der Küng'schen Programmschrift »Projekt Weltethos« von 1990 eine Passage, die in diese Richtung weist und mir längst noch nicht ausgeschöpft zu sein scheint: »Die Spezialisten sind aufgefordert, hier weitere Vorstöße zu unternehmen. Vermutlich dürfte dann auch zu erweisen sein, dass sich direkte oder indirekte Parallelen in allen anderen Religionen auch zum christlichen Tugend- und Lasterkatalog finden lassen: so etwa zu den sieben *Haupt- oder Wurzelsünden,* wie man sie seit Gregor dem Großen aufzählt: Stolz, Neid, Zorn, Geiz, Unkeuschheit, Unmäßigkeit und (religiös-sittliche) Trägheit; oder auch zu den von den Griechen übernommenen vier *Kardinaltugenden* der Klugheit, Gerechtigkeit, Tapferkeit und Mäßigkeit. Ob es den Ethiken der Weltreligionen zufolge nicht so etwas wie universal verbreitete Sünden, so etwas wie ›Weltlaster‹, aber erfreulicherweise auch universal geforderte Tugenden, so etwas wie ›Welttugenden‹ gibt? Wenn ja, warum sollen sich die Weltreligionen in der Bekämpfung der Weltlaster und der Förderung der Welttugenden nicht finden können?« (Küng 2012: 87 f.)

All das gilt es für die Forschungsarbeit am Projekt WE fruchtbar zu machen. Die in der Zwischenzeit dazu erschienene Literatur wäre aufzuarbeiten, Dialogseminare durchzuführen. Sie verstehen mich richtig: Ich plädiere nicht simpel für ein »back to the roots«, als hätte es keine Weiterentwicklung gegeben, sondern »don't forget the roots«, »make the roots strong again«!

Arbeitsfeld II: Ethischer Dialog mit Naturwissenschaft und Technik
Die Fukushima-Katastrophe hat aufs Neue bewusst gemacht, dass auch eine technisch-industrielle Lebenswelt Fragen von Grundhaltungen und Lebenseinstellungen aufwirft. Das Projekt WE sollte

diese Herausforderung offensiver als zuvor annehmen. Es braucht Anschlussfähigkeit an Diskurse, die gerade auch im Raum von Naturwissenschaft und Technik über Fragen von Grundeinstellungen zur Wirklichkeit und den daraus folgenden Fragen nach der Verantwortung für Bios und Kosmos geführt werden. Die »Sorge um den Planeten Erde« (WEE 1993: 21) ist in der WEE verankert.

Die Geschichte ethischer Selbstbändigung in der Welt des technisch Machbaren ist alt und hier nicht zu rekonstruieren. Sie ist im 20. Jahrhundert durch die Entwicklung und den Einsatz von Massenvernichtungswaffen provoziert worden. Hiroshima hatte Folgen. 1995 schlägt Sir *Joseph Rotblat*, einstmals Mitarbeiter am »Manhattan-Projekt« zur Entwicklung der amerikanischen Atombombe, in seiner Rede zur Verleihung des Friedensnobelpreises erstmals die Einführung eines hippokratischen Eides auch für Naturwissenschaftler vor. 2007 entwirft der Chief Scientific Advisor der britischen Regierung, Sir *David King*, einen »*universellen Code der Ethik*« für »Forscher auf der ganzen Welt«. In Deutschland hat das 2005 erschienene »*Potsdamer Manifest*« Beachtung gefunden. In der u. a. von *Hans-Peter Dürr* herausgegebenen Buchausgabe wird es ergänzt durch eine detailliert ausgearbeitete »*Potsdamer Denkschrift 2005*«.

Nur ein Kerngedanke der Denkschrift sei hervorgehoben. Auch die Verfasser und Unterzeichner gehen davon aus, dass die weltweit wahrnehmbaren »vielfältigen Krisen« Ausdruck einer »geistigen Krise« seien »im Verhältnis von uns Menschen zu unserer lebendigen Welt«. Diese »geistige Krise« hänge zusammen mit »unserem weltweit (bisher) favorisierten materialistisch-mechanistischen Weltbild und seiner Vorgeschichte«. Einsichten der »modernen Physik« aber, namentlich der »Quantenphysik«, könnten grundsätzlich aus dem materialistisch-mechanistischen Weltbild herausführen. Im Anschluss an Einstein und Russell fordern Manifest und Denkschrift denn auch ein »neues Denken« von Naturwissenschaftlern für Naturwissenschaftler. Ein Denken, das die »organismische Kulturenvielfalt« respektiert und fördert, den »empathischen Menschen« fordert und zu einer Grundhaltung im Zeichen der »Allverbundenheit« des

Menschen mit allem Lebendigen ermutigt. Diese, aus der modernen Physik *selbst* erwachsene Grundhaltung erlaubt es, wie es in der Denkschrift heißt, »Brücken zu schlagen zwischen den auseinanderdriftenden wissenschaftlichen Disziplinen« und »enge Verbindungen zu den Künsten und Religionen« (Dürr 2005: 31) herzustellen. Die Analogien zum Weltethos sind hier mit Händen zu greifen: »Wir alle sind in diesem Kosmos miteinander verflochten und voneinander abhängig«. Ein Austausch zwischen dem Projekt Weltethos und den Promotoren von Manifest und Denkschrift aus Potsdam legt sich nahe und das Weltethos-Institut wäre ein möglicher Ort, wo dieser Austausch stattfinden könnte.

Literatur:

Dürr, Hans-Peter, J. Daniel Dahm, Rudolf Prinz zur Lippe (2005): Potsdamer Denkschrift, [online] http://www.gcn.de/download/denkschrift_de.pdf [18.07.2019].

Habermas, Jürgen (2005): Vorpolitische Grundlagen des demokratischen Rechtsstaates, in: Jürgen Habermas und Joseph Ratzinger (Hrsg.): *Dialektik der Säkularisierung. Über Vernunft und Religion*, Freiburg: Herder, 15–37.

Hasselmann, Christel (2002): *Die Weltreligionen entdecken ihr gemeinsames Ethos. Der Weg der Weltethoserklärung*, Mainz: Mattias-Grünewald.

Joas, Hans (2011): *Glaube als Option*, Freiburg: Herder.

Küng, Hans (2012): *Handbuch Weltethos. Eine Vision und ihre Umsetzung*, München/Zürich: Piper.

Küng, Hans (2013): *Erlebte Menschlichkeit. Erinnerungen*, München/Zürich: Piper.

Küng, Hans, Karl-Josef Kuschel (Hrsg.) (1993): Erklärung zum Weltethos. Die Deklaration des Parlamentes der Weltreligionen, [online] https://www.weltethos.org/erkl%C3%A4rung%20zum%20weltethos/ [18.07.2019].

Küng, Hans, Klaus M. Leisinger und Josef Wieland (2010): *Manifest Globales Wirtschaftsethos. Konsequenzen und Herausforderungen für die*

Weltwirtschaft. Manifesto Global Economic Ethic. Consequences and Challenges for Global Business. München: dtv.

Kuschel, Karl-Josef, Heinz-Dieter Assmann (2011): *Börsen, Banken, Spekulanten. Spiegelungen in der Literatur – Konsequenzen für Ethos, Wirtschaft und Recht*, Gütersloh: Gütersloher Verlagshaus.

Lützeler, Paul Michael (2009): *Bürgerkrieg global. Menschheitsethos und deutschsprachiger Gegenwartsroman*, München: Wilhelm Fink Verlag.

Weltethos als weltbürgerlich verantwortete Freiheit

Claus Dierksmeier und Christopher Gohl

Mit Blick auf die von *Hans Küng* verfasste Erklärung des Parlamentes der Weltreligionen zum Weltethos aus dem Jahr 1993 meinen immer noch viele Menschen, beim Weltethos handele es sich um ein Projekt für religiöse Menschen. Aber das stimmt nicht. Die Besinnung auf gemeinsame Ideale der Menschlichkeit, die Hans Küng seit 1990 eingefordert hat, konnte er zwar als herausragender Theologe gut, glaubwürdig und mit der Autorität seiner Wissenschaft begründen. Immer aber vertrat er zugleich den Anspruch, damit auch nicht gläubige Menschen und säkulare Traditionen des Denkens anzusprechen. Dass das Projekt Weltethos stets auch auf säkularem Boden gewachsen ist, zeigt nicht zuletzt die von *Helmut Schmidt* initiierte und vom *InterAction Council* früherer Staats- und Regierungschefs aus allen fünf Erdteilen im Jahr 1997 verabschiedete »Universal Declaration of Human Responsibilities«: Sie wurde ebenfalls von Hans Küng verfasst.

Ein wichtiger Auftrag Hans Küngs zur Gründung des Weltethos-Institutes 2012 war denn auch eine philosophische Fundierung des Weltethos-Projekts mit einer besonderen Anwendung auf Fragen der Wirtschaft. Diese Fundierung ist geleistet worden mit der Einsicht, dass Weltethos als freiwillig wahrgenommene weltbürgerliche Verantwortung für Mitwelt, Umwelt und Nachwelt als Frucht einer inklusiven, kosmopolitischen und weltweit anschlussfähigen Freiheitsphilosophie zu begründen ist. Eine in kreativer Verantwortung ausgeübte Freiheit eignet sich in herausragender Weise als globaler Leitwert. Denn einerseits respektiert und schützt diese Freiheit zum eigenständig verantworteten Freiheitsvollzug die Vielfalt der Lebensentwürfe in der Welt. Andererseits wird sie selbst zum Maßstab des Gebrauchs der Freiheit: Handle stets so, dass dein Freiheitsgebrauch auch den Freiheitsgebrauch anderer schützt und fördert. Dieser Anspruch gilt dann auch in der Wirtschaft.

Was ein solch qualitatives Freiheitsverständnis in der Tradition *Immanuel Kants* und *Karl Christian Friedrich Krauses* für die Ausgestaltung unseres globalen Zusammenlebens heißt, gilt es im Dialog über die konkreten Freiheiten, die wir erstreben, stets genauer zu bestimmen. Hans Küng hat diese am Weltethos-Institut ausgearbeitete Idee der »qualitativen Freiheit« zustimmend kommentiert: »Damit ist die Basis geschaffen für einen Dialog über alle Grenzen hinweg, seien dies Grenzen der Nationen und Regionen oder Grenzen der Kulturen und Religionen, Grenzen des Geschlechts und der Abkunft oder solche der Einstellung und der Weltanschauung. So wird das Weltethos als eben jene kosmopolitisch einheitsstiftende Konzeption sichtbar, die es ist: als Grundlage und Anfang eines menschheitlichen Gesprächs über diejenigen Werte und Normen, die wir im Interesse heutiger und im Namen zukünftiger Generationen pflegen sollten« (Küng in Dierksmeier 2016a: 8).

Die Idee der Freiheit hat freilich an vielen Orten derzeit einen schlechten Ruf. Viele Menschen glauben, die freiheitliche Dynamik der wirtschaftlichen Globalisierung gefährde die demokratische und kulturelle Selbstbestimmung. Kritiker misstrauen der Freiheit und vertreten dagegen die Gerechtigkeit als globalen Leitwert. Wir halten aber an der Freiheit als Leitwert einer menschenwürdigen Entwicklung fest. Aber: Dafür müssen wir uns gegen die neoliberal verkürzte, quantitativ verstandene Freiheitsidee darauf besinnen, dass Freiheit verpflichtet – und Verantwortung befreit. Freiheit ist uns nicht einfach gegeben, sondern sie ist uns als Aufgabe aufgegeben. Nur wo Freiheit nicht als Entschuldigung für engherzigen Egoismus herabgesetzt, sondern zur Grundlage großherziger Verantwortung gemacht wird, ist sie Treiber weltweiten Wohlstands und sozial wie ökologisch nachhaltiger Lebensverhältnisse. Dazu zehn Thesen.

I. Globalisierung war gestern, Globalität ist heute: Nie gab es mehr Produkte, mehr Kommunikation, nie waren wir mobiler als jetzt. Nie aber hatten wir auch mehr Verantwortung. Denn wie wir produzieren und konsumieren, beeinflusst im Guten wie im Schlechten Menschen, die am anderen Ende der Welt leben – schon heute, spätestens aber morgen. Die Dynamik weltwirtschaftlicher Freiheit birgt enorme Chancen, aber ohne weltrechtliche Rahmenordnung auch ernst zu nehmende Risiken, insbesondere ökologischer und sozialer Art.

II. Wer global wirkt, muss sich weltweit verantworten. Kritische Konsumenten, kluge Unternehmer und vorausschauende Politiker leben uns globale Verantwortung vor. Immer mehr Bürger fragen sich, ob und wie ihr Wirtschaftsverhalten zu einer Welt beiträgt, die »enkelfähig« ist. Unternehmer reduzieren ihren ökologischen Fußabdruck und bemühen sich um eine menschenrechtlich saubere (»blaue«) Lieferkette. Politiker und Vordenker internationaler NGOs ersinnen und erproben Wege zu einer *»global governance«*. Diese Vorbilder zeigen: Freiheit und Verantwortung gehen Hand in Hand.

III. Der Leitwert der Globalität ist verantwortete Freiheit. Freiheit ist keine fixe Idee des Westens. Überall auf der Welt streben Menschen nach eigener Façon glücklich zu werden. Selbst wer liberale Lebensentwürfe verwirft, braucht erst einmal eben jene Freiheit, sich so oder anders zu entscheiden. Das zeichnet die Freiheit als ersten und letzten Maßstab aller Werte aus – auch vor der Gerechtigkeit, die sich an ihrem Beitrag zur Freiheit messen lassen muss.

IV. Die lange vorherrschende Idee von »negativer Freiheit« reicht nicht aus. Negative Freiheit zielt auf die Abwesenheit von staatlichem Zwang. Sie folgt einer quantitativen Logik des »Je mehr, desto besser« und suggeriert: »Weniger Staat = mehr

Freiheit«. Das ist doppelt naiv. Zum einen wird heute in einer digitalisierten und vermachteten (Finanz-)Ökonomie die Freiheit auch seitens der Wirtschaft bedroht. Zum anderen: Wer nur Zwang abbaut und nicht auch Chancen aufbaut, privilegiert die Mächtigen und die Besitzenden. So gerät Freiheit zum Stoppschild für Veränderung. Wir brauchen aber eine dynamische Gesellschaft, um dem rasanten Wandel unserer Lebensverhältnisse verantwortlich gerecht zu werden.

V. Die klassisch-liberale Freiheitsidee zielte stets auf weltbürgerliche Verantwortung. Der Liberalismus erstrebt die Freiheit aller Menschen. Die Sorge um die Freiheit der Nächsten wie der Fernsten galt liberalem Denken schon immer als moralische Pflicht und sittlicher (heute würde man sagen: zivilgesellschaftlicher) Auftrag wie auch als Zielbestimmung von Politik. Denn Freiheit ist eine unteilbare Idee. Die Freiheit der einen darf daher nicht auf Kosten der Freiheit der anderen erschlichen werden. Deshalb müssen folgende qualitativ ausgerichtete Fragen unser Handeln orientieren: »Wessen und welche Freiheiten haben Vorrang? Stehen unsere Freiheiten im Einklang mit der Freiheit aller?«

VI. Weltbürgerlich verantwortete Freiheit ist notwendig. Wer angesichts der uns global bedrängenden Probleme im Bereich der moralischen, sozialen und ökologischen Nachhaltigkeit nicht einer Tugend-, Sozial- oder Ökodiktatur das Wort reden will, muss liberale Wege zu ihrer Lösung finden. Denn nur wo Freiheit sich durch ihren verantwortlichen Gebrauch bewährt, wird sie bewahrt. Wir müssen daher klarstellen: Soziale Gerechtigkeit ist liberal, wo sie Voraussetzungen schafft, dass Menschen ihre Autonomie in menschenwürdiger Weise ausüben können. Nachhaltigkeit ist liberal, wann immer sie dazu beiträgt, dass alle Menschen – auch zukünftige – reale Lebenschancen erhalten. Und auch das Eintreten für Werte und Tugenden ist liberal, wo es die Bereitschaft zur Selbstbeschränkung stärkt sowie unsere Fähigkeit, in Teams, Gruppen und Gesellschaften mit Differenzen friedlich umzugehen sowie dialogfähig, tolerant, kooperativ und höflich zu sein.

VII. Verantwortlich wirtschaften befreit. Die schöpferischen Kräfte der Wirtschaft gehören zu den größten Treibern von Veränderung in der Welt. Unternehmer und Manager, Arbeiter und Angestellte, Finanzdienstleister, Produzenten und Konsumenten können auf unterschiedliche Weise zur Emanzipation und Befähigung ihrer Mitmenschen beitragen (vgl. Gohl und Schirovsky in diesem Band). Jeder wirtschaftliche Akt, angefangen bei der Entscheidung über das Geschäftsmodell und die Produktentwicklung über Investments und Anlagen bis in die Produktion und den Vertrieb, ist ein Wahlakt, der zugunsten der Freiheit aller Menschen ausfallen kann – oder dagegen. Nicht nur die *bottom line*, schon die *topline* des Geschäftsberichts, d. h. der Unternehmenszweck, zählt!

VIII. *The business of business is society*. Wo Staaten grundlegende Menschenrechte und einfachste Sozial- und Arbeitsrechtsstandards nicht gewährleisten können, sind auch Unternehmen gefragt. Was tragen sie zu einer Wirtschaftspraxis und Weltwirtschaftsordnung bei, in der die Freiheit der einen nicht die Freiheit der anderen unterminiert, sondern befördert? Es liegt im Interesse von Unternehmen, die Voraussetzungen zu stärken, von denen sie abhängig sind. In *failed states* und in kaputten Ökosystemen kann man nicht verlässlich Gewinne einfahren. Das zeigt: *Business* ist weit mehr ein *Stakeholder* der Gesellschaft als umgekehrt. Wo die Menschen ihre Freiheit verlieren, tut es auch die Wirtschaft.

IX. Verantwortung ist kein notwendiges Übel, sondern eine strategische Chance. Firmen, die ihre Geschäftsmodelle proaktiv am Wandel gesellschaftlicher Bedürfnisse ausrichten – etwa an den *Sustainable Development Goals* der Vereinten Nationen –, betreiben nicht nur smartes Risiko- und Reputations-Management, sondern sie spornen sich selbst auch zur Innovation ihrer Strategien und Angebote an. So finden sie den Weg zu neuen Produkten und Kundenschichten und können langfristig Prinzipien und Profit miteinander vereinbaren. *Social Entrepreneurs* und *Social Intrapreneurs* machen das schon längst vor.

X. Freiheit braucht Ethos – globale Freiheit braucht ein Weltethos. Zum ethischen Elementarkonsens aller großen Religionen zählt nach Hans Küng das Prinzip Menschlichkeit, die »Goldene Regel« der Gegenseitigkeit sowie die Verpflichtung auf Gewaltlosigkeit, Gerechtigkeit, Wahrhaftigkeit und die Partnerschaft der Geschlechter. Dieselben Grundwerte finden sich auch in den großen Moralphilosophien dieser Welt, an denen sich Agnostiker und Atheisten orientieren. Jene in vielen Kulturen über Jahrtausende hinweg bewährten Werte prägen den verantwortlichen Gebrauch der eigenen Freiheit, ermöglichen Dialog und Kooperation über räumliche und kulturelle Grenzen hinweg und schaffen so Vertrauen – eine essenzielle Grundlage sowohl für die Produktivität bunt zusammengesetzter Hochleistungsteams in der Wirtschaft als auch für den friedlichen Umgang mit Diversität in der Gesellschaft.

Literatur:

Dierksmeier, Claus (2016a): *Qualitative Freiheit. Selbstbestimmung in weltbürgerlicher Verantwortung*, Bielefeld: Transcript Verlag.

Dierksmeier, Claus (2016b): *Reframing Economic Ethics. The Philosophical Foundations of Humanistic Management*, London/New York: Palgrave Macmillan.

Weltethos als gesellschaftliches Lernprogramm

Ulrich Hemel

Der Begriff »Weltethos« eröffnet zunächst einmal den Assoziationsraum im Kontext des Wirkens und Schaffens von *Hans Küng*. In einer Zeit großer Auf- und Umbrüche hat er die Zeichen der Zeit über innerkirchliche Reformen hinaus gedeutet. Hans Küng hatte verstanden, dass das faktische Zusammenwachsen der Welt neue Formen ethischer und philosophischer Reflexion braucht. Dabei ist ihm mit dem Begriff »Weltethos« eine alltagstaugliche Wortschöpfung gelungen, die intuitiv und unmittelbar verständlich ist.

Alltagssprachlich ließe sich unter »Weltethos« entweder ein »Ethos für die Welt« oder ein »Ethos in der Welt« verstehen. Dabei geht es nicht nur um begriffliche Feinheiten.

Ein »*Ethos in der Welt*« stünde für einen empirischen Angang, der mit dem Blickwinkel unterschiedlicher Wissenschaften wie der Psychologie, der Ökonomie, der Verhaltensbiologie, der Soziologie oder der Kultur- und Religionswissenschaften untersucht, wo und in welcher Art und Weise gemeinsame ethische Regulative weltweit wirksam werden. Eine solche Herangehensweise wird die Faktizität dessen, was heute in der Welt ist, in den Vordergrund heben.

Ein »*Ethos für die Welt*« hat deutlich stärker normative Bezüge. Gefragt wird dann nach gemeinsamen Grundlagen und Praktiken von Werteorientierung in der globalen Zivilgesellschaft, verbunden mit dem normativen Gestaltungsanspruch des »Sollens«. Es handelt sich also um einen konstruktiven Gestaltungsimpuls, der auf die Prinzipien guten Zusammenlebens eingeht und nach fairen Spielregeln für die globale Zivilgesellschaft sucht. Idealerweise gehört zu einem solchen Impuls die Verbindung von philosophischer Reflexion und dem Anstoß zur politischen, sozialen und kulturellen Aktion. Denn ein »Ethos für die Welt« geht ja implizit von einer gerechten Welt aus und muss deshalb dort das Wort ergreifen, wo es um die vielfältigen Facetten menschlicher und struktureller Ungerechtigkeit geht. Ein solcher Impuls reicht dann vom Alltagsrassismus hin zu unfairen Handelsbedingungen, von Unterdrückungsverhältnissen bis zur klimapolitischen Generationengerechtigkeit.

»Weltethos« wird an dieser Stelle zu einer aufregenden, aber nicht ganz unproblematischen Reise. Schon die *Balance aus Grundlagenreflexion und Impuls zur Verbesserung von Weltverhältnissen* ist anspruchsvoll. Denn die Gefahr des kurzatmigen Abgleitens in politischen Aktionismus liegt ebenso nahe wie das Risiko eines letztlich folgenlosen und eher idealistischen Gedankenspiels auf der Wolke einer geträumten Weltverbesserung. Andererseits liegt im Wortbestandteil »Ethos« auch eine Chance, denn das Ethos bezieht sich auf grundlegende Haltungen, auf übergreifende Interessen und auf die Suche nach universell konsensfähigen Wegen guten Miteinanders.

Spannungsreich beim normativ verwendeten Begriff »Ethos für die Welt« bleibt weiterhin die Vielzahl religiöser und philosophisch-weltanschaulicher Orientierungen, die Unterschiedlichkeit von Sprachen, Kulturen, Wirtschafts- und Rechtssystemen. Die Unterschiedlichkeit der Interessen und der geistigen Traditionen kann dann beispielsweise dazu führen, dass die Formulierung »Ethos für die Welt« einen *imperialen Anspruch* zu transportieren scheint, der womöglich unerkannt nachwirkt und auch deshalb zum Widerspruch reizt.

Ein solcher normativ-imperialer Anspruch würde insbesondere dann zu Konflikten führen, wenn es um konkrete ethische Forderungen (also beispielsweise den Verzicht auf die Todesstrafe) geht. Denn hinter jeder solchen Forderung stehen über ideale Zielsetzungen hinaus konkrete Verhältnisse von Macht und Ohnmacht, womöglich auch »gefühlte« oder zumindest »wahrgenommene« Superioritätsansprüche, die sowohl geistig wie auch machtpolitisch geklärt werden müssen.

Die Wahrnehmung von Schwierigkeiten sollte jedoch kein Freibrief für den Verzicht auf Weltgestaltung sein. Der Begriff »Weltethos« umfasst von der sprachlichen Analyse her ja tatsächlich empirische und normative Facetten.

Die Spannweite des mit »Weltethos« beschriebenen Anspruchs könnte sogar in die scheinbare Auswegslosigkeit von Skepsis und Resignation führen. Schließlich ist es gerade die gigantische Unübersichtlichkeit der Welt, die eine kritische bis skeptische Haltung nahelegt. Wer so denkt, dem scheint es, als ob mit den Mitteln des Geistes, der ethischen und philosophischen Reflexion, aber auch der empirischen Forschung am Ende doch nichts auszurichten wäre.

Der Begriff Weltethos hat freilich auch eine optimistische Seite. Er lädt ausdrücklich zur *reflektierten Weltgestaltung* ein. Gerade weil er, wie zu zeigen sein wird, als Brückenbegriff taugt, muss er die Unzulänglichkeiten auf beiden Seiten der Brücke, der Skylla empirischer Belanglosigkeit und der Charybdis normativer Überheblichkeit immer wieder neu ausbalancieren. Weltethos hat dadurch zwangsläufig Anteil am Zeitgeist ebenso wie am immer neuen Versuch, mit den Mitteln des Denkens zu einem guten Zusammenleben unter Menschen verschiedener Kulturen und Religionen beizutragen.

Dabei spielen beide Facetten, die empirische des »Ethos in der Welt« und die normative des »Ethos für die Welt« eine Rolle. Im nächsten Schritt möchte ich die *empirische Seite, also das Weltethos als »Ethos in der Welt«* vertiefen.

So gibt es beispielsweise seit vielen Jahren eine inzwischen sehr differenzierte *Werteforschung* in globalem Maßstab. Bekannt geworden ist beispielsweise *Ronald Inglehart* mit seinem transkulturellen Forschungsdesign, der die einfache Frage stellt, ob man Menschen im Allgemeinen vertrauen könne. Anschließend korrelierte er die Antworten mit dem Bruttosozialprodukt der Länder, in denen die befragten Personen leben. Sein Befund zeigt, vereinfacht gesagt, dass zunehmendes gesellschaftliches Vertrauen mit einem tendenziell höheren Bruttosozialprodukt einhergeht. Anders gesagt: In den skandinavischen Ländern ist der gesellschaftliche Vertrauenspegel hoch, der

Lebensstandard auch. Umgekehrt verhält es sich etwa in Bangladesch (Inglehart 1982: 209).

Ein zweiter empirischer Befund ergibt sich aus *globalisierungstheoretischer Perspektive*. Häufig wird der Begriff der Globalisierung einseitig ökonomisch gedeutet und auf weltweite Ströme von Gütern und Dienstleistungen bezogen. Globalisierungskritisch wird dann regelmäßig auf Ungerechtigkeiten bei der Rohstoffgewinnung, bei Arbeits- und bei Handelsbedingungen verwiesen. Gelegentlich entsteht dann eine generell globalisierungskritische Haltung, der die empirisch gut belegten Vorteile globalen Austauschs eher auszublenden pflegt.

Über die Ebene des globalen Austauschs von Gütern und Dienstleistungen hinaus ist vor allem in den letzten 20 Jahren eine zweite Ebene der Globalisierung entstanden. Sie bezieht sich auf die weltweite *digitale Strukturrevolution*. Aktuell (2019) gibt es für jeden Menschen auf der Welt zumindest statistisch ein eigenes Smartphone. Digitale Information und Kommunikation ist zur alltäglichen Begleiterscheinung unseres Lebens geworden. Gerade der Austausch in Echtzeit zeigt, dass digitale Information und Kommunikation als zweite Ebene von Globalisierung angesehen werden sollte. Auf diese Facette *von Globalisierung auf der Ebene von Information und Kommunikation* möchte niemand, den ich kenne, verzichten, und dies trotz massiver und neuer Herausforderungen durch Cyberkriminalität, aber auch durch staatliche Repression im digitalen Raum.

Gänzlich unbeleuchtet bleibt in aller Regel ein dritter Aspekt von Globalisierung, der speziell für die Weltethos-Idee von größter Bedeutung ist: die *Globalisierung von Werten, Normen und Religionen*. Diese wird selbstredend durch die Erleichterung des weltweiten Austauschs befördert, denn Nachrichten verbreiten sich heute fast in Echtzeit, ob es – etwa im ersten Quartal 2019 – um die Anschläge auf Muslime in Christchurch (Neuseeland) oder gegen Christen in Sri Lanka geht.

Viel wichtiger als bewegte Bilder im Fernsehen aber sind Menschen, die miteinander in Kontakt kommen. Hier spielen speziell der *Tourismus und die Arbeitsmigration* eine große Rolle. Denn viele Menschen lernen heute die Lebenswelt einer anderen Religion auf Urlaubsreisen kennen, setzen sich bis zu einem bestimmten Punkt mit ihr auseinander und kehren ins häusliche Umfeld zurück.

Noch intensiver aber wird die Globalisierung speziell von Religion durch Arbeitsmigration und Flucht erlebt. Heute leben und arbeiten rund 160 Millionen Menschen in einem Land, in dem sie nicht geboren sind. Weiterhin sind etwa 65 Millionen Menschen aus ihrem Heimatland geflohen. In Westeuropa hat dies beispielsweise die Folge, dass Menschen sich insbesondere mit dem Islam neu auseinandersetzen müssen, vom Bau einer Moschee bis zum Essen in der Kantine. Zum *gesellschaftlichen Lernprogramm* gehört es dann, dass das »Fastenbrechen« und der »Ramadan« ebenso und neu zum Alltag gehören wie die Speisevorschriften »halal« oder »koscher«.

Noch weiter geht der weltethische Impuls dann, wenn das Zusammenleben von Religionen mit unterschiedlichem Geltungsanspruch zur Frage wird. Ohne dass hier tiefere Ausführungen möglich sind, sei auf den Gedanken der *»demokratiefähigen Religion in einer religionsfähigen Demokratie«* verwiesen. Denn ein solcher Gedanke zeigt die Fruchtbarkeit des Denkens in Weltethos-Zusammenhängen: Wir müssen auf der Einhaltung von Mindeststandards bestehen, sowohl bezüglich der Praxis der Religionsfreiheit wie auch mit Blick auf Verhaltensregeln in einer demokratischen Gesellschaft. Von jeglicher Religion ist daher, unabhängig von ihren Überzeugungen, ein Bekenntnis zur Toleranz und zur Einhaltung gesetzlicher Spielregeln zu fordern. Umgekehrt sollte der Staat für freie religiöse Entfaltung sorgen inklusive der Freiheit zu Gottesdienst und Kult, der Freiheit zur Konversion (also dem freiwilligen Religionswechsel) und der Freiheit, keiner Religion anzugehören. Letztlich ist mit Blick auf die Weltethos-Idee zu fordern, dass die heutigen 17 Nachhaltigkeitsziele der Vereinten Nationen (SDG, also »Sustainable Development Goals«) um ein 18. Ziel ergänzt werden im Sinn von *»guter religiöser Praxis«* (»Good Religious Practices«).

Betrachtet man die Globalisierung von Werten und Normen über den religiösen Bereich hinaus, dann spielt die säkulare Form eines sich bildenden globalen Wertekonsenses eine Rolle. Denn in den letzten Jahren hat sich insbesondere im Wirtschaftsleben vermehrt eine Orientierung an Werten wie Fairness, Transparenz und guter Führung von Organisationen (*Good Corporate Governance* sowie Good Public Governance) durchgesetzt. Ohne ein Minimum an gemeinsamen Spielregeln kann auch das Wirtschaftsleben nicht auskommen. Im Gegenteil: Gerade dann, wenn wir Unternehmen als Akteure und als Teil der globalen Zivilgesellschaft ansehen, können wir auch ihren Beitrag als »Teil der Lösung« und nicht nur als »Teil des Problems« würdigen.

Dies bedeutet konkret, dass wir mit Weltethos als gesellschaftlichem Lernprogramm auch den Horizont der 17 Nachhaltigkeitsziele der Vereinten Nationen vor Augen haben. Wir gelangen damit in einem fließenden Übergang von der empirischen Betrachtung des »Ethos in der Welt« zur normativen, konstruktiven und weltgestaltenden Seite von Weltethos als »Ethos für die Welt«. Denn die Entwicklungsziele der UN setzen zwar empirische Analyse voraus, aber sie setzen auch einen normativen Anspruch, der sich unmittelbar auf politisches, unternehmerisches und gesellschaftliches Handeln auswirkt.

Weltethos als »Ethos für die Welt« geht zwar über die Forderungen der UN hinaus (so etwa in der notwendigen Forderung nach universeller Meinungs- und Religionsfreiheit), weiß sich mit ihnen aber im globalen Handlungs- und Gestaltungsanspruch einig. Trotz aller multipolaren Spannungen in der Welt entsteht im 21. Jahrhundert nämlich so etwas wie eine globale Zivilgesellschaft, die – grob gesagt – unabhängig von Staaten alle Akteure umfasst, die auf dieser Erde als Individuen, Organisationen und Institutionen wirksam sind.

Weltethos als gesellschaftliches Lernprogramm umfasst folglich mehrere Ebenen. Innerhalb komplexer, religiös heterogener Gesellschaften geht es um den Lernprozess auf dem Weg des friedlichen

Zusammenlebens unterschiedlicher Religionen und Weltanschauungen unter dem Schlagwort »religionsfähige Demokratie, demokratiefähige Religion«. Auf der Ebene der globalen Zivilgesellschaft geht es um globale Mindeststandards guter religiöser Praxis, idealerweise als UN-Nachhaltigkeitsziel »SDG 18«. Hier geht es um elementare Forderungen wie das Recht auf Religions- und Kultfreiheit, das Recht auf religiöse Konversion und die grundlegende Toleranz gegenüber anderen Überzeugungen, ausgedrückt in der Gestalt des Verzichts auf religiöse Verfolgung.

Weil solche religiöse Toleranz nicht nur die Sache übergeordneter Institutionen sein kann, sondern im konkreten Handeln einzelner Personen verankert sein muss, hat Weltethos auch eine bildungstheoretische und bildungspraktische Stoßrichtung. Es geht nämlich darum, Menschen nicht nur für berufliche Aufgaben zu qualifizieren, sie also durch ein »Professionalitätslernen« zu befähigen, notwendige berufliche Funktionen auszuüben, sondern es muss auch einen strukturierten, institutionell abgesicherten Lernprozess für ein pluralitätsfähiges Identitätslernen geben. Gemeint ist damit die Hilfestellung zur persönlichen Identitätsbildung in der Form, dass die Zugehörigkeit zu einer religiösen oder ethnischen Gruppe sinnvoller und notwendiger Teil der eigenen Identität sein kann und durchaus soll, ohne dass daraus die Herabsetzung, Abwertung oder gar Verfolgung von Menschen anderer sprachlicher, kultureller oder religiöser Provenienz folgt. Gelingt solches »pluralitätsfähiges«, offenes Identitätslernen, dann sind wir auf dem Weg zu einer friedlichen Gesellschaft und zur Realisierung von Weltethos-Werten einen erheblichen Schritt vorangekommen.

Literatur:

Adloff, Frank und Martin Bauschke (2001): Normen – Werte – Moralische Dialoge. Ein interdisziplinärer Dialog, [online] https://www.ssoar.info/ssoar/bitstream/handle/document/30857/ssoar-2001-adloff_et_al-normen_-_werte_-_moralische.pdf?sequence=1 [18.07.2019].

Bauschke, Martin (2000): Auf dem Weg zu einem Weltethos. Der Beitrag der Religionen zum Frieden, in: N. Nicolaus (Hrsg.), *Menschliche Werte in den Weltreligionen. Einheit ist Göttlichkeit*, Dietzenbach: ALS Verlag, 108–119.

Burmann, Christine und Siegfried Grillmeyer (Hrsg.) (2013): *Was uns zusammenhält. Weltethos vor Ort*, Würzburg: Echter Verlag.

Häring, Hermann (2006): Normen im Globalisierungsprozeß. Zur Bedeutung der Werte im Projekt Weltethos, in: *W + N. Kulturpolitische Nachrichten*, Nr. 2, 19–35.

Hasenclever, Andreas (2003): Geteilte Werte – Gemeinsamer Frieden? Überlegungen zur zivilisierenden Kraft von Religionen und Glaubensgemeinschaften, in: Hans Küng und Dieter Senghaas (Hrsg.), *Friedenspolitik. Ethische Grundlagen internationaler Beziehungen*, München: Piper, 288–318.

Hemel, Ulrich (2007): *Wert und Werte. Ethik für Manager – Ein Leitfaden für die Praxis*, München: Hanser Verlag.

Hemel, Ulrich (2017): Heimat und personale Selbstbildung. Eine pädagogische Reflexion, in: Ulrich Hemel und Jürgen Manemann (Hrsg.), *Heimat finden – Heimat erfinden. Politisch-philosophische Reflexionen*, Paderborn: Wilhelm Fink Verlag, 157–173.

Hemel, Ulrich, Claus Dierksmeier und Jürgen Manemann (Hrsg.) (2015): *Wirtschaftsanthropologie*, Baden-Baden: Nomos.

Höffe, Otfried (2001): Zwischen Relativismus und Weltethos. Verbindliche Werte einer pluralen Wirtschaftswelt, in: Herbert-Quandt-Stiftung (Hrsg.), *Kapitalismus ohne Moral? Ethische Grundlagen einer globalen Wirtschaft*, Bad Homburg: Selbstverlag, 60–65.

Inglehart, Ronald (1982): *Die stille Revolution. Vom Wandel der Werte*, Bodenheim: Athenäum.

Inglehart, Ronald und Pippa Norris (2009): *Cosmopolitan Communications. Cultural Diversity in a Globalized World*, New York: Cambridge University Press.

Küng, Hans (1996): Weltethos und Erziehung, in: Carmen Krieg, Thomas Kucharz und Miroslav Volf (Hrsg.), *Die Theologie auf dem Weg in das dritte Jahrtausend. Festschrift für Jürgen Moltmann zum 70. Geburtstag*, Gütersloh: Kaiser, 253–270.

Küng, Hans (2001): Grundvertrauen und Weltethos, in: Helga Egner (Hrsg.), *Neue Lust auf Werte – Herausforderung durch Globalisierung*, Düsseldorf: Walter, 13–29.

Küng, Hans (2002): Globale ethische Standards als Aufgabe der Bildung und Bewusstseinsbildung, in: *Bildung, Formation, Formazione*, Nr. 2–3, 35–39.

Küng, Hans (2002): Grundvertrauen und Weltethos. Warum und wohin mit den Lebensfragen?, in: *connection special: Religiöse Werte in West und Ost*, Jg. 5, Nr. 2, 24–27.

Küng, Hans (2012): *Handbuch Weltethos. Eine Vision und ihre Umsetzung.* München: Piper.

Leisinger, Klaus M. (2011): Welche Werte für unternehmerische Entscheidungsprozesse? Rückfragen an Jürgen Strube, in: Hans Küng (Hrsg.), *Globale Unternehmen – globales Ethos. Der globale Markt erfordert neue Standards und eine globale Rahmenordnung*, Frankfurt/M.: Frankfurter Allg. Buch, 55–60.

Partsch, Karl Josef (1993): Der Schutz religiöser Werte durch Menschenrechtsinstrumente, in: Hans Küng und Karl-Josef Kuschel (Hrsg.), *Weltfrieden durch Religionsfrieden. Antworten aus den Weltreligionen*, München: Piper, 155–168.

Wirz, Hans (2010): Weltethos und Grundwerte. Auf dem Weg zu einer ethischen Grundordnung, in: *Schweizer Personalvorsorge*, Jg. 13, Nr. 1, 31–33.

II. Weltethos für die Wirtschaft

Weltethos-Lernen in Unternehmen: Vertrauensbildung und ethische Sprachfähigkeit als Jahrhundertaufgabe

Ulrich Hemel

In den letzten Jahrzehnten hat sich das Verhältnis zwischen Wirtschaftsunternehmen, Politik und sonstiger Zivilgesellschaft enorm verändert. Die Finanz- und Wirtschaftskrise 2009/10, aber auch Themen wie die Klimakrise und die Umweltzerstörung werden in ihren Ursachen zu einem erheblichen Teil dem unverantwortlichen Handeln großer Unternehmen oder ganz generell dem »kapitalistischen Wirtschaftssystem« zugeschrieben. Ausweislich der Zahlen zum CO_2-Ausstoß ist allerdings eine ressourcenschonende und klimafreundliche Produktionsweise von Wirtschaftsunternehmen in der Zwischenzeit deutlich besser vorangekommen als in den Sektoren Verkehr, Landwirtschaft und Bestandsbauten. Dennoch ist ein Klima vorsorglichen Misstrauens zwischen der Welt der Unternehmen und der sonstigen Zivilgesellschaft entstanden, das durch den einen oder anderen Skandal immer wieder befeuert wird.

Häufig wird »die Wirtschaft« verwechselt mit einigen namhaften, weltweit tätigen Konzernen. Diskutiert werden die gescheiterte Fusion zwischen Deutscher Bank und Commerzbank (2019), die Übernahme von Monsanto durch Bayer und die Verwendung von Glyphosat (2018), der Dieselskandal in der Automobilindustrie, ausgehend von Volkswagen (ab 2015) oder die Arbeitsbedingungen in der weltweiten Textilindustrie nach dem verheerenden Brand eines Produktionsgebäudes in Bangladesch am 24. April 2013.

Weniger deutlich kommt zur Sprache, dass die meisten Unternehmen zu den KMU, also den kleinen und mittleren Unternehmen gehören. Dort herrscht in aller Regel eine engere Verbindung zwischen Eigentümern und Management. Die Ausrichtung als Familienunternehmen bedeutet, dass das Wohl des Unternehmens und das Wohl der das Unternehmen steuernden Familie als zusammengehörig empfunden werden. Durch die Einbettung in die Zusammenhänge der jeweiligen lokalen Zivilgesellschaft herrscht dann auch ein Wertekorridor vor, der verhaltensprägend wirkt und problematisches Fehlverhalten minimiert, sei es durch Einsicht, sei es durch soziale Kontrolle.

In den letzten 20 bis 30 Jahren hat sich jedenfalls ein Verständnis Bahn gebrochen, das Unternehmen ausdrücklich als Akteure der Zivilgesellschaft begreift und ihnen daher Verantwortung zuschreibt. Die institutionelle Logik von Unternehmen kann und darf daher nicht mehr einzig und allein der Gewinnmaximierung dienen, sondern muss diese unter gegebenen Randbedingungen verfolgen oder gar eine Neugewichtung von Zielen in einem Ziele-Mix anstreben. Es galt zwar auch bisher für jedes Unternehmen die ordnungspolitische Randbedingung der Legalität, also die Beachtung von Rechtsvorschriften und der Verzicht auf offenkundig illegale Praktiken. Neu ist heutzutage aber die Frage nach einer Balance von Zielen.

Es ist nämlich sehr wohl ein Unterschied, ob ein Vorstand oder eine Geschäftsführung sich auf das eigene gesetzliche und gesellschaftliche Umfeld nur im Sinn einer »Randbedingung« einlässt oder die Mitwirkung an verantwortlicher Weltgestaltung als eigenständiges Ziel wahrnimmt. Im ersten Fall liegt die Handlungsweise eines legalen Minimalismus nahe, also ein Vorgehen, das sich an Gesetze hält, aber kein darüber hinausgehendes Engagement erfordert, fördert oder gar belohnt. Im zweiten Fall gehört das Austarieren der *Balance zwischen der Gewinnerzielungsabsicht und der gesellschaftlichen Gestaltung* zu den *Kernaufgaben verantwortlichen Managements* und ethisch reflektierter Unternehmensführung im 21. Jahrhundert. So ausformuliert, ist die Aufgabe neu – und eine echte Jahrhundertaufgabe.

Treibt man den Gedanken fort, ergeben sich weitreichende Schlussfolgerungen, etwa für den Aufbau der Wirtschaftswissenschaften als verhaltenswissenschaftlicher Disziplin unter der Maßgabe des Handelns in der Balance zwischen Eigennutz und gesellschaftlichem Nutzen, zwischen individualistischer Nutzenmaximierung und übergreifender Verantwortung, zwischen einer eher individualistischen Betrachtung von »rationaler Wahl« (rational choice) und einer eher sozialethischen Perspektive im Sinne von *Rationalität in Verantwortung* (responsible choice).

Die Konsequenz aus einem solchen komplexeren Aufbau wären hybride Zielsysteme wirtschaftlichen Handelns. Diese müssten dann eine Folgenabschätzung im sozialen Raum und für die Auswirkungen auf Mensch und Natur mit umfassen, die heute entweder als Kür gilt oder ganz ausgeklammert wird.

Immerhin zeigen schon die vielfach unterschätzten Familienunternehmen, dass »gemischte Zielsysteme« gängige, aber theoretisch noch wenig beachtete Praxis sind. Denn ein Familienunternehmen, das sich dem Wohl der Familie stärker verpflichtet fühlt als dem Wohl des eigenen Unternehmens, wird in aller Regel keinen dauerhaften wirtschaftlichen Erfolg haben, sodass der Betrieb tendenziell in die Krise gerät oder untergeht. Praktisch könnte sich ein solches Vorgehen an der Gewinnausschüttung zeigen. Denn diese ist grundsätzlich ein Indiz dafür, wie die unternehmenspolitischen Akzente gesetzt werden: Fließt der Großteil des Gewinns ins Unternehmen zurück, damit es investieren kann? Oder wird der Großteil an die Eigentümer ausgeschüttet, auch auf Kosten der »Auszehrung von Zukunftsfähigkeit« und eines »investiven Rückstaus«? Ist die Familie gegenüber dem Management kritisch genug oder ist sie ihm gegenüber entscheidungsschwach?

Wird umgekehrt die Familie zugunsten des Betriebs vernachlässigt, sinkt die Motivation der nachfolgenden Generation, sich für das Unternehmen »aufzuopfern«, oder es kommt zu Krisen im Familienzusammenhalt. Beide Entwicklungen führen dann bestenfalls zum Verkauf des Unternehmens. Nur der stete Versuch der Balance zwischen den Interessen der Familie und denen des Unternehmens lässt eine lebendige Dynamik zum Nutzen aller Beteiligten entstehen.

Das Beispiel eines Familienunternehmens beleuchtet wie in einem Brennglas die Frage nach der inneren Zielsetzung von Unternehmen. Denn die Reduktion ultimativer Ziele auf Shareholder Value wird der Realität moderner Betriebe schon länger nicht mehr gerecht. Dafür spricht die in der Zwischenzeit sehr intensive Diskussion rund um den »Purpose«, den Zweck und Sinn von Firmen. Auch die Thematik der Kombination von Sinn- und Wertschöpfung auf dem sehr wettbewerbsintensiven Markt des Talentmanagements spricht hier Bände. Denn gerade junge Menschen, die Arbeit suchen, verbinden von Haus aus das Ziel einer wertschöpfenden, gut entlohnten Tätigkeit mit dem eher geistigen Ziel der sinnhaften Mitwirkung an der Verbesserung von Lebensverhältnissen, also der »Sinnschöpfung«.

Erst wenn ein Unternehmen lernt, die eigene Sinnschöpfung in Form der Übernahme von Verantwortung für Mitwelt, Umwelt und Nachwelt zur Sprache zu bringen, überzeugt es auch im sozialen Umfeld, schafft Vertrauen und wirkt attraktiv für Fach- und Führungskräfte. Das bedeutet aber, dass es neben dem Megatrend der Digitalisierung eine zweite, prinzipiell neue Aufgabe für das Management gibt: die *Gewinnung ethischer Sprachfähigkeit.*

Die Aufgabe der ethischen Sprachfähigkeit ergibt sich logisch und zwangsläufig aus der Neubegründung des wirtschaftswissenschaftlichen Diskurses in gemischten Zielsystemen. Muss ich nämlich das Wohlergehen der Firma im Sinn des wirtschaftlichen Erfolgs mit dem Ziel umfassenderer Verantwortung für Umwelt und Gesellschaft kombinieren, dann brauche ich dazu auch die Fähigkeit, unter komplexeren Randbedingungen zu entscheiden. Es wird mit anderen Worten unausweichlich, die sozial verantwortete Güterabwägung mit dem Gewinninteresse des Unternehmens zu kombinieren. Spreche ich hier von der Kombination aus Wert- und Sinnschöpfung, dann brauche ich ein Verfahren der Güterabwägung zwischen dem »größten Gut« und dem »geringsten Übel«, das auf grundlegende Prinzipien ethischer Sprach- und Handlungsfähigkeit verweist.

Die Ethik-Kompetenz eines Unternehmens ist nämlich mehr als das Gefühl, das Richtige zu tun, oder der individuelle Wunsch, ethisch einwandfrei zu handeln. Es handelt sich vielmehr um eine Lernaufgabe, die überhaupt erst einmal den Raum einer individual- und sozialethischen Betrachtung eröffnen hilft. Dazu gehört beispielsweise die ethische Sensibilität des Managements. Fehlt diese, lassen sich Top-Manager typischerweise von Spitzenjuristen beraten, die guten juristischen Rat geben mögen, aber nicht immer für ausreichende ethische Resonanz und Kritikfähigkeit sorgen. Die Verhaltensweisen von Volkswagen im Dieselskandal 2015–2019 legen ein beredtes Zeugnis für das Fehlen ethischer Sensibilität und Sprachfähigkeit ab.

Vertrauensbildung gelingt nämlich nur dann, wenn Verhalten glaubwürdig wirkt. Voraussetzung dafür ist Beziehungspflege, aber auch die Transparenz der Kommunikation, die von der Öffentlichkeit wahrgenommene *Fairness des Verhaltens,* die Qualität der Führungskultur und Governance eines Unternehmens, aber auch die Konfliktlösungskompetenz des Managements. Nicht das Erlernen sprachlicher Versatzstücke auf dem weiten Feld der ethischen Kampfrhetorik, sondern das verhaltensgestützte Sprechen über Implikationen, über Pro- und Kontra-Argumente, aber auch über Grenzen der eigenen Handlungsreichweite schafft Vertrauen. Dabei zählt nicht die Rhetorik des olympischen »Schneller-Höher-Weiter«, sondern eher die Mühe des Einbeziehens, des Gewichtens, des nachdenklichen Meinungsbildens und Entscheidens. Solchermaßen getroffene Entscheidungen sind nicht immun gegen Kritik, öffnen sich aber hin zu einer weiteren Dimension ethischer Sprachfähigkeit in Unternehmen (und darüber hinaus): der Standpunkt- und Dialogfähigkeit.

Denn zur *ethischen Sprachfähigkeit* gehört in aller Regel nicht der Verzicht auf eine Entscheidung, sondern eher das Treffen von Entscheidungen im Raum erhöhter ethischer Kritikfähigkeit. Nicht nur in Unternehmen, sondern auch im Alltagsleben gilt, dass Entscheidungen Nebenfolgen haben, die zu bedenken und gelegentlich in Kauf zu nehmen sind. Jeder Bau einer Straße oder einer Bahntrasse verändert das ökologische Zusammenspiel von Mensch und Natur vor Ort. Die Qualität einer Entscheidung hängt dann in aller Regel am *sinnvollen Maß für den Aufwand der Entscheidungsfindung,* u. a. auch am Umfang partizipatorischer Gestaltung bei komplexen Sachverhalten mit zahlreichen Betroffenen oder »Stakeholdern«.

Weltethos-Lernen in Unternehmen fördert genau in diesem Sinne die ethische Qualität unternehmerischer Entscheidungen, aber auch die ethische Kompetenz von Fach- und Führungskräften überhaupt. Der Weltethos-Ansatz ist dabei von Religionen und Weltanschauungen unabhängig, weil er sich ohne einseitige Abhängigkeit auf einen Kanon anerkannter Werte wie Wahrhaftigkeit, Gerechtigkeit, Gewaltlosigkeit und generell »Humanität« stützt. Durch konkrete Programme wie den »Weltethos-Ambassador« oder das »Ethische Reporting« sind dabei auch konkrete Hilfestellungen zur Bewältigung schwieriger ethischer Fragen oder gar Dilemmata verfügbar.

Dennoch bleiben Vertrauensbildung und ethische Sprachfähigkeit in Unternehmen echte Jahrhundertaufgaben. Denn sie greifen tief in die Ausbildungsinhalte und -ziele in den Wirtschaftswissenschaften, aber auch in die Ausgestaltung zukünftiger Praxis der Unternehmensführung ein. Die Weltethos-Idee kann hierzu einen produktiven Beitrag leisten. Die Wegstrecke, die vor uns allen liegt, ist und bleibt aber von gigantischem Ausmaß.

Literatur:

Hemel, Ulrich und Harald Link (2018): *Zukunftssicherung für Familienunternehmen,* Stuttgart: Kohlhammer.

Küng, Hans, Klaus M. Leisinger und Josef Wieland (2010): *Manifest Globales Wirtschaftsethos. Manifesto Global Economic Ethic,* München: dtv.

Mourkogiannis, Nikos (2006): *The Starting Point of Great Companies,* New York/Houndsmill/Basingstoke: Palgrave Macmillan.

Schnell, Tatjana (2016): *Psychologie des Lebenssinns,* Berlin/Heidelberg: Springer.

Weltethos für Unternehmen: Humanistisches Management

Christopher Gohl

I. Wie wir wirtschaften, verändert die Welt

So schnell und tief greifend wie vielleicht keine andere menschliche Aktivität verändert die Wirtschaft die Welt zum Guten wie zum Schlechten. Unser Leben ist wesentlich davon geprägt, dass wir Zeit in Arbeit stecken, wie wir Rohstoffe zu Produkten verarbeiten, dass uns andere dafür belohnen, und was wir dann mit unserem Geld machen. Wie wir wirtschaften, entscheidet nicht nur darüber, ob wir arm oder reich werden, sondern auch, ob wir ein Leben führen, das uns sinnvoll erscheint oder nicht. Das gilt für jeden Menschen persönlich, aber auch für uns als Menschheit. Denn längst verbinden uns wirtschaftliche Kreisläufe und Veränderungsprozesse mit Menschen auf der ganzen Welt.

Wenn wir also die Welt besser und menschlicher machen wollen, dann müssen wir auch unsere Wirtschaft in den Dienst dieser Verbesserung stellen. Das war *Hans Küng* schon klar, als er 1990 eine Rede auf dem Weltwirtschaftsforum in Davos hielt. Noch im gleichen Jahr arbeitete er diese Rede in sein Buch »Projekt Weltethos« ein.

Das Interesse zwischen Lenkern der Wirtschaft und Denkern des Weltethos-Projekts war also von Anfang an ein gegenseitiges. Beide Seiten teilen die Überzeugung, dass die Wirtschaft Teil der Lösung von globalen Problemen sein muss. Dass also die Wirtschaft nicht nur gesellschaftliche, sondern sogar weltgesellschaftliche Verantwortung trägt, und dass Unternehmen dieser Verantwortung für Mitwelt, Umwelt und Nachwelt im Alltag gerecht werden müssen.

Denn wenn wir die Welt schnell und tief greifend verändern wollen, etwa weil der Klimawandel drängt, dann wäre es fahrlässig, die Kräfte der Wirtschaft und die Praxis von Unternehmen nicht in den Dienst einer besseren Welt zu stellen.

Wie man nun aber die wirtschaftliche Praxis auf konkrete globale Verantwortung ausrichtet – das ist die große Preisfrage. Hans Küng hat zum ersten Mal mit einem eigenen Buch 1998 seine Vision für Weltethos für die Weltwirtschaft vorgestellt. 2009 stellte er zusammen mit anderen VordenkerInnen aus Wissenschaft und Wirtschaft beim Global Compact der Vereinten Nationen in New York ein »Manifest Globales Wirtschaftsethos« vor. Und seit 2012 widmet sich das mit großzügiger Unterstützung des Unternehmers *Karl Schlecht* gegründete Weltethos-Institut in Tübingen der Begründung einer praktischen Agenda »Weltethos für die Wirtschaft«. All diese Meilensteine bezeugen ein breites und vertieftes Angebot an Antworten auf die Frage, wie Weltverantwortung durch die Wirtschaft praktisch umgesetzt werden kann. Dabei gehören drei Ebenen am Ende zusammen.

II. Drei Ebenen der Weltverantwortung in der Wirtschaft

Erstens muss es uns gelingen, auf der großen Ebene der institutionellen Ordnung und Gesetze wirtschaftliche Prozesse zu kanalisieren. Vom gierigen Mahlstrom, der Ressourcen aus dem Boden reißt und lokale Kulturen hinwegspült, müssen Wirtschaftskreisläufe zu einem fruchtbaren System der Bewässerung menschlicher Zivilisation werden. Hans Küng empfahl dafür, auf das deutsche Modell der sozialen Marktwirtschaft als dritten Weg zwischen Neoliberalismus und Sozialismus aufzubauen. Es solle erstens ökologisch und ethisch erweitert und zweitens zu einer globalen Ordnung ausgeweitet werden (vgl. Goldschmidt in diesem Band). Immerhin prägen ordnungspolitische Weichenstellungen der Sozialen Marktwirtschaft auch schon die Europäische Union. Dort sind sie aber umstritten. Bis zu einer gerechten, auf Nachhaltigkeit ausgerichteten Weltwirtschaftsordnung ist es also noch ein weiter Weg für die Politik (besonders im Bereich der Finanzen, wie Bernd Villhauer und Claus Dierksmeier in ihren Beiträgen aufzeigen).

Zweitens: Praktisch einsteigen kann aber jeder Mensch sogleich auf der Ebene individuellen Handelns. Denn dort können wir Weltverantwortung praktisch einüben – sie also zur Gewissensfrage, zum Teil von Charakterbildung, guter Führung und alltäglichem Handeln machen. Wenn wir heute noch nicht nachhaltige Formen der Wirtschaft durch Formen der Wirtschaft ersetzen wollen, die sozial, ökologisch und langfristig eine bessere Welt befördern, dann erfordert das Ideen, Initiative und Innovation. Und dann brauchen wir Leute, die diese Veränderung zum Besseren vorantreiben. Das ist typischerweise die Aufgabe von Führungskräften. Es ist aber häufig auch die selbstgesetzte Aufgabe von MitarbeiterInnen, die Ideen für Innovationen umsetzen und zeigen, wie man besser handelt.

In der Wissenschaft werden sie »*social intrapreneurs*« genannt, weil sie Veränderungen innerhalb der bestehenden Strukturen unternehmen. Das Weltethos-Projekt setzt besondere Hoffnung auf solche MitarbeiterInnen und auf Führungskräfte, aber auch auf UnternehmensgründerInnen, die Verantwortung für Mitwelt, Umwelt und Nachwelt am Arbeitsplatz persönlich nehmen und als Beispiel für andere umsetzen.

Drittens aber brauchen wir auf der mittleren Ebene der Unternehmen, der Branchen und Unternehmensverbände eine Kultur der »Verantwortung für Mitwelt, Umwelt und Nachwelt« (Hans Küng). Das heißt: Weltverantwortung muss so selbstverständlich werden, dass sie die Gewohnheiten und Gebräuche, die Konventionen und Routinen in Unternehmen durchdringt und ausrichtet. Weltverantwortung prägt dann das Miteinander im Unternehmen, die Geschäftsmodelle und die Außenbeziehungen. Sie ist nicht mehr heroische einzelne Ausnahme, sondern der alltägliche, allgemeine Regelfall. So normal sogar wie heute für viele Unternehmen die Orientierung am Profit.

Klingt das nach fantasievollem Traum? Vielleicht. Aber: Viele Unternehmen und Initiativen haben damit schon angefangen. Sie zeigen, dass es möglich ist.

III. Womit jedes Unternehmen anfangen kann: Humanistisches Management

Ein erster Ansatzpunkt für Unternehmen ist es, die Gemeinschaft ihrer MitarbeiterInnen im Sinne der Weltethos-Ideale Menschlichkeit, Goldene Regel, Wahrhaftigkeit, Gerechtigkeit, Gewaltlosigkeit, Partnerschaft und Nachhaltigkeit zu kultivieren. Das hat mehrere Vorteile: Weil sich diese Weltethos-Ideale überall auf der Welt als kleines Einmaleins des menschlichen Anstands bewähren, dürfen sie beanspruchen, ein elementarer Konsens über menschliche Werte zu sein. Sie sind elementar für menschliches Miteinander, interkulturell anschlussfähig und damit eine gute Grundlage für jedes Unternehmen mit vielfältigen Mitarbeitern. Das gilt besonders für jene Unternehmen, die eine Kultur des Vertrauens pflegen wollen. Denn Vertrauen entsteht, darauf hat der Denker *Francis Fukuyama* schon 1995 hingewiesen, wenn eine Gemeinschaft eine Reihe moralischer Werte so praktiziert, dass Erwartungen an regelmäßiges und ehrliches Verhalten gerechtfertigt sind. Weltethos-Werte, darunter die Wahrhaftigkeit, fördern dieses Vertrauen gerade auch unter Menschen mit unterschiedlichen kulturellen Prägungen.

Schon länger beobachtet die Wissenschaft, dass eine Vertrauenskultur auch mit besonderer Leistungsstärke und Produktivität zusammenhängt. Kein Wunder: Wer sich auf andere verlassen und ihnen deshalb vertrauen kann, spart nicht nur Zeit und Energie in der Kontrolle, sondern setzt auch Ideen, Initiativen und letztlich Mitverantwortung bei MitarbeiterInnen frei. Wo die Weltethos-Werte praktiziert werden, ist Dialogfähigkeit selbstverständlich – sich also gewaltfrei, fair, partnerschaftlich und wahrhaftig auf menschlich angemessene Veränderungen verständigen können. Solch »kooperative Exzellenz« steigert die Identifikation mit und die Einsatzbereitschaft für das Unternehmen und ermöglicht, die Vielfalt der Perspektiven und Ideen für ein der Verbesserung verpflichtetes Unternehmen zu nutzen. Und wer die produktive Wirkung der Weltethos-Werte in der Arbeit erfährt, wird sie auch jenseits der Arbeit gerne praktizieren.

Um es mit der dem Weltethos-Anliegen verwandten Idee der sog. Triple-Bottom-Line *»people, planet, profit«* zu sagen: Diese Verbesserungen gelten nicht nur dem Miteinander im Unternehmen oder gegenüber den Partnern in der Kette der Mehrwertschöpfung (*people*), sondern auch der Umwelt gegenüber (*planet*). Profit ist ein (notwendiges) Mittel zum Zweck, Werte zu schöpfen und zu fördern, die über die monetäre Gewinnorientierung hinausgehen. Zum sozialen und ökologischen Mehrwert gehört, in der Lieferkette Menschenrechte einzuhalten (»blaue Lieferkette«) und ökologisch verantwortlich zu sein (»grüne Lieferkette«). Unternehmen, die sich nicht nur auf den Profit ihrer Anteilseigner (*shareholder*) ausrichten, sondern sich der gemeinsamen Mehrwertschöpfung aller Beteiligten verpflichtet fühlen (*stakeholder*), suchen den Dialog mit allen Beteiligten und Betroffenen: Sie nehmen ihre Rolle als zivilgesellschaftliche Akteure und als Mitgestalter der Weltgesellschaft an.

Den vielleicht größten Unterschied aber machen Unternehmen, wenn sie ihre Produkte und Dienstleistungen aktiv auf die Verbesserung der Welt ausrichten. Weltethisch kann man mit Hans Küng fragen: Machen unsere Produkte und Dienstleistungen die Welt gerechter, gewaltfreier, wahrhaftiger und partnerschaftlicher? Oder in der Zuspitzung des *Capability Approach*, den *Claus Dierksmeier* als Weltethos-Ansatz begründet hat (vgl. Schirovsky in diesem Band): Unterstützen unsere Produkte und Dienstleistungen Menschen dabei, ein selbstbestimmtes Leben in Verantwortung vor Mitwelt, Umwelt und Nachwelt zu führen? Produkte und Dienstleistungen, die hier nicht leistungsfähig sind, müssen weg. Aber Weltethos-Werte sind nicht nur Bremser (*»do no harm!«*), sondern vor allem Treiber der kreativen strategischen Innovation und wirtschaftlichen Mehrwertschöpfung. Denn wer mit der Brille der Weltethos-Werte auf das eigene Handeln schaut, entdeckt, welche

Produkte und Dienstleistungen eigentlich notwendig und möglich werden. Um es mit *Friedrich Glauner* zu sagen: Weltethos ist ein Programm der Nutzenstiftung in Mehrwertkreisläufen (vgl. Glauner in diesem Band).

Klar: Diese weltethischen Erwartungen an Unternehmen sind bei Weitem noch nicht überall umgesetzt. Denn sie erfordern auch ein Umdenken, das vielen Theorien zuwiderläuft, mit denen WirtschaftswissenschaftlerInnen in den vergangenen 150 Jahren wirtschaftliches Handeln beschrieben haben – nämlich als kalt kalkulierende, mechanistische Nutzenmaximierung. Mit Claus Dierksmeier wirbt das Weltethos-Projekt dafür, weg vom »mechanistischen Paradigma« hin zum »menschlichen Paradigma« des »Humanistischen Management«-Ansatzes zu finden. Diesem Ansatz zufolge heißt Wirtschaften, dass Menschen mit anderen Menschen für Menschen Mehrwert schöpfen. Sie tun das in Freiheit, also mit kreativen Ideen und Initiativen, und zugleich in Verantwortung vor und für die Freiheit anderer – weltweit. Dieser Verantwortung werden sie gerecht, wenn sie ihre Freiheit im Gebrauch der Weltethos-Werte nutzen.

Die kleinen alltäglichen Entscheidungen am Arbeitsplatz, die Gewohnheiten und Routinen in Unternehmen, die nationalen, europäischen und globalen Weichenstellungen der Politik sowie letztlich unsere Bilder dessen, was Wirtschaft eigentlich leisten sollte, prägen und regulieren einander wechselseitig. Nimmt man noch die Kaufentscheidungen von KonsumentInnen sowie die Bestrebungen von Nichtregierungsorganisationen für Verbraucherschutz, Umweltschutz und Menschenrechte dazu, dann haben wir ein Bild von der real existierenden wirtschaftlichen Praxis, die unsere Welt so rasant und tief greifend verändert.

Dass so viele Faktoren zur wirtschaftlichen Praxis gehören, ist eine schlechte und eine gute Nachricht. Die schlechte Nachricht ist, dass ein Ansatz alleine wenig ausrichten wird, Wirtschaft besser zu machen. Die gute Nachricht ist aber, dass jede und jeder von uns viele Ansatzpunkte hat, um Veränderungen auszulösen und eine Dynamik der Verbesserung in Gang zu setzen. Im Weltethos-Projekt arbeiten wir daran, den Blick und das Bewusstsein dafür zu schärfen, wo wir heute noch unverantwortlich, morgen aber besser miteinander und für die Umwelt und Nachwelt zusammenwirken können. Auch und besonders in der Wirtschaft.

Literatur:

Dierksmeier, Claus (2016): *Reframing Economic Ethics. The Philosophical Foundations of Humanistic Management*, London/New York: Palgrave Macmillan.

Fukuyama, Francis (1995): *Trust. The Social Virtues and The Creation of Prosperity*, New York: Simon & Schuster.

Gohl, Christopher (2018): Weltethos for Business. Building Shared Ground for a Better World, in: *Humanistic Management Journal*, Jg. 3, Nr. 2, 161–186.

Küng, Hans (1997): *A Global Ethic for Global Politics and Economics*, Oxford: Oxford University Press.

Küng, Hans (2010): *Anständig wirtschaften. Warum Ökonomie Moral braucht*, München: Piper.

Weltethos als Grundlage erfolgreicher Unternehmensführung

Friedrich Glauner

»Wie können Werte im Unternehmen verankert werden?« Mit dieser Frage weisen wir darauf hin, dass es im Unternehmensalltag scheinbar allzu oft an tragfähigen Werten mangelt. Wir fragen uns deshalb, wie ethisches Verhalten in Unternehmen gefördert werden kann. Die Antwort ergibt sich, wenn wir die Frage umdrehen: »Wie können die in jedem Unternehmen immer schon verankerten Werte für das Unternehmen nachhaltig fruchtbar gemacht werden?« Treten wir also einen Schritt zurück und machen uns begreiflich, dass und warum jedes Unternehmen immer schon aus Unternehmenswerten lebt. Wenn wir das verstehen, finden wir den Schlüssel, warum diesseits aller Diskussion um ethisch-moralische Unternehmenswerte in jedem Unternehmen ein sozusagen »vorethischer« Werterahmen wirksam sein muss, will das Unternehmen auf lange Sicht erfolgreich bleiben. Es ist der funktionale Werterahmen der von *Hans Küng* analysierten Weltethos-Werte.

Wollen wir erkennen, warum jedes Unternehmen auch von den Weltethos-Werten getragen sein muss, wenn es als Organisation langfristig erfolgreich bleiben möchte, müssen wir uns vergegenwärtigen, warum Menschen Unternehmen gründen. Warum gründen Menschen Unternehmen? Und was begründet ihre Notwendigkeit? Die bündige Antwort lautet: Menschen gründen Unternehmen, um mit Menschen für Menschen einen Nutzen zu stiften, den einer allein nicht erzeugen kann. Die Notwendigkeit eines Unternehmens entspringt der Aufgabe, ein komplexes Problem beheben zu wollen, dass das Zusammenspiel mehrerer Menschen erfordert. Begreifen wir den Kern dieser Notwendigkeit, verstehen wir das Wesen des Unternehmens sowie die Kernaufgabe jeder Form der Unternehmensführung, nämlich die aktive Steuerung der Unternehmenskultur. *Unternehmen sind zunächst und primär Kooperationssysteme. In ihnen müssen Menschen mit Menschen zusammenwirken, damit für Menschen eine Not gewendet, sprich ein substanzieller Nutzen gestiftet werden kann.* Und das führt uns zur funktionalen Funktion der Weltethos-Werte. Denn Unternehmen sind, mit *Peter Drucker* gesprochen, keine mechanistisch festgelegt geschlossenen, sondern hochdynamische offene Systeme. Sie dienen der Befriedigung menschlicher Bedürfnisse: »A Business enterprise is created and managed by people and not by forces« (Drucker 2011: 88). Das aber bedeutet: *Jede Organisation ist zunächst und primär ein Raum, der sich über Werte organisiert.* Die Steuerung dieser Werte ist folglich die zentrale Aufgabe der Unternehmensführung (Glauner, 2016a; 2016b; 2018a).

Das Unternehmen als Werteraum

Dass jedes Unternehmen ein gelebter Werteraum ist, wird allein schon an seinen oft marktschreierisch ausgelobten Leistungsversprechen ersichtlich. Dieses Leistungsversprechen umfasst mehrere Adressatengruppen, welche an der Leistungserstellung des Unternehmens mitwirken oder von ihr betroffen sind:

- erstens die Kunden, welche die Produkte und Leistungen eines Unternehmens zu ertragsschöpfenden Konditionen erwerben sollen;
- zweitens die Eigner und Nutznießer des Unternehmens, welche mit der Unternehmung Erträge erwirtschaften wollen;
- drittens alle Anspruchsgruppen (Stakeholder), die aktiv an der Leistungserstellung der Unternehmung mitwirken, darunter alle Mitarbeiter, Lieferanten sowie sonstige Geschäftspartner;
- viertens alle Personen und Institutionen, die zumindest indirekt auf die Leistungserstellung eines Unternehmens einwir-

ken können (der Gesetzgeber, die Medien, Kommunen, …); sowie schließlich

- fünftens all jene Menschen und Institutionen, die vom unternehmerischen Handeln betroffen sind, aber in keinerlei direkter oder indirekter Weise Einfluss auf das Geschäftsgebaren eines Unternehmens ausüben können. (Ein Beispiel wären die Bewohner von Fiji. Weder als Einzelne noch als Staat haben sie einen Einfluss auf unser Konsumverhalten sowie das Verhalten der einzelnen Unternehmen der Energie-, Agrar- und Transportindustrien in Europa, Amerika und Asien, obwohl ihr und unser Verhalten dazu führen, dass die Bevölkerung von Fiji in ihrer Existenz bedroht wird).

Angesichts dieser sehr unterschiedlichen Anspruchsgruppen, die bei der Leistungserstellung eines Unternehmens mitwirken oder von ihr betroffen sind, entzündet sich die ethische Diskussion zu den geeigneten Unternehmenswerten an den unterschiedlichen Anforderungen, die von diesen Anspruchsgruppen an das unternehmerische Handeln gestellt werden. Holzschnittartig gesprochen stehen sich dabei zwei Lager gegenüber: die Eignerfraktion der sogenannten Shareholder (Unternehmer, Aktionäre, Geldgeber, …), die mit *Milton Friedman* die Profiterzielung zur nobelsten Aufgabe der Unternehmungsführung erklären (Rappaport 1995), und jene, die mit wirtschaftsethischen, sozialen, gesellschaftlichen und ökologischen Gründen dafür argumentieren, dass das Unternehmen über die rein ökonomische Wertschöpfung hinaus für die Gesellschaft etwas ›Gutes‹ leisten soll (Felber 2010).

Deutlich wird dieser Wahrnehmungsunterschied, was die zentrale Aufgabe der Unternehmung sei, am Begriff der ›*unternehmerischen Verantwortung*‹. Steht die Profiterzielung im Zentrum des unternehmerischen Handelns, erschöpft sich der Fokus der unternehmerischen Verantwortung zumeist in einer Nahbereichsverantwortung, nämlich der Verantwortung gegenüber dem Unternehmen. Erfolgreiche Unternehmensführung konzentriert sich in dieser

Sichtweise darauf, dass das Unternehmen gesteigert wettbewerbsfähig wird.

Hierzu gehört, alles zu unternehmen, was notwendig und legal ist, um die eigene Marktfähigkeit halten oder gar ausbauen zu können. Ist solches Verhalten auch ethisch tragfähig, ist das ein schöner Begleiteffekt, niemals aber das primäre Ziel unternehmerischer Entscheidungen. Deutlich wird dies in Situationen, bei denen es zu einer ethischen und ökonomischen Güterabwägung kommt. Stellen wir uns hierzu ein Unternehmen vor, das vor die Alternative gestellt wird, unter Inkaufnahme von Verlusten ethisch verantwortlich zu handeln oder im Rahmen des Legalen auf ethisch fragwürdige Weise erfolgreich zu sein. Es wird, wenn es knapp wird, immer den letzteren Weg beschreiten. Betriebswirtschaftlich orientiert es sich immer an den Steuerungsgrößen von Ertrag, Leistung, Wettbewerbsfähigkeit sowie der Maxime der größten Wirkung bei geringsten Kosten. Bestes Beispiel hierfür sind Betriebsverlagerungen. Steht ein Unternehmen im harten Wettbewerb und hat die Möglichkeit, teure Arbeitskräfte zu entlassen und die Produktionsstätte an einen Ort zu verlagern, wo deutlich geringere Löhne und Auflagen für Arbeits- und Umweltschutz gelten, wird es in der Mehrheit der Fälle diese legale, jedoch eher unethische Chance der Kostenreduktion nutzen. Steht ein Unternehmen mit dem Rücken zur Wand, wird es sie automatisch ergreifen, um sein Überleben zu sichern. Und das führt uns zu jenen Anspruchsgruppen, die argumentieren, dass Unternehmen eine weitere Verantwortung übernehmen müssen, als lediglich dafür Sorge zu tragen, dass im Unternehmen die Gewinne sprudeln. Für sie sollen Unternehmen auch dort Verantwortung übernehmen, wo es zu einem Trade-off, also einem Interessenkonflikt zwischen ökonomischen Renditezielen und gesellschaftlichen Wohlfahrtszielen kommt. Gemeinsam mit dem vielstimmigen Chor sozial- und gemeinwohlorientierter Unternehmensvisionen argumentieren sie dafür, dass bei solchen Güterabwägungen einem ethischen Wirtschaften und der Stiftung allgemeinwohlfördernder

Leistungen ein Vorrang eingeräumt werden soll gegenüber rein renditeorientierten Unternehmenszielen.

Die heftig geführte Diskussion, ob innerhalb der Unternehmensführung ethischen oder ökonomischen Zielen ein Vorrang eingeräumt werden soll, verstellt den Blick auf die eigentlichen Stellhebel, mit denen dafür argumentiert werden kann, dass selbst dort, wo ein Unternehmen rein renditeorientierte Ziele verfolgt, ein Grundstock an ethischen Werten wirksam sein muss, wenn ein Unternehmen in seinen Zielverfolgungen auf lange Sicht erfolgreich sein möchte.

Das Unternehmen als Führungssystem

Was also sind die zentralen Werte für eine erfolgreiche Unternehmensführung und warum sind sie, ohne im engeren Sinne ethische Werte zu sein, die Basis dafür, dass die Organisationskultur auch aus ethischer Sicht tragfähig ist? Die Antwort ergibt sich, wenn wir uns den drei Dimensionen zuwenden, die den Werteraum jedes Führungssystems aufspannen. Auf der Sachebene ist das die *Sachdimension*, d. i. das Kontinuum von Sach- und Machtorientierung; auf der Beziehungsebene ist das die *Beziehungsdimension*, d. i. das Kontinuum von Fürsorglichkeit und Selbstbezogenheit; und auf der Organisationsebene ist es schließlich die *Organisationsdimension*, d. i. das Kontinuum von Beteiligung und Ausschluss. Mit Blick auf diese drei Dimensionen unterscheiden sich funktionale von dysfunktionalen Führungssystemen dadurch, dass in funktionalen Führungssystemen *zehn zentrale Führungstugenden* walten, die in dysfunktionalen Führungssystemen fehlen oder nur schwach ausgebildet sind (Glauner 2018b). Sachlich, fürsorglich und beteiligend ist ein Führungssystem dann, wenn die Entscheidungsprozesse auf der Sachebene von den sachbezogenen Tugenden Fairness, Verlässlichkeit, Achtung und Respekt, auf der Beziehungsebene von den menschbezogenen Führungstugenden Verantwortung, Vertrauen und Verbindlichkeit sowie auf der Organisationsebene von den funktionsbezogenen Führungstugenden Offenheit, Transparenz und Konsequenz getragen werden.

Ist nun ein Führungssystem sowohl situativ angemessen als auch sachorientiert, fürsorglich und der Situation, den beteiligten Personen und der Organisationsform angemessen beteiligend, ist es sowohl funktional hoch wirksam als auch ethisch tragfähig. Bedeutsamer ist jedoch etwas anderes: Die zehn genannten Führungstugenden sind selbst keine im engeren Sinn ethischen Werte. Es sind vielmehr funktionale Tugenden, die dazu dienen, die Unternehmensführung so auszurichten, dass das Unternehmen seine Ziele erreicht. Hierzu ist das Zusammenwirken von Organisation, Menschen und Aufgaben so zu orchestrieren, dass es situativ angemessen ist.

Was aber ist die Richtschnur für diese Passung? Hier kommen die von Hans Küng ins Feld geführten Weltethos-Werte zum Tragen. Gleichen wir die zehn Führungstugenden mit dem Kanon der Weltethos-Werte ab, stellen wir fest, dass Erstere nichts anderes repräsentieren als eine materiale Umsetzung der Weltethos-Werte in Bezug auf das konkrete Handlungsfeld »Unternehmensführung«. *Die funktionale Kraft der Weltethos-Werte liegt darin, dass sie als Begleitwerte einer leistungsorientierten Unternehmenskultur dafür sorgen, dass die zehn Führungstugenden jederzeit sachorientiert, fürsorglich und beteiligend in Szene gesetzt werden.* Ist das der Fall, können in folgenden Bereichen erhebliche *Leistungseffekte* und *Wertschöpfungspotenziale* gehoben werden:

- beim Umgang mit *Komplexität* und *Vielfalt* (Umgang mit *Diversität*),
- bei der Entwicklung von *Hochleistungsteams*,
- bei *Innovationen* und in der *Unternehmensentwicklung* (positive Nutzung menschlicher und kultureller Differenzpotenziale für Innovationen und Wachstum),
- beim Aufbau *interkultureller Teams*,
- bei der Ausgestaltung unverwechselbarer *Unternehmenskulturen* sowie
- bei der Senkung von *Konfliktkosten* (werteorientierte Kanalisierung von Konfliktpotenzialen).

Für die Rolle der Weltethos-Werte bedeutet dies, dass sie als Richtschnur zur Entwicklung materialer Kriterien dienen, mit denen spezifische Handlungsbereiche – hier der Handlungsbereich »Führung« – so ausgerichtet werden können, dass sie situativ angemessen, menschorientiert und damit hoch erfolgswirksam in Szene gesetzt werden. Das aber bedeutet, die Weltethos-Werte nehmen in Bezug auf die Unternehmensorganisation bzw. die Organisation von »Führung« lediglich eine dienende Funktion ein. Sie sind die unverzichtbaren Begleitwerte zur Entwicklung einer funktional positiven Führungskultur, sprich einer Unternehmenskultur, die gelingende Kooperation beflügelt.

Literatur:

Drucker, Peter F. (2011): *People and Performance. The Best of Peter Drucker on Management*, London/New York: Routledge.

Felber, Christian (2010): *Die Gemeinwohl-Ökonomie. Das Wirtschaftsmodell der Zukunft*, Wien: Deuticke.

Glauner, Friedrich (2016a): *CSR und Wertecockpits. Mess- und Steuerungssysteme der Unternehmenskultur*, 2. Aufl., Heidelberg/Berlin: Springer-Gabler.

Glauner, Friedrich (2016b): *Zukunftsfähige Geschäftsmodelle und Werte. Strategieentwicklung und Unternehmensführung in disruptiven Märkten*, Berlin/Heidelberg: Springer-Gabler.

Glauner, Friedrich (2018a): *Das zukunftsfähige Unternehmen. Wettbewerbsvorteile durch Wertschöpfungsvernetzung*, Wiesbaden: Springer-Gabler ESSENTIALS.

Glauner, Friedrich (2018b): Egomanie, Gier und Moral: Das (dys)funktionale Spannungsverhältnis von Familien-, Unternehmer- und Unternehmenswerten, in: Reinhard Altenburger (Hrsg.), *CSR und Familienunternehmen*, Berlin/Heidelberg: Springer, 69–101.

Rappaport, Alfred (1995): *Shareholder Value. Wertsteigerung als Maßstab für die Unternehmensführung*, Stuttgart: Schäffer Poeschel.

Geldethos und Weltethos: Die globale Finanzialisierung und ihre ethischen Dimensionen

Bernd Villhauer

> *»Und es herrscht der Erde Gott, das Geld.«*
>
> Friedrich Schiller, An die Freunde

Standing on the shoulders of giants

Nur wenige Denker konnten eine vergleichbare Wirkung wie der Theologe *Hans Küng* entfalten. Ein Grund dafür, dass er zum weltweit wahrgenommenen und anerkannten Intellektuellen wurde, ist sicherlich auch die Spannbreite seiner Interessen, die Vielfalt der von ihm behandelten Themen. Zu den verschiedensten Gebieten und Gegenstandsbereichen hat Küng sich geäußert. Und er hat diese unterschiedlichen Bereiche nicht nur jeweils theologisch durchdrungen, sondern auch systematisch ins Verhältnis zum Projekt einer ökumenischen Theologie und besonders des Weltethos gesetzt, seiner Konzeption einer über Religionen und Regionen hinweg verbindenden ethischen Gesinnung. So auch im Bereich der Wirtschaft, für den sich viele Analysen und Vorschläge im Küng'schen Werk finden.

Wie können wir produktiv an seine Arbeiten anknüpfen? Wenn die Ethik in der Wirtschaft und für die Wirtschaft ernst genommen werden soll, dann müssen wir nach den verschiedenen Wirtschaftssektoren und Wirtschaftsfunktionen fragen – welche Rolle spielen sie bei der ethischen Reflexion? Sollten wir uns möglicherweise auf einige stärker konzentrieren? Welche Akteure sind für welche Felder wichtig? In diesem Zusammenhang will ich hier vornehmlich die Finanzwirtschaft behandeln. Es soll die Prämisse gelten: keine Wirtschaftsethik ohne Finanzethik! Die Bedeutung der Finanzen im Rahmen der Wirtschaftsethik ergibt sich aus der Bedeutung der Finanzindustrie für die Gesellschaft; im gesamtwirtschaftlichen Rahmen finden wir hier die größten Machtkonzentrationen, aber ebenso die größten Gestaltungsmöglichkeiten. Auch wird dem Wirken der Finanzindustrie, besonders nach der Finanzkrise ab 2007/08, in der Öffentlichkeit größere Aufmerksamkeit gewidmet. Es werden immer vernehmlicher Fragen gestellt und Antworten verlangt, ob die »Global Players« dieses Sektors dem Gemeinwohl dienen. Und mit der Legitimität der Finanzwirtschaft gerät gelegentlich die Legitimität des gesamten marktwirtschaftlichen Modells unter Beschuss.

Hans Küng betont schon früh die Wichtigkeit gerade dieses Bereiches: »Wir brauchen, so machte es bereits die asiatische Finanzkrise der 1990er-Jahre klar, eine *Neuordnung des globalen Finanzsystems*. Eine solche erfordert eine Besinnung auf das notwendige Minimum an bestimmten ethischen Werten, Grundhaltungen und Maßstäben. Ein *Weltethos für diese Weltgesellschaft und Weltwirtschaft* tut not, auf das sich alle Nationen und alle Interessengruppen verpflichten können. Wie eine *Rahmenordnung* für die Finanzmärkte (ähnlich wie seinerzeit das Bretton-Woods-Abkommen) *global gelten* müsste, damit die Teilnehmer bei Einschränkungen nicht einfach in andere Märkte fliehen, *so müsste auch ein ethischer Grundkonsens global gelten*, damit ein einigermaßen friedliches und gerechtes Zusammenleben auf unserem Globus gewährleistet ist« (Küng 2012: 111).

Ein Überblick

Wenn wir eine solche Neuordnung des Finanzsystems angehen wollen, dann müssen wir uns zunächst einmal darüber klar werden, was eigentlich die Funktionen und Leistungen des Finanzsektors sind. Daraus ergeben sich dann auch die Hauptprobleme. Wenn wir beschreiben, was das Finanzsystem leistet, dann können wir am ehesten verstehen, wo es versagt.

Womit haben wir es grundsätzlich zu tun? Das Finanzsystem organisiert Zahlungsströme, den Transfer von finanziellen Werten, und damit auch die Verteilung von Ressourcen. Es bringt Kapital dorthin, wo es nachgefragt und gebraucht, verteilt und angelegt wird, es schafft und sichert Vermögen. An ihm beteiligt sind sowohl Personen als auch Organisationen, privatwirtschaftliche wie staatliche Einrichtungen – auf lokaler, nationaler und internationaler Ebene. Alle Analysen der ökonomischen und ethischen Fragen werden die folgenden Funktionen des Finanzsystems zu berücksichtigen haben:

- *Informationsfunktion*: Über Bewertungen, Kurse, Zinsentwicklungen u. a. wird ein Bild der wirtschaftlichen Kräfte, ihrer Vergangenheit, Gegenwart und Zukunft gezeichnet. Besonders wichtig für die finanzielle Bewertung sind die Zukunftsaussichten, die möglichen Renditen.
- *Lenkungsfunktion*: Die finanziellen Mittel werden durch Nachfrage und Renditeaussichten an die Stellen gelenkt, wo sie am meisten Wirkung entfalten. Man spricht hier auch von der Allokationsaufgabe – das Geld soll dahin kommen, wo es auch wirklich gebraucht wird.
- *Verteilungsfunktion*: Die Kanäle des Finanzsystems bewegen Mittel und leisten den Austausch zwischen Firmen und Volkswirtschaften. Auch transformiert das Finanzsystem über den Devisenaustausch die Organisation supranationaler Zahlungsströme.
- *Vermögensbildung*: Im Finanzsystem werden Rücklagen gebildet, Assets verwaltet, Vermögen geschaffen, allgemein: Werte gespeichert. Das gilt ebenso für die Rücklagen, die einzelne Bürgerinnen und Bürger bilden, um im Alter etwas mehr Geld zur Verfügung zu haben wie für die »Kriegskasse« großer Unternehmen oder die Reserven in Staatshaushalten.
- *Kommunikation und Wechselwirkung mit staatlichen Einrichtungen*: Jede politische Entscheidung muss finanziert werden, daher stehen im Grunde alle staatlich unterstützten gesellschaft-

lichen Entwicklungen unter »Finanzierungsvorbehalt«. Gerne wird hier auch von Haushaltsdisziplin gesprochen, aber auch darauf gehört, was »der Markt« sagt, auf dem neue Finanzierungen für Staaten organisiert werden müssen.

Für jeden Bereich skizziere ich nun Probleme mit ethischen Dimensionen, die in den jeweiligen Feldern entstehen können:

- *Missinformation*: Das Bild, das durch die Finanzakteure von den wirtschaftlichen Entwicklungen gezeichnet wird, ist möglicherweise ein sehr einseitiges, das viele Kosten und Erträge nicht einschließt, z. B. die ökologischen oder sozialen Folgekosten einer finanziell rentablen Investition. Zudem wird über der Zukunftsprognose (die gerne als Information auftritt, wo sie eigentlich mehr Vermutung bzw. Spekulation ist) die Gegenwart vergessen.
- *Fehllenkung*: Wer bestimmt eigentlich, wo das Geld am besten wirksam wird? Was bedeutet hier »Wirksamkeit«? Und wie misst man diese? Wenn wir nur Kriterien der Profitmaximierung berücksichtigen, dann kann es sehr wohl geschehen, dass finanzielle Mittel in Bereiche gelenkt werden, die alles andere als lebensdienlich oder ethisch vertretbar sind. Gefragt werden darf auch, wohin gesamtgesellschaftlich Talente gezogen werden. Generationen junger Mathematiker oder Physiker wurden von den Finanzdienstleistern aufgenommen. Manch eine technische Entdeckung ist so vielleicht nicht gemacht worden.
- *Ungleiche Verteilung*: Wird der Investitionsbedarf in Schwellen- und Entwicklungsländern wirklich behandelt wie in den entwickelten Nationen? Haben alle Zugang zum Bankensystem? Ist es nicht so, dass das Geldsystem lange durch die Dollardominanz und entsprechende Ungleichgewichte geprägt wurde?
- *Bildung von Asymmetrien*: Ein Hauptkritikpunkt am bestehenden Finanzsystem betrifft die ungleiche Verteilung der Ein-

kommen und Vermögen. Der Verdacht besteht, dass die jetzigen Strukturen zumindest im Binnenvergleich einiger Länder einen Neofeudalismus verstärken, der das Zusammenleben gefährdet. Besonders in den Protesten der »Occupy Wall Street«-Bewegung und der »99 %« ist das deutlich geworden.

- *Korruption von politischen Prozessen*: Geld ist Macht – und es ist zu fragen, ob die Finanzindustrie nicht in entscheidenden historischen Phasen zu großen Einfluss nehmen konnte, so bei der Deregulierung der Märkte in den 80er-Jahren, bei der Bewältigung der Finanzkrise ab 2007 oder in der Behandlung von »Schuldnerstaaten« in der Euro-Krise. Und das gilt nicht nur für Staaten wie Russland.

Wohin wollen wir gehen?

Die Anerkennung solcher Entartungen und Fehlentwicklungen ist nicht neu. Klagen über sie begleiten die ökonomische Ideengeschichte, aber auch die Beschreibungen wirtschaftlicher Praxis seit den Anfängen. Lösungsansätze für die Probleme der Geld- und Finanzwirtschaft gab es schon in der Antike bis in die Neuzeit, so von *Xenophon, Platon* und *Aristoteles* über *Thomas v. Aquin, Adam Smith, Karl Marx, John Locke* bis hin zu *John Maynard Keynes, Friedrich August v. Hayek, Ludwig v. Mises, James Tobin, Milton Friedman, Robert Shiller, Michael Hudso*n u. v. a. All diese Probleme haben eine ökonomische, philosophische, juristische, soziologische, aber eben auch ethische Seite – und aus dem Weltethos-Projekt heraus können wir diese Dimensionen gleichermaßen auf der Ebene der Regelsetzung wie der Haltungskultivierung angehen. Nicht nur neue Gesetze oder Vorschriften, sondern eine Motivation für neues Verhalten, das aus neuer Haltung folgt, sollten dabei unser Ziel sein. Methodologisch sehe ich hier gerade eine große Chance der Weltethos-basierten Finanzethik. Sie kann den alten Gegensatz zwischen einer mehr die Gesinnung oder die Tugenden betonenden Ethik und einer reinen Regelorientierung bzw. Anreizsetzung überwinden.

Ich will das am Beispiel der Finanzialisierung erläutern. Dieser Begriff wird mit unterschiedlichen Bedeutungen verwendet: als Beschreibung sozialer und politischer Vorgänge in finanziellen Terminologien, als Anwendung des Renditeprinzips in allen Feldern, als Anwachsen der Macht der Finanzbranche … Grundsätzlich könnte man sagen, er thematisiert, wie Erkennen, Beschreiben, Entscheiden und Handeln nur und ausschließlich in finanzökonomischen Begriffen stattfindet. Auf diese Verengung des Blicks können wir mit einer wirtschaftsethischen Strategie auf Weltethos-Grundlage in mehrerlei Hinsicht antworten:

- *gesetzlich* sollten bestimmte Bereiche vor einem reinen Profitdenken geschützt bleiben
- *politisch* müssen Lobbyarbeit und Einflussnahme kontrolliert werden
- *pädagogisch* sollten wir den nachwachsenden Generationen die Wichtigkeit auch der nicht in Geldbegriffen messbaren Schätze nahebringen
- *betriebswirtschaftlich* haben wir ein umfassendes Bild des Unternehmens mit allen »weichen« und »harten« Faktoren zu zeichnen
- *volkswirtschaftlich* benötigen wir eine Analyse der Waren- und Dienstleistungskreisläufe, die nicht monetarisiert sind (z. B. in der Pflege).

Wollen wir das Thema der Finanzialisierung also seriös behandeln, dann muss eine integrative Perspektive wie die des Weltethos als Ausgangspunkt genommen werden. Menschen und Strukturen sollten gleichermaßen berücksichtigt werden.

Es geht in diesem Sammelband darum, die neuen Perspektiven des Projekts Weltethos zu diskutieren. Wo kann die Arbeit von Hans Küng und seinem Team fortgesetzt werden, wo können oder müssen wir über die bisherigen Arbeiten hinausgehen oder vielleicht sogar neue Ansätze suchen? Ebenso wie Küng bei der Grundlagenforschung über Religionen und Glaubensgemeinschaften ansetzte, um

dann seine konkreten Perspektiven zu entwickeln, müssen wir auch
für den Finanzbereich die theoretischen Grundlagen neu diskutieren,
um dann praktische Einsichten und konkrete Forderungen generie-
ren zu können. Ein Verständnis des Geldes und der Finanzströme,
das heute in der Wirtschaftswissenschaft nur unzureichend entwickelt ist, muss die Voraussetzung für Schlussfolgerungen in Bezug
auf eine Ethik und gerade auch in Bezug auf ein Ethos sein. Ohne
grundsätzliche geldtheoretische und finanzwissenschaftliche Analysen kann es nicht gehen.

Wenn wir die aktuellen Diskussionen zur Kenntnis nehmen und
uns mit der gegenwärtigen Struktur der Finanzströme beschäftigen,
dann werden wir zwangsläufig den nationalen Blickwinkel in einen
weiteren Kontext stellen. Geld ist ein Weltbürger! Immer deutlicher
wird, dass die Spielräume einzelner Staaten begrenzt sind. Die eigentliche Dynamik der Finanzialisierung ist nur zu verstehen, wenn
man die transnationalen Akteure und das Spiel der Finanzflüsse in
den Blick nimmt. Hier findet sich möglicherweise auch einer der
Punkte, an denen wir über die von Prof. Küng und seinem Team
beschriebenen Regelungsmöglichkeiten hinausgehen müssen. In der
Vergangenheit wurde mit Reformvorschlägen noch auf eine intakte
Staatenwelt mit souveränen Entscheidungen in den Ländern gesetzt.
Diese Nationalstaaten sind allerdings, zumindest bei der Lenkung
der Finanzströme, immer weniger handlungsfähig, wie die letzten
Krisen eindrucksvoll gezeigt haben.

Supranationale Lösungen kommen daher mit immer größe-
rer Macht ins Spiel – ob uns das gefällt oder nicht. Das Weltgeld,
das einst schon bei Keynes beschrieben wurde, könnte beispielsweise losgelöst von staatlichen Geldschöpfungsregimes in Form von
Kryptowährungen entstehen. Noch haben sich viele der mit ihnen
verbundenen Hoffnungen nicht erfüllt, es lässt sich sogar gut dafür
argumentieren, dass wir hier noch überhaupt kein Geld im eigentlichen Sinne vor uns haben – aber die zugrunde liegenden technischen Möglichkeiten z. B. der Blockchain-Technologie und ihrer
Nachfolger lassen noch einiges erwarten.

Warum zunehmend internationale Regelungen notwendig sind und nicht nur auf die Einflussmöglichkeiten des Nationalstaats vertraut werden kann, wird auch bei einem Wirtschaftsethiker deutlich, der die Finanzmärkte kenntnisreich analysiert und Vorschläge auf der Grundlage der katholischen Soziallehre macht. Der Leiter des Oswald-von-Nell-Breuning-Instituts, *Bernhard Emunds,* entwickelt Anforderungen an globale Finanzregeln, die im Sinne der Armen der Welt wirken und die vorhandenen Asymmetrien verändern (Emunds 2014).

Forschen und Handeln – Forschen als Handeln – Handeln als Forschen

Zu skizzieren ist hier ein erstes Programm der Finanzethik für die nächsten Jahre. Sowohl die Forschungsprogrammatik als auch die Reflexion praktischer Maßnahmen muss auf mindestens drei Ebenen stattfinden:

I.   der individuellen Entscheidungen von Einzelpersonen;
II. der kollektiven Entscheidungen von Organisationen und Entitäten;
III. der Rahmenbedingungen für den Austausch zwischen Organisationen.

Zu beachten ist, dass nicht die Vermeidung normativer Perspektiven, sondern die reflektierte Nutzung des normativen Potenzials für Analysen den Weg von der Forschung zu handlungsrelevanten Vorschlägen (und zurück) ebnet.

Forschungsprogramm

All diese Fragen (und noch einige mehr) sind im Vorhof der Konkretisierung eines Weltethos-Programms für die Finanzmärkte auszuleuchten: Haben wir den Charakter des Geldes als ursprünglichem Symbolsystem und seinen Verbindungen zu religiösen und sprachlichen Symbolsystemen wirklich schon verstanden? Wie wollen wir die Schaffung und Weiterentwicklung von Geldformen fassen? Wie lässt sich ein Pluralismus der Geldsorten und -anwendungen denken? Welche Formen von Finanzialisierung gibt es? Wie ist das Verhältnis zwischen regionalen, nationalen und internationalen Zahlungsströmen? Wo gibt es politische und juristische Möglichkeiten der Einflussnahme auf die Finanzinstitutionen? Welchen Anforderungen muss die Ausbildung künftiger Finanzfachleute genügen? Wie kann im Curriculum ein ethisches Bewusstsein frühzeitig so verankert werden, dass es mit den anderen Teilen des Finanzstudiums in produktive Beziehung gesetzt wird? Welche Formen von Investment unterstützen eine nachhaltige Entwicklung? Wie kann die Finanzbranche zur Umsetzung der SDGs beitragen?

Aktionsprogramm

Auf der Grundlage der Weltethos-Idee können Programme zur Stärkung der »financial literacy«, zur Vermittlung von Grundkenntnissen über Geld und Finanzen, entwickelt und an Schulen verbreitet werden, die den Wirtschafts- und Sozialkundeunterricht sinnvoll ergänzen. Besonders hilfreich dürfte hier die Expertise der Stiftung Weltethos sein, die schon verschiedene pädagogische Programme entwickelt hat.

Es gilt, die branchenspezifischen Verhaltensweisen zu verstehen und zu bewerten: Welche Anreize gibt es, Kunden problematische Finanzprodukte zu verkaufen, die nicht deren Interessen, sondern dem Profitstreben der Arbeitgeber entsprechen? Worüber sollten alle Beteiligten informiert sein? Auch auf der Käufer- und Konsumentenseite muss zur »financial literacy« die »financial responsibility« kommen.

Es gilt, in den Firmen neben der Einhaltung von Regeln (Compliance) und dem Fördern gesellschaftlicher Verantwortung (Corporate Social Responsibility, CSR) auch ethische Sprach- und Reflexionsfähigkeit in einem umfassenden Sinne zu fördern. Besonders die Bereichsethiken für einzelne Branchen kommen hier in den Blick:

Banken, Versicherungen, Fonds, Rating-Agenturen, Vermögensverwaltungen und noch einige Akteure mehr. Der Ansatz des Weltethos, der u.a. auf die Traditionen eines spezifischen Berufsethos aufsetzen kann, ist hier besonders hilfreich.

Es gilt für Finanzakteure, nicht nur das Tagesgeschäft gut zu machen, sondern immer auch das Gute zu machen. Die Frage nach der Art der Geschäfte, welche mit neuen Finanzprodukten ermöglicht werden, ist nicht nur erlaubt, sondern geboten. Hier kommt auch das weite Feld des nachhaltigen Finanzwesens und des Impact Investings ins Spiel. Die Zeit ist reif – wie der *Aktionsplan Sustainable Finance* der Europäischen Kommission und die Empfehlungen der High Level Expert Group zeigen.

Es gilt, internationale Regeln zu definieren, die eine politische Ordnung der Finanzdynamik im Sinne der schwächeren Akteure der internationalen Szenerie erlauben. Welches Weltbankregime ist dem dienlich? Wie werden die Rahmenbedingungen des europäischen oder globalen Finanzsystems geordnet, um größtmöglichen Nutzen für die einzelnen Menschen zu erzielen? Wie können exzessive »Steueroptimierungen« bzw. sogar Steuerhinterziehungen verhindert werden?

Eine besondere Herausforderung stellt die Entwicklung der Künstlichen Intelligenz (KI) dar. Für dieses Feld bewährt sich der Ansatz des Weltethos-Instituts, Ethik als Innovationstreiber zu betrachten. Welche neuen Modelle bei KI und maschinellem Lernen berücksichtigen ethische Fragen von Anfang an oder setzen sogar bei ihnen an, um neue Geschäftsmodelle zu entwickeln, z. B. beim Robo-Investment oder finanztechnischen Big-Data-Anwendungen?

Weltethos im 21. Jahrhundert – das bedeutet für das Verständnis der internationalen Finanzordnung neue gesellschaftliche Herausforderungen, neue wissenschaftliche Fragen und neue ethische Einsichten – es bedeutet aber vor allem auch eine große Hoffnung darauf, dass das Geld vom Herrscher zum Diener werde. Der Mensch, dieser gleichzeitig machtvolle und jämmerliche »Prothesengott« (*Sigmund Freud*) hat sich zahlreiche Instrumente geschaffen, deren Weltbeschreibungs- und Weltgestaltungskraft ihre Entsprechung in einem

Weltethos finden muss. Das gilt auch für das Geld, eines der mächtigsten Instrumente. Wie jedes gute Werkzeug verändert es seine Benutzer: Menschen prägen Münzen und Münzen prägen Menschen – daher muss zum Geldethos ein Weltethos kommen.

Literatur:

Dierksmeier, Claus (2018): Cryptocurrencies and Business Ethics, in: *Journal of Business Ethics*, Jg. 152, Nr. 1, 1–14.

Emunds, Bernhard (2014): *Politische Wirtschaftsethik globaler Finanzmärkte*, Wiesbaden: Springer-Gabler.

Hemel, Ulrich (2013): *Die Wirtschaft ist für den Menschen da. Vom Sinn und von der Seele des Kapitals*, Mannheim: Patmos.

Hudson, Michael (2016): *Der Sektor. Warum die globale Finanzwirtschaft uns zerstört*, Stuttgart: Klett-Cotta Verlag.

Koslowski, Peter (2009): *Ethik der Banken. Folgerungen aus der Finanzkrise*, München: Wilhelm Fink.

Küng, Hans (1990): *Projekt Weltethos*, München: Piper.

Küng, Hans (1997): *Weltethos für die Weltpolitik und Weltwirtschaft*, München: Piper.

Küng, Hans (2010): *Anständig wirtschaften*, München: Piper.

Küng, Hans (2012): *Handbuch Weltethos*, Zürich: Piper.

Kuschel, Karl-Josef und Heinz-Dieter Assmann (2011): *Börsen, Banken, Spekulanten. Spiegelungen in der Literatur. Konsequenzen für Ethos, Wirtschaft und Recht*, Gütersloh: Gütersloher Verlagshaus.

Shiller, Robert J. (2015): *Irrationaler Überschwang*, München: Plassen.

Stüttgen, Manfred (2017): *Ethik von Banken und Finanzen*, Zürich: Theologischer Verlag Zürich/Baden-Baden: Nomos.

Tooze, Adam (2018): *Crashed. Wie zehn Jahre Finanzkrise die Welt verändert haben*, München: Siedler.

Wellershoff, Klaus W. (2018): *Plädoyer für eine bescheidenere Ökonomie. Über Wissen und Nichtwissen in der Finanzindustrie*, Basel: NZZ Libro/Schwabe.

Crypto-Währungen und Weltgeld

Claus Dierksmeier

»Geld regiert die Welt. Wer regiert das Geld?« – Mit diesen Worten bewarb das Weltethos-Institut eine Podiumsdiskussion »Steckt unser Geld in der Krise?« im Januar 2015. Die beiden Fragen führen in das Zentrum dieses Beitrags. Sie unterstellen erstens, dass unser Geld beziehungsweise unser Geld- und Finanzsystem einen spürbaren Einfluss darauf hat, ob es in der Weltwirtschaft mehr oder weniger ethisch zugeht. Und zweitens legen sie nahe, dass die Weise, wie wir weltweit Geld schaffen und mit ihm umgehen, in der Krise steckt und einer Reform bedarf. Falls zutrifft, dass das Geldsystem die Erfolgsbedingungen ethischen Wirtschaftens negativ beeinflusst, dann führt uns das Interesse an einer Realisierung von Weltethos in der Wirtschaft geradewegs zu Fragen nach der Ordnung und Neuausrichtung des Geldsystems – und damit auch zu dessen jüngster Stilblüte: digitalen Crypto-Währungen.

I. Weltethos für das Geldsystem: Wo ansetzen?

Zunächst: Was beeinflusst die Umsetzung von Weltethos in der globalen Wirtschaft? Welche Rolle spielt das Geldsystem für die globale Wirtschaft? Und worin besteht die Krise des konventionellen Geldes? *Hans Küng* schwebte vor, dass auf den zusehends globalisierten Märkten der Welt Menschen aller Religionen und Bekenntnisse friedlich und zum Vorteil aller miteinander Handel treiben können sollten. Dazu aber bedürfte es gewisser Voraussetzungen. Ausgehend von seinen Forschungen zum Weltethos als einem Elementarbestand moralischer Normen wie beispielsweise der Goldenen Regel fragte er sich, wie die Wirtschaft am besten auszurichten wäre, um dem Weltethos angemessen Ausdruck zu verleihen. Ideal wäre es, so Küng, wenn die Weltbürger überall Mittel und Wege fänden, um im doppelten Sinne des Wortes »anständig« zu wirtschaften: Wenn also im ökonomischen Tun moralische Integrität und finanzieller Erfolg übereinkämen und sich wechselseitig bestärkten (Küng 2010). Um diesem Ideal näherzukommen, reiche es nicht, lediglich an die Gewissen der Einzelnen zu appellieren. So wichtig und richtig die moralische Gesinnung der Individuen sei (Mikro-Ebene), so nötig sei es doch auch, dass sie durch die Gewohnheiten und Gepflogenheiten der vielen (Meso-Ebene) und von Gesetzen für alle (Makro-Ebene) bestärkt werde. Darum empfahl Hans Küng eine volkswirtschaftliche Ordnung des Markts sowie eine betriebswirtschaftliche Ausrichtung unternehmerischer Anerkennungssysteme, welche die Ausbeutung der Schwachen und den Betrug der Anständigen verhindern, damit beim Wirtschaften der Ehrliche nicht der Dumme ist. Denn nur, wo ein anständiges Wirtschaften echte Erfolgschancen hat, kann es den Einzelnen auch auf Dauer moralisch abverlangt werden.

Zudem müsse dieses dreistufige Modell der Mikro-, Meso- und Makro-Ebene der nationalen Gesellschaften im Lichte der zusehends globalisierten Weltwirtschaft durch Übereinkünfte und Institutionen auf der globalen Ebene ergänzt werden. Zwar lassen sich allerorten viele Menschen vom Ideal eines integren Wirtschaftens ansprechen und begeistern, aber nicht alle. Und wo immer auf dem Erdenrund einige ungestraft Regulierungslücken ausnutzen können, um sich durch unstatthafte Praktiken unlautere Wettbewerbsvorteile zu verschaffen, erzeugt dies Fehlanreize und führt langfristig zu einem moralisch, sozial oder ökologisch schädlichen Wirtschaften, das zusehends mehr Mittbewerber auf die schiefe Bahn einer nicht-nachhaltigen Ökonomie locken kann. Dem müsse, so Küng, durch eine vorausschauende Global Governance begegnet werden (Küng et al. 2010).

Aber neben Gewissen, Gewohnheiten und Gesetzen sind auch die Mittel und Medien des Wirtschaftens ethisch zu untersuchen. Denn so wie uns im alltäglichen Kommunikationsverhalten die Unterschiedlichkeit etwa von Print- und Onlinemedien subtil, aber spürbar beeinflusst, so vielleicht ebenso ökonomische Austauschmedien wie das Geld. Lassen sich auch hier Weichenstellungen vornehmen, die es den Individuen und Institutionen erleichtern, im Sinne des Weltethos zu wirtschaften?

Schon früh spekulierten Philosophen, dass eine Welt, die sich wirtschaftlich zur Einheit entwickelt, auch eines einheitlichen »Weltgelds« bedürfe. Dies postulierte etwa der in Deutschland weithin unbekannt gebliebene, aber in Spanien, Portugal und Lateinamerika sehr geschätzte deutsche Philosoph *Karl Christian Friedrich Krause* (1781–1832). Die finanziellen Vorteile sowie der politische Machtgewinn, der in der Ausgabe und Kontrolle von Weltverkehrswährungen lag, gebührten nicht einzelnen Nationen, meinte Krause, sondern der Menschheit insgesamt (Dierksmeier 2003).

Damit nahm Krause einige Einsichten der heutigen Finanzwissenschaft vorweg. Denn diese erkennt an, dass die Autorität über die Ausgabe und Vermehrung von Geld bestimmte Vorteile verschafft, über deren moralische Angemessenheit sich streiten lässt. Dazu gehört erstens die sogenannte *Seignorage*, also der finanzielle Gewinn, der zumeist Staaten, aber bisweilen auch Privatbanken entsteht, die ein bestimmtes Medium (z. B. einen Geldschein) als Zahlungsmittel mit einem Verkehrswert (z. B. 500 Euro) über seinem Substanzwert (ca. 16 Cent) einsetzen. Zweitens machen Banken Gewinne, indem sie mehr Geld verleihen, als bei ihnen tatsächlich eingelegt ist. Ihr Spekulationsgewinn ist für ihre Bilanzen oft wichtiger als Zinserträge aus dem Kerngeschäft. Entsprechend stark ist das Interesse vieler Geschäftsbanken, dass die Politik keine höheren Deckungsbeträge vorschreibt oder gar ein Vollgeld einführt. Zum Dritten sind da noch die erheblichen Vorteile, die einem Staat, wie derzeit den Vereinigten Staaten von Amerika, zukommen, dessen Geld als Reservewährung der Weltgemeinschaft fungiert.

Die moralische Brisanz liegt meist darin, dass jede Erhöhung der global umlaufenden Geldmenge die Menschen weltweit nicht gleichzeitig erreicht. Sondern so, wie in einem geschlossenen Raum, der mit einem Schlauch geflutet wird, zwar letztlich alle etwas Wasser abbekommen, so haben doch diejenigen die beste Position zum Abschöpfen, die den Schlauch in der Hand halten. Es kann daher sein, dass einige es als in ihrem finanziellen Interesse liegend empfinden, den Hahn immer weiter aufzudrehen. Langfristig mag dies zwar zur Überschwemmung, also Geldentwertung, führen, kurzfristig aber stehen sie besser da als der Rest. Denken wir uns nun jenen zusehends gefluteten Raum der Finanzwirtschaft im Obergeschoss der Behausung der Weltwirtschaft angesiedelt und die Realökonomie im Untergeschoss, so ist klar, dass die Decke, die beide trennt, zwar bestimmte Wassermengen abhalten und gewisse Druckungleichgewichte zwischen Finanz- und Realökonomie aushalten kann. Aber nur bis zu einem Punkt: Wird etwa das Obergeschoss geflutet, ist irgendwann das Gewicht jener Liquidität so groß, dass selbst der kleinste Haarriss in jener Decke ausreicht, um diese zum Einsturz zu bringen und die Werkbänke im Untergeschoss fortzuspülen.

So geschehen 2008/09. Die Realökonomie wurde von einer durch staatliche wie private Liquiditätserhöhung aufgebauten Spekulationswelle in der Finanzökonomie unterspült. Die Suche nach den Verantwortlichen führte zunächst zu Spekulanten im US-amerikanischen Hypotheken-Markt. Dass aber diese Finanzprodukte verhökerten, die erkennbar ungenügend abgesichert waren, hing keineswegs nur mit der persönlichen Gier jener Händler zusammen, sondern auch mit der Nachfrage am Markt nach ebensolchen Produkten – und diese ihrerseits mit der damaligen Liquiditätsschwemme. Mit anderen Worten: Das Geschäft einiger weniger wurde von einer verantwortungslosen Liquiditätsvermehrung und somit der Gefährdung aller ermöglicht und begünstigt. Dies war die systemische Grundlage der Krise.

Systemische Probleme aber erfordern systematische Lösungen. Ein Appell an die Gesinnung der Hypotheken-Geber und Investment-Banker allein reicht nicht aus. Wir müssen vielmehr die Frage aufwerfen, ob überhaupt dem vereinten Wirken einiger Staaten und Privatbanken die Macht zukommen sollte, durch eigennützige Geldmengenerhöhung die globale Realwirtschaft aus dem Gleichgewicht zu bringen. Denn das liegt weder im Interesse der Weltbürger, noch hat sie jemals ein partizipatorisch verfasstes Organ der Menschheit, wie etwa die UN, dazu ermächtigt. Derlei scheint also weder moralisch noch politisch legitimiert. Den Kreditgebern in Privatbanken und den staatlichen Gebietern über die Druckerpressen kommt demnach eine ungerechtfertigte Macht zu, der sich die restlichen Weltbürger nicht effektiv entziehen können. – Oder doch?

II. Ansatzpunkt: Crypto-Währungen

Das Jahr 2008 markiert noch aus einem anderen Grund eine Zäsur in der Wirtschaftsgeschichte. Mit Bitcoin betrat damals eine neue Form des Geldes die Weltbühne: ein digitales, dezentral und disintermediär verwaltetes Geld, geschaffen weder von einem Staat noch von Banken, sondern seitens der Zivilgesellschaft. Digitales Spielgeld für Computerspiele gab es längst, ebenso Regionalgelder und Alternativwährungen wie etwa den Chiemgauer. Aber stets musste dabei irgendjemand dafür sorgen, dass die Quantität und Qualität der im Umlauf befindlichen Zahlungseinheiten bestimmten Standards entsprach: intermediäre Institutionen. Ihnen kam dann Macht über das jeweilige Geld zu.

Mit Bitcoin aber kam erstmalig eine Währung zur Welt, die ohne Intermediation funktioniert, weil ihre quantitative und qualitative Gestalt dezentral gemanagt wird. Dies verdankt sie der sogenannten »Blockchain«-Technologie, mit der Systemnutzer die Systemhygiene gewährleisten. Eine Inflation der im Quellcode vorgesehenen Geldmenge oder eine Zweckentfremdung des Systems sind dabei praktisch ausgeschlossen, da das Verzeichnis aller in Bitcoin geleisteten Zahlungen nicht von einer (korruptionsgefährdeten) Person oder (manipulationsanfälligen) Institution, sondern von zigtausenden Netzwerkposten gemeinsam verwaltet wird. Bitcoin-Nutzer sind also weder auf Staaten noch auf Banken angewiesen.

So weit, so ideal – wenngleich in der konkreten Umsetzung stets kritisch zu hinterfragen. Aber Bitcoin verhält sich zur Fülle und Verschiedenheit heutiger Crypto-Währungen in etwa wie das Hochrad am

Ende des 19. Jahrhunderts zum Fahrradmarkt zu Beginn des 21. Jahrhunderts (Dierksmeier und Seele 2016). Bitcoin ist eine Blockchain-Technology erster Generation in einer digitalen Umwelt, die seither über 1500 weitere Crypto-Währungen, mittlerweile in der dritten Generation, hervorgebracht hat. Anders als Bitcoin ermöglichen sie »smart contracts« (zweite Generation) und trennen typischerweise zwischen Plattformen und »Tokens« (dritte Generation), sodass die Nutzung der einen nicht die Benutzung der anderen erzwingt. Ferner werfen manche sogar das ursprüngliche Blockchain-Prinzip über Bord und arbeiten mit alternativen Software-Modellen wie etwa »directed acyclical graphs« (DAG), den sogenannten »Tangles« (Swan 2018).

Dies ist nicht der Ort, technische Details und Diskussionen zu vertiefen. Aber wie die Forschung zeigt, macht die Vielfalt der Crypto-Währungen einen Unterschied bei ihrer ethischen Bewertung. Denn oft trifft die Kritik an Digitalwährungen – wie ihr hoher Energieverbrauch und die langen Klärungszeiträume – deren erste Generation und namentlich Bitcoin. Umgekehrt sind moralische Potenziale der Blockchain-Technologie erst mit Währungen der zweiten und dritten Generation realisiert und Kinderkrankheiten überwunden worden. So gibt es heute etwa Währungen wie SolarCoin, deren Zuteilung nicht mit Energieverbrauch, sondern mit dem Einspeisen zusätzlicher alternativer Energieformen einhergeht und etliche weitere, deren Transaktionszeiten wie -kosten gegen null konvergieren.

Damit gehen erhebliche und moralisch höchst relevante Vorteile für die Nutzer einher. Allgemein gesprochen, senken Crypto-Währungen globale Transaktionskosten und setzen bislang gebundene Ressourcen für produktive Zwecke frei. Das befördert ökonomischen Austausch und dessen Nutzenstiftung insgesamt. Es werden aber auch konkrete, bisher benachteiligte Personengruppen durch Crypto-Währungen bessergestellt. Bürger aus Entwicklungsländern, die in reichen Nationen arbeiten, um ihren Familien daheim Geld zu senden, mussten bislang schon für die Übermittlung von Kleinbeträgen hohe Gebühren an Geschäftsbanken zahlen. Nachdem aber Crypto-Währungen auf Mobiltelefonen gehalten und ausgetauscht werden konnten, fielen plötzlich die Preise für das globale Versenden von Geld dramatisch – und Geschäftsbanken bieten nun ihrerseits eigene Crypto-Währungen oder Partnerschaften mit etablierten Crypto-Firmen an, um ihren Kunden jene Transfers weit kostengünstiger anzubieten.

Zugleich hilft die Anonymität und Betrugssicherheit digitaler Portfolios vielen Menschen, kleinere Vermögen zu Konsumptions- oder Investitionszwecken anzusparen, die vormals auf die Sicherheiten und die Transparenz eigener Kontoführung verzichten mussten, entweder aufgrund fehlender konventioneller Banken oder aufgrund eines durch Korruption oder Diskriminierung verstellten Zugangs zu ihren Leistungen. Insbesondere Frauen, denen man noch immer in vielen Gesellschaften finanzielle Autonomie abspricht, nutzen die neuen Optionen für mehr finanzielle Selbstständigkeit.

Hier zeigt sich, wie die Blockchain-Technologie etliche Risiken, Kosten und Missbrauchsmöglichkeiten der intermediären Individuen und Institutionen überflüssig macht. Die Abhängigkeit von den »middlemen« – Zwischenhändler, Banken, Notare, Rechtsanwälte oder Vertrauensleute – nimmt ab, die Selbstständigkeit der Vertragsparteien nimmt zu. Die Kosten für kommerziellen Austausch unter Fremden sinken, damit steigt dieser *ceteris paribus* an, und das wirtschaftliche Geflecht zwischen den Erdenbürgern wird dichter. Wenn es wahr ist, dass der freie Handel zur Versittlichung der Menschen und Völker führt, weil er selbstische Leidenschaften durch ökonomische Interessen am wechselseitigen Geben und Nehmen austariert, so muss man die Verbilligung und Beschleunigung solcher Geschäfte – und vor allem die durch sie erwirkte Integration zuvor ökonomisch marginalisierter Personen und Schichten – als moralischen Gewinn verbuchen.

III. Geldautonomie durch Crypto-Währungen gestalten

Deutlich wird damit, dass Crypto-Währungen nicht nur einen direkten ökonomischen Primärnutzen stiften, sondern auch indirekte gesellschaftliche und politische Sekundäreffekte versprechen. Vor der Erfindung der Crypto-Währungen hatten die meisten Menschen kaum eine Wahl, welche Zahlungsmittel sie nutzen wollten. Erstmalig können nun etliche Weltbürger Teile ihres Vermögens den Risiken der Währungspolitik ihrer nationalen Regierungen oder der ebenso riskanten Liquiditätssteigerung seitens von Geschäftsbanken entziehen. Sie nutzen damit ihre neu entstandene geldpolitische Autonomie und reduzieren die Gestaltungsmacht von Politik, was man, je nach Standpunkt, begrüßen oder beklagen mag. Jedenfalls aber steigern sie die Resilienz des Weltfinanzsystems, das nun, indem es auf deutlich mehr Währungsfüßen steht, redundanter und damit widerstandsfähiger bei Krisen in bestimmten Leitwährungen, etwa im Dollar, zu werden verspricht. Und weil Staaten und Banken nicht ohne die Gelder ihrer Bürger und Kunden funktionieren, müssen diese auf jene Ausweichbewegungen über kurz oder lang ähnlich reagieren wie Transferbanken auf den Rückgang von Remissionszahlungen: Sie müssen bessere, d. h. bürger- und kundennähere Leistungen anbieten.

Die Konkurrenz, die Crypto-Währungen zum *status quo* darstellen, wirkt sich ganz so aus, wie sich die Vordenker der sozialen Marktwirtschaft die heilsame Wirkung von freiem Wettbewerb überhaupt vorgestellt haben: als Entmachtungsinstrument (Eucken 1952). Immer mehr Menschen verlagern Teile ihrer Ersparnisse in Crypto-Währungen. Hier sind nicht nur die Not der Mittellosen und die Gier der Spekulanten am Werk. Die eigentliche Wucht dieser Bewegung kommt aus der Mitte entwickelter Gesellschaften heraus, in denen immer mehr vor allem junge Menschen für Anlagen in digitalen Währungen optieren, weil sie an den positiven gestalterischen Alternativen interessiert sind, die mit Crypto-Geld einhergehen. Weil die oligopole Art und Weise, in der bisher das weltweite Geldsystem gemanagt wurde, signifikanten Teilen der Weltbevölkerung Nachteile verschafft, finden nun von Computer-Nerds ins Leben getippte Alternativwährungen Zulauf, die einen Ausweg aus der Misere versprechen.

Wir sollten daher Crypto-Währungen als zivilgesellschaftliche Innovationen begreifen, die aus einem Wetteifern um Nutzer heraus sich in einen Wettbewerb der Ideen begeben, welche Eigenschaften Geld heutzutage eigentlich haben könnte oder sollte: Soll Geld vor Inflation geschützt sein durch ein vorprogrammiertes Ausgabemaximum? Muss ein ähnlicher Schutz vor Deflation ebenfalls vorgesehen werden? Sollten das jeweilige Crypto-Geld und seine Transaktionsgeschichte komplett anonym oder besser völlig transparent sein? Oder wäre hier eine goldene Mitte zu suchen, etwa über Pseudonymität oder eine partielle Freilegung der Transaktionskette? Welche nachhaltigen Alternativen gibt es dazu, Geld durch ökologisch oder sozial fragwürdige Verfahren zu »schürfen«? Was heißt es, wenn die Crypto-Währung auch das Verabreden und Abwickeln wechselseitig bedingter Leistungen erlaubt, beispielsweise auf dem Wege automatisierter Zahlungen durch »smart contracts«? Liegt der Code des Crypto-Geldes ein für alle Mal fest oder kann er durch die Nutzer-Gemeinschaft beeinflusst werden und, falls ja, wie und in welchen Aspekten? Sollen dabei die Mitgestaltungsmöglichkeiten bestimmten Nutzerkreisen vorbehalten oder allen gegenüber offen sein? Wäre hier ein »one member, one vote«-Prinzip zielführend oder eine nach Schürfleistungen (*proof of work*) oder vorgehaltenem Vermögen (*proof of stake*) oder nach systemdienlichen Leistungen (*proof of cooperation*) gestaffelte Mitwirkungshierarchie?

Über all diese Fragen und andere mehr entscheidet heute die weltweite Zivilgesellschaft mit, indem sie bestimmte Crypto-Gelder eher als andere erwirbt – oder eben neue Währungen mit den gewünschten Attributen hervorbringt. Nutzung ist Gestaltung. Jeder Gebrauch einer Crypto-Währung trägt zu einem Ausleseprozess bei, bei dem sich auf Dauer diejenigen Digitalgelder durchsetzen, die am verlässlichsten die Leistungserwartungen der meisten Menschen erfüllen. Dabei trennt sich die Spreu der fehlgeschlagenen Experimente vom Weizen der bewährten Währungen. Über Zeit dürften sich einige weitgehend stabile Währungen als Marktführer etablieren und auch mittelfristig halten, bis ihre Leistungen entweder nicht mehr gebraucht oder von attraktiveren Mitbewerbern erbracht werden (Hoberman 2018).

Zusammengefasst lässt sich sagen, dass jeder Diskurs über Weltethos in der Weltwirtschaft das zentrale Austauschmedium ökonomischer Produkte und Leistungen – Geld – einbeziehen sollte, und die
Klasse und Masse des im Umlauf befindlichen Geldes thematisieren
muss. Da unterschiedliche Geldsysteme ein moralisches Wirtschaften auf je verschiedene Weise entweder befördern oder behindern,
und da eine zusehends globalisierte Weltökonomie durch nationale
politische Interessen ebenso wie durch das Handeln von Geschäftsbanken aus dem Gleichgewicht gebracht werden kann, ist die Über-
legung anzustellen, welche Eigenschaften ein zukünftiges »Weltgeld«
haben sollte, dem alle Weltbürger aus freien Stücken ihre Zustimmung schenken könnten.

Gegenwärtig findet diese Reflexion zwar kaum explizit – weder auf
der Bühne der Weltpolitik noch im akademischen Raum – statt, wohl
aber implizit auf den digitalen Finanzmärkten. Denn indem immer
mehr Menschen aus konventionellen Währungen in Crypto-Währungen abwandern, setzen sie Trends, denen sich Staaten und Privatbanken, wollen sie ihre eigene Marktposition nicht schwächen, dauerhaft
nicht verschließen können. Insofern gewähren Crypto-Währungen
nicht nur viele im Einzelnen begrüßenswerte moralische Vorteile für
ihre weltweiten Nutzer, indem sie bestimmte Funktionen anbieten,
die zuvor unrealisierbar oder oftmals unerschwinglich waren. Ihr ethischer Gesamtbeitrag dürfte vor allem in einer Reaktivierung des geld-
philosophischen und geldethischen Denkens liegen; in dem Impuls
also, weder unser Geld- noch unser Finanzwesen als naturgegeben
hinzunehmen, sondern es wissentlich und willentlich im Lichte weltbürgerlich geteilter ethischer Ideale umzugestalten.

Literatur:

Dierksmeier, Claus (2003): *Der absolute Grund des Rechts. Karl Christian
Friedrich Krause in Auseinandersetzung mit Fichte und Schelling.
Spekulation und Erfahrung Abteilung II. Untersuchungen*, Stuttgart:
Frommann-Holzboog.

Dierksmeier, Claus und Peter Seele (2018): Cryptocurrencies and Business Ethics, in: *Journal of Business Ethics*, Jg. 152, Nr. 1, 1–14.

Eucken, Walter (1952): *Grundsätze der Wirtschaftspolitik. Hand- und Lehrbücher aus dem Gebiet der Sozialwissenschaften*, Bern: A. Francke.

Hoberman, Steve (2018): *Blockchainopoly. How Blockchain Changes the Rules of the Game*, 1st edition, Basking Ridge: Steve Hoberman.

Küng, Hans (2013): Anständig wirtschaften. Warum Ökonomie Moral braucht, in: Josef Riegler (Hrsg.), *Zukunft als Auftrag. Die Welt gehört unseren Kindern*, Mauerbach: Verlag DTW Zukunfts PR, 108–120.

Küng, Hans, Klaus M. Leisinger und Josef Wieland (2010): *Manifest Globales Wirtschaftsethos. Konsequenzen und Herausforderungen für die Weltwirtschaft. Manifesto Global Economic Ethic. Consequences and Challenges for Global Business*, München: dtv.

Swan, Melanie (2018): *Blockchain Economics. Implications of Distributed Ledgers. Markets, Communications Networks, and Algorithmic Reality. Between Science and Economics*, New Jersey: World Scientific.

Weltethos und die Soziale Marktwirtschaft im 21. Jahrhundert: Ein Friedensprojekt

Nils Goldschmidt

Der soziale Zusammenhalt in Europa schwindet. Die Verwerfungen zwischen den Staaten über den weiteren Kurs des europäischen Projekts wie auch das Erstarken populistischer Positionen und Parteien innerhalb der Nationalstaaten stehen beispielhaft für die Schwierigkeiten, denen sich Europa im 21. Jahrhundert stellen muss. Nicht weniger als das friedvolle Miteinander, das nach der Katastrophe des Zweiten Weltkriegs in den letzten fast 75 Jahren für viele Europäer gelebte und erlebte Realität war, steht auf dem Spiel. Globale Herausforderungen, die mit den Begriffen Klimawandel, Migration und Digitalisierung plakativ umschrieben werden können, werden den Druck auf den gesellschaftlichen Frieden weiter erhöhen.

Nun mag es auf den ersten Blick überraschen, dass in diesen schwierigen Zeiten die Rückbesinnung auf die Ideen der Sozialen Marktwirtschaft Ansatzpunkte für Wege des Miteinanders liefern könnte, die weder in einen resignativen Kulturpessimismus führen noch eine Ausflucht in der Gefolgschaft eines meinungsstarken Wortführers suchen. Solche Ansatzpunkte aufzuzeigen, ist das Ziel der folgenden Gedanken.

Die Soziale Marktwirtschaft und Vitalpolitik

Die Soziale Marktwirtschaft war nie ein in sich fertiges und abgeschlossenes Konzept – und sie war immer mehr als nur ein wirtschaftliches Projekt. Sie ist vielmehr eine Chiffre, die dem Anspruch Ausdruck verleiht, dass es in der Moderne der andauernden Versöhnung von wirtschaftlichen Prozessen und gesellschaftlichen Anliegen bedarf. Es geht um eine Wirtschaft für den Menschen. Markt und Wettbewerb sind in der Sozialen Marktwirtschaft als ein *Mittel* und nicht als das *Ziel* der gesellschaftlichen Gestaltung zu verstehen – einer Gesellschaft, die nicht dem Interesse und den Privilegien einzelner wirtschaftlicher Akteure dienen soll, sondern *allen* Entwicklungsmöglichkeiten zubilligen will. So verweist auch *Ludwig Erhards* Formel vom »Wohlstand für alle« weniger auf die Segnungen materiellen Konsums, sondern zielt darauf, dass jeder und jedem – eben allen – die Möglichkeit eröffnet werden soll, an den wirtschaftlichen und gesellschaftlichen Errungenschaften der Moderne teilzuhaben. *Alexander Rüstow,* der langjährige Vorsitzende der Aktionsgemeinschaft Soziale Marktwirtschaft, hat für diese Perspektive den Begriff der *Vitalpolitik* geprägt und meint damit eine »Wirtschafts- und Sozialpolitik, die bewusst nicht nach irgendwelchen Rekorden und Höchstleistungen strebt, nicht danach strebt, dass irgendwelche Kurven der Lohnentwicklung oder von sonst etwas möglichst steil aufwärts gehen, denn von aufwärtsgehenden Kurven kann man schließlich nicht leben und nicht glücklich werden, sondern die bewusst die Frage stellt, was getan werden kann, um einzelne Menschen glücklich und zufrieden zu machen« (Rüstow 1963: 182). In diesem Sinne ist vital »dasjenige, was die ›vita humana‹, was das menschliche Leben, das menschenwürdige Leben fördert« (Rüstow 1961: 68). Menschenwürdig ist ein Leben, das Autonomie und Teilhabe ermöglicht. Nochmals Rüstow: »Zu diesen Dingen, die für das Sichfühlen, sagen wir ruhig, so sehr man bisher auch in Gefahr war, sich damit lächerlich zu machen: für das Glück des Menschen entscheidend sind, gehört nicht zuletzt seine soziale Einbettung« (Rüstow 1963: 183). Der Mensch muss nicht nur formal, sondern er muss auch faktisch Teil der Gesellschaft sein. Damit einher geht die Idee der Chancengerechtigkeit. Dem Menschen müssen die Chancen gegeben sein, seinen oder ihren Lebensweg wählen und gestalten zu können. Hierzu bedarf es neben der Befreiung von existenzieller Not auch der Möglichkeit zu Bildung und Selbstverwirklichung. Eine wahrhaft freiheitliche und Freiheit ermöglichende Gesellschaft im

Sinne der Sozialen Marktwirtschaft, die vom Einzelnen her gedacht und verstanden werden muss, sollte daran gemessen werden, inwiefern es ihr gelingt, allen Mitgliedern einer Gesellschaft die Chance zu geben, soweit wie möglich aus eigenen Kräften ein dem Standard der Gesellschaft angemessenes Leben *innerhalb* der Gesellschaft zu führen.

Die soziale Irenik

Ein gutes Leben, sozial eingebettet und verwoben mit der Gesellschaft, bedeutet aber auch, dass die Gesellschaft selbst den Raum für ein gelingendes Miteinander bieten muss. Dies erfordert keine geformte, auf Gleichsinn ausgerichtete Gesellschaft, die das laue Lüftchen der Harmonie umweht, sondern eine Gesellschaft, in der sich unterschiedliche Vorstellungen und Ideen mit Respekt begegnen können und in der der politische Kompromiss der Normalfall ist. Dies zu ermöglichen – auch hierin liegt ein Versprechen der Sozialen Marktwirtschaft. *Alfred Müller-Armack,* dem wir den Begriff der Sozialen Marktwirtschaft verdanken und der zunächst als Leiter der wirtschaftspolitischen Grundsatzabteilung, später als Staatssekretär im Bundeswirtschaftsministerium unter Ludwig Erhard das Gesicht der jungen Bundesrepublik mitprägte, sprach in diesem Zusammenhang von »sozialer Irenik«. Abgeleitet vom griechischen Begriff εἰρήνη (Frieden) meint er damit nicht nur die Versöhnung von wirtschaftlicher Effizienz und gesellschaftlichem Wollen in der Sozialen Marktwirtschaft, sondern zugleich die Versöhnung unterschiedlicher Vorstellungen innerhalb der Gesellschaft: »So kann unsere Hoffnung auf eine mögliche Einheit nur die Irenik sein, einer Versöhnung, die das Faktum der Gespaltenheit als gegeben nimmt, aber ihm gegenüber die Bemühung um eine gemeinsame Einheit nicht preisgibt« (Müller-Armack 1981a: 563). Für seine Zeit sah Müller-Armack in den Strömungen von Katholizismus, Protestantismus, Sozialismus und Liberalismus die vorherrschenden gesellschaftspolitischen Richtungen, die es miteinander zu verbinden gilt. Nicht um diese einzelnen Positionen einzuebnen, sondern – so die Hoffnung von Müller-Armack – um in gegenseitiger Achtung an dem Problem der sozialen Gestaltung mitzuwirken. Hieraus erwächst für ihn dann auch das Fundament für eine gesellschaftlich sensible und die Gesellschaft versöhnende Soziale Marktwirtschaft: »Irenisches Denken bedeutet auch hier, in vielfacher Perspektive denken zu können, sich des steten, unabdingbaren Zieles zu vergewissern und zugleich mit den technischen Prinzipien vertraut zu sein, nach denen man soziale Ziele realiter erreicht« (Müller-Armack 1981a: 563). In diesem Sinne kann man die Soziale Marktwirtschaft selbst als »irenische Formel« verstehen, »die versucht, die Ideale der Gerechtigkeit, der Freiheit und des wirtschaftlichen Wachstums in ein vernünftiges Gleichgewicht zu bringen« (Müller-Armack 1981b: 131).

Dieser Gedanke Müller-Armacks ist bis heute tragfähig. Zum einen macht er deutlich, dass wir nicht in den kulturpessimistischen Chor der Mahner jedweder politischer Couleur einstimmen sollten, die den Untergang der offenen Gesellschaft vorausahnen. Wir können unsere Gesellschaft gestalten, wenn wir die legitimen Interessen aller respektieren und Wege aufeinander zu suchen. Gegen die Hochkonjunktur der Untergangsszenarien, wie wir sie derzeit auch in der Literatur und im Film finden, stellt die Soziale Marktwirtschaft den Optimismus des Miteinanders. Zum anderen bedürfen gesellschaftliche Aushandlungsprozesse der Einsicht, dass es keine ehernen Prinzipien der Sozialen Marktwirtschaft gibt, die es gegen jeden Widerstand durchzusetzen gilt. Die Realität ist wichtiger als Prinzipien. Der Ruf nach Prinzipientreue, wie sie gerne mit der deutschen Ordnungspolitik in Verbindung gebracht wird und so mancher Ökonom auch heute herbeisehnt, ist genauso verfehlt wie die Vorstellung, Soziale Marktwirtschaft sei eben alles das, was die deutsche und europäische Politik derzeit macht. Soziale Marktwirtschaft ist keine Wünsch-dir-was-Marktwirtschaft.

Statt eines wirtschafts- und sozialpolitischen Dogmatismus wie Fatalismus bedarf es ordnungspolitischer Klugheit. Immer wieder neu zu justieren, wie eine freiheitliche Wirtschaft und Gesellschaft gestaltet werden kann und wie Prinzipien im Lichte wechselnder Bedingungslagen gedeutet werden können – hierin liegt die Stärke einer realitätsnahen Sozialen Marktwirtschaft. Das gilt für die notwendigen Korrekturen der sozialen Sicherungssysteme angesichts des demografischen Wandels genauso wie für eine Weiterentwicklung des Wettbewerbsrechts in Anbetracht monopolitischer Tendenzen in der digitalen Ökonomie. Im Mittelpunkt steht dabei unverrückbar die Forderung, dass die Wirtschaft dem Menschen dienen muss und nicht umgekehrt. In diesem Sinne ist die Soziale Marktwirtschaft ein genuin normatives Konzept.

Zugleich muss man sich bewusst sein, dass die vorherrschenden Deutungsmuster und Stimmungslagen wesentlichen Einfluss auf reale, wirtschaftspolitische Entscheidungen haben. Hierauf hat bereits *Walter Eucken,* der programmatische Vordenker der deutschen Ordnungspolitik, hingewiesen: »Die Meinungen der Menschen, ihre geistige Haltung sind für die Richtung der Wirtschaftspolitik vielfach wichtiger als die wirtschaftlichen Tatsachen selbst« (Eucken 1990: 210). Die bis heute anhaltende Diskussion um die Agenda 2010, die in den 2000er-Jahren die Arbeitsmarktpolitik und damit ein wichtiges Element der Sozialen Marktwirtschaft neu ausrichtete, ist ein sprechendes Beispiel für die Bedeutung unterschiedlicher Interpretationsmuster – über die verschiedenen politischen Lager hinweg. Zu einer zukunftsfähigen Sozialen Marktwirtschaft, die sich dem sozialen Miteinander verpflichtet weiß, gehört auch die Anerkenntnis verschiedener Deutungsmuster derselben Lebenswelt.

Weltethos und Soziale Marktwirtschaft

Das Projekt Weltethos war für Hans Küng stets ein Friedensprojekt. Zwar hat er diese Idee in erster Linie auf die Religionen ausgerichtet (vgl. Markus Weingardt in diesem Band), doch in seinen grundsätzlichen Überlegungen zu wirtschaftlichen Fragestellungen ist der Schulterschluss zur Sozialen Marktwirtschaft klar ersichtlich. Insbesondere in seinem 2010 erschienenen Buch »Anständig wirtschaften.

Warum Ökonomie Moral braucht« zeigt Küng deutlich den ›Mehrwert‹ eines sozialen Liberalismus auf und betont, dass »das Leitbild der Sozialen Marktwirtschaft … lange Zeit als *Friedensformel* (›irenische Formel‹) funktioniert« (Küng 2010: 74) hat. Zugleich mahnt Küng: »Durch die Globalisierung der Ökonomie und Technologie hat nun aber auch die Marktwirtschaft … in kürzester Zeit bisher kaum vorstellbare *globale* Dimensionen angenommen. Deshalb müssen auch die ökologischen und ethischen Herausforderungen als *globale Herausforderungen* gesehen werden, denen auch die Theoretiker und Praktiker der Sozialen Marktwirtschaft kaum gerecht geworden sind« (Küng 2010: 86). So verstanden hat Wirtschaft und damit auch die wirtschaftspolitische Gestaltung eine weltgesellschaftliche Verantwortung (vgl. Christopher Gohl in diesem Band).

Weltethos und Soziale Marktwirtschaft gemeinsam als Friedensprojekt zu verstehen, vermag so vielleicht auch die stürmischen Gewässer wieder ein wenig zu glätten, in denen sich, wie eingangs geschildert, das europäische Projekt derzeit befindet. Diese Hoffnung teilte übrigens auch schon Müller-Armack, wenn er zu Beginn der 1950er-Jahre schreibt: »Europäische Einheit ist nur als irenische Einheit möglich, als Versöhnung von Gegensätzen ohne Beseitigung gewachsener Eigenart. Sie ist nur möglich als eine Einheit, in der große und kleine Staaten nebeneinander ihren Lebensraum finden, als eine Einheit, in der geschichtlich Gewordenes bewahrt wird, ohne dass man sich neuen Gestaltungen verweigert« (Müller-Armack 1981c: 590 f.).

Literatur:

Eucken, Walter (1990): *Grundsätze der Wirtschaftspolitik*, Tübingen: C.B. Mohr.

Küng, Hans (2010): *Anständig wirtschaften. Warum Ökonomie Moral braucht*, München: Piper.

Müller-Armack, Alfred (1981a): Soziale Irenik, in: Alfred Müller-Armack (Hrsg.), *Religion und Wirtschaft*, Bern/Stuttgart: P. Haupt, 559–578.

Müller-Armack, Alfred (1981b): Der Moralist und der Ökonom. Zur Frage der Humanisierung der Wirtschaft, in: Alfred Müller-Armack (Hrsg.), *Genealogie der Sozialen Marktwirtschaft*, Bern/Stuttgart: P. Haupt, 123–140.

Müller-Armack, Alfred (1981c): Die Einheit Europas geistes- und wirtschaftsgeschichtlich gesehen, in: Alfred Müller-Armack (Hrsg.), *Religion und Wirtschaft*, Bern/Stuttgart: P. Haupt, 579–591.

Rüstow, Alexander (1961): Paläoliberalismus, Kommunismus und Neoliberalismus, in: Franz Greiß (Hrsg.), *Wirtschaft, Gesellschaft und Kultur. Festgabe für Müller-Armack*, Berlin: Duncker & Humblot, 61–70.

Rüstow, Alexander (1963): Hat der Westen eine Idee?, in: Alexander Rüstow (Hrsg.), *Rede und Antwort*, Ludwigsburg: Martin Hoch Verlag, 165–189.

Das »Tübinger Entwicklungsmodell«: Zukunftsfähige Geschäftsmodelle und Werte

Friedrich Glauner

Zwei Fragen führen uns zur Einsicht, dass unser Wirtschaften noch mehr benötigt als eine den Weltethos-Werten verpflichtete werteorientierte Unternehmensführung. Die erste widmet sich dem ökonomischen Wohlstandsversprechen und seiner Vision, dass es die Ideen der Gleichheit und Gerechtigkeit beflügeln würde. Können aber alle rund 7,6 Milliarden Menschen auf einem Wohlstands- und Konsumniveau leben, wie wir es beispielsweise für uns in Deutschland oder in der Schweiz für selbstverständlich halten? Die zweite thematisiert das gleiche Problem aus Sicht der Nachhaltigkeit: Kann die Menschheit in ihrer jetzigen Form bestehen bleiben, wenn wir weiter so wirtschaften und konsumieren, wie wir es heute gewohnt sind? Betrachten wir die gesellschaftlichen, ökologischen und sozialen Auswirkungen des globalen Wirtschaftsgeschehens mit nüchternem Blick, lautet die Antwort auf beide Fragen »Nein!«. Und dieses »Nein« führt uns zum Paradox unserer heutigen destruktiven Wohlstandsmehrung: Unser individuell rationales und als solches oft höchst erfolgreiches wirtschaftliches Handeln hat zu ungeahnten Chancen und Möglichkeiten individuellen Wohlstands sowie zu einem bisher noch nie dagewesenen Wohlstand vieler geführt. Zugleich bedrohen unsere Weisen des Wirtschaftens mehr und mehr die politischen, ökologischen und sozialen Ressourcen, die diesen Wohlstand ermöglicht haben.

Selbst ausgewiesene Verfechter der These, dass »im freien, funktionierenden Markt das Verfolgen von Eigeninteressen langfristig zu positiven Wohlfahrtseffekten bei allen Marktteilnehmern« führt, rufen angesichts dieser Sachlage nach einem verantwortlicheren Unternehmertum. Es soll, so *Ann-Christine Achleitner,* jene Aufgaben lösen, die durch den freien Markt hervorgerufen werden, jedoch weder vom Markt selbst noch vom Staat gelöst werden können, weil es im Markt keine Anreize dafür gibt und weil »der Staat träge und bisweilen wenig innovativ ist, um Lösungen für die sich immer schneller ändernden gesellschaftlichen Probleme herbeizuführen« (Achleitner et al. 2007: 2).

Nach welchen Werten und Gesichtspunkten soll solche unternehmerische Verantwortung ausgerichtet werden? Es ist das am Weltethos-Institut entwickelte Konzept zukunftsfähiger Geschäftsmodelle. »Zukunftsfähig« sind Unternehmen, die mit ökonomisch erfolgreichen Geschäftsmodellen dazu beitragen, dass die lokalen und globalen ökologischen, sozialen und gesellschaftlichen Probleme, welche durch unser heutiges Wirtschaften hervorgerufen werden, gelindert bzw. aufgelöst werden (Glauner 2016; 2017; 2018). Wollen Unternehmen zukunftsfähig werden, benötigen sie ein anderes Rüstzeug an Werten, als es die gängigen Angebote der Ökonomie, der Politik und der Nachhaltigkeitsbemühungen vorhalten. Wenden wir uns deshalb kurz den Werten zu, die die aktuellen Debatten um das Für und Wider der Ökonomie prägen.

Vier Vorstellungen stehen im Zentrum des ökonomischen Denkens: Knappheit, Wettbewerb, Wachstum und Ertrag. Ökonomisches Handeln zielt darauf ab, im Umgang mit und der Lösung von Knappheitsproblemen Erträge zu erwirtschaften. Hierbei unterscheiden sich die Kritiker und die Verfechter der Ökonomie lediglich darin, dass Erstere auf einen gerechten, fairen und ressourcenschonenden Umgang mit knappen Ressourcen pochen (Fisk 2010; Elkington 1997), während Letztere Knappheit als ein funktionales Problem begreifen (Robbins 1932; Coase 1937), das am besten mit ökonomischen Mitteln gelöst werden kann, nämlich so, dass für alle Beteiligten das relativ beste Ergebnis erzielt wird. Ökonomen definieren das (nach Wirtschaftsnobelpreisträger *John Forbes Nash*) als ein Nash-Gleichgewicht. Es stellt sich dort ein, wo alle beteiligten

Akteure unabhängig von der realen materialen Verteilung der Ressourcen das für sie relativ beste Ergebnis erzielen können, sodass für das Gesamtsystem das in Summe der Einzelergebnisse beste Gesamtergebnis erzielt wird. Dieser Zustand wird dort erreicht, wo sich einer nur dann noch besser stellen kann, wenn das auf Kosten der anderen sowie einem dadurch verschlechterten Gesamtergebnis erfolgt, wo also das Nash-Gleichgewicht der relativ besten Einzelergebnisse für das in Summe beste Gesamtergebnis zerstört wird.

Bleibt aber das ökonomische Denken an die Vorstellungen von Ertrag und Knappheit gebunden, finden wir keinen Ausweg aus dem Paradox destruktiver Wohlstandsmehrung. Denn wer in Kategorien der Knappheit denkt und fühlt, der handelt zumeist in den psychologischen Dimensionen der Angst und der Gier. Er hortet. Und wer in den ökonomischen Kategorien des Ertrags rechnet, handelt bevorzugt in den strategischen Dimensionen der Externalisierung. Er sucht die Kosten seines Handelns nach Möglichkeit auszulagern und auf andere abzuwälzen. Im Bann beider Begriffe spekulieren folglich alle Marktteilnehmer darauf, mehr zu gewinnen, als sie investieren. Wenn aber alle aus dem System mehr herausziehen wollen, als sie darin einzahlen, führt dies dazu, dass alle systematisch danach streben, die Kosten ihres Wirtschaftens auszulagern. Am Ende führt das zu einer sich mehr und mehr beschleunigenden Spirale der Konzentration von Marktmacht und Erträgen in der Hand von wenigen und der Abreicherung von Mitteln und Ressourcen auf der Ebene des Systems als Ganzem. Hierbei bekommen auf globaler Ebene gesehen immer weniger Gewinner alles, finanziert durch die übergroße Zahl der Verlierer, die fast nichts mehr erhalten. Und das führt zu den sich schon heute abzeichnenden politischen, ökonomischen, ökologischen und sozialen Verwerfungen, von denen wir bedroht sind.

Wollen Unternehmen diese Fallen vermeiden und mit zukunftsfähigen Geschäftsmodellen dazu beitragen, dass der zerstörerische Kreislauf destruktiver Wohlstandsmehrung durchbrochen wird, benötigen sie Maßstäbe und ein Rüstzeug, das sie von den mentalen Fallen des Knappheitsdenkens befreit, die im heutigen ökonomischen Denken angelegt sind. Wir finden beides, wenn wir uns den ökologischen Prinzipien der lebenden Natur zuwenden. Die natürliche Welt des Lebendigen ist eine Wachstumswelt. Sie entsteht aus der kontinuierlichen Umwandlung von Energie, organischen und anorganischen Stoffen zu Lebensbausteinen (z. B. Bio-Masse, Ozon …), die der Welt des Lebendigen für weitere Ausdifferenzierungen (Phylogenese) zur Verfügung gestellt werden. Das bedeutsamste Beispiel für diesen Prozess der Anreicherung der Natur mit Ressourcen ist die Ausbildung von Sauerstoff durch Bakterien und Mikroorganismen. Sie begann vor rd. 3,5 Milliarden Jahren und ist in Form der Fotosynthese noch heute der wichtigste energetische und stoffliche Beitrag zur Stabilisierung lebender Systeme. Er ist die Grundvoraussetzung, dass sich höheres Leben überhaupt erst entwickeln konnte. Wo dieser Ressourcenschöpfungsprozess intakt ist, führt er zum Wachstum von Lebensressourcen, die in immer kleinräumigeren Subsystemen des Lebendigen weiter ausdifferenziert und angereichert werden.

Im Gegensatz zu diesen natürlichen Wachstumsprozessen greifen wir mit unserem wirtschaftlichen Handeln oft so in die Welt des Lebendigen ein, dass deren Ressourcenbasis schwindet. Wir konzentrieren oder verlagern dabei Stoffe an Orte, wo sie für das Leben schädlich sind (beispielsweise hohe CO_2- und Ozon-Konzentrationen in der Atmosphäre oder Mikroplastik in Organismen), oder wo sie dem Bereich des Lebendigen nicht mehr als Lebensbausteine zur Verfügung stehen (beispielsweise der unwiederbringliche Abtrag von fruchtbaren Mutterböden oder von nicht nachwachsenden oder nicht künstlich synthetisierbaren Ressourcen wie Phosphor). Anders als die ressourcenschöpfenden Wachstumskreisläufe der Natur, die in der Regel und gesamtsystemisch gesehen Überfluss- und Verschwendungsprozesse in Gang setzen, bei denen gesamtsystemisch gesehen in jedem Zyklus mehr und neue Ressourcen geschöpft werden, sind die Wachstums- und Überflussprozesse des ökonomisch handelnden Menschen oft ressourcenzerstörende Abreicherungsprozesse. Und das führt uns zum Schlüssel für zukunftsfähige Geschäftsmodelle.

Zukunftsfähige Geschäftsmodelle setzen auf die Vernetzung vielfältigster kleinteiliger Strukturen. Sie organisieren eine breite Teilhabebasis, die die eigene Geschäftstätigkeit langfristig absichern hilft. Hierzu werden die Kunden sowie alle an den Wertschöpfungsketten beteiligten Akteure in ihren individuellen Möglichkeiten so befähigt, dass sie als aktive Träger eines multidimensionalen Mehrwertschöpfungsprozesses in die ökonomischen, gesellschaftlichen und ökologischen Wertschöpfungsprozesse eingebunden bleiben. Und dies nicht nur als Konsumenten oder nachgelagerte Dienstleister, sondern als eigenständige Leistungsträger, die mit eigenen Mitteln und Fähigkeiten zu dieser Mehrwertschöpfung beitragen und von ihr profitieren (teilhaben). Das Prinzip zukunftsfähiger Geschäftsmodelle ist die aktive Gestaltung von ressourcen- und mehrwertschöpfenden Teilhabekreisläufen, die auf allen Ebenen von Menschen, Unternehmen, Gesellschaften und der Natur zur Grundlage einer umfassenderen multidimensionalen Wertschöpfung werden. Hierbei führt die Gesamtsumme der Transaktionen zwischen den einzelnen Teilnehmern dazu, dass unter dem Strich auf allen Ebenen von Menschen, Unternehmen, der Natur und der Gesellschaft mehr sowie neue und zusätzliche Ressourcen geschöpft als verbraucht werden. Dadurch entsteht ein natürlicher, multidimensionaler Ressourcenwachstumsprozess, aus dem sich das ganze System nährt, vervielfältigt, ausdifferenziert und entfaltet.

Folgendes Beispiel kann das Prinzip ressourcen- und mehrwertschöpfender Teilhabekreisläufe verdeutlichen helfen. Es stammt von der in Nürtingen ansässigen Beratungsgesellschaft SOCEO, die sich auf die Beratung von NGOs bei der Entwicklung nachhaltiger Geschäftsmodelle spezialisiert hat. Am Weltethos-Institut wurde es im Rahmen des Grundlagenseminars »Ethische Unternehmensführung« von einer der am Projekt beteiligten Projektmanagerinnen vorgestellt. Bei dem auf drei Jahre angelegten Projekt »300 × 110« wurden in der indischen Region Sunderbans dreihundert sozial benachteiligte Frauen in der Mangrovenwaldaufforstung und der Imkereiwirtschaft ausgebildet. Sie pflanzten dabei 21.000

Mangrovenbäume, um der Landerosion entgegenzuwirken. Dabei dienten diese Pflanzungen den Frauen als Grundlage für den Aufbau einer Honigproduktion sowie dem Anbau von Fruchtbäumen. Mit den so gewonnenen Früchten sowie dem Wachs, Propolis und Honig erwirtschaften die Frauen heute ein auskömmliches Einkommen. Dieses ökonomisch sich selbst tragende Geschäftsmodell stärkt nicht nur das lokale Ökosystem, indem es die Frauen befähigt, für sich ein tragfähiges Einkommen zu erwirtschaften, sondern es leistet darüber hinaus noch zugleich einen Beitrag gegen die globale Erderwärmung. Denn Mangrovenwälder können bis zu fünffach mehr CO_2 speichern als intakte Regenwälder (Gekeler 2018; Redaktion Pflanzenforschung 2012).

Wie dieses Beispiel eines ressourcen- und mehrwertschöpfenden Teilhabekreislaufes verdeutlicht, gründen zukunftsfähige Geschäftsmodelle in einem Werteverständnis, das begreift, dass Ertrag und Erfolg die Folge von Nutzenstiftungen sind, die nicht mit ökonomischen Leistungskennzahlen gemessen werden können. Deshalb gilt: ökonomische Wertschöpfungen verdanken sich primär nicht ökonomischen Werteschöpfungen. Die Ausgestaltung zukunftsfähiger Wertekulturen ist daher der Kernwertschöpfungsprozess bei der Entwicklung von zukunftsfähigen Geschäftsmodellen. Mit dem Motto »Be valuable or die!« (deutsch: Werde wertehaltig oder stirb!) weist er den Weg zu den Wettbewerbsvorteilen von morgen. »Wertehaltig sein« bedeutet dabei weitaus mehr als ökonomisch ertragreich zu werden. Es bedeutet, in einem umfassenderen Sinn zukunftsorientiert zu handeln. Unternehmen handeln zukunftsorientiert, wenn sie eine ethisch tragfähige Unternehmenskultur entwickeln, die dazu dient, Geschäftsmodelle zu betreiben, die analog zum Beispiel der Imkerinnen in Indien auf allen Ebenen von Mensch, Natur und Gesellschaft mehr und neue Ressourcen, Teilhabe und Befähigungen schöpfen.

Hier schließt sich der Kreis zum Weltethos. Möchte ein Unternehmen zukunftsfähig werden, ist sein Werteraum und damit der menschliche Faktor so zu aktivieren, dass eine Bewusstseinskultur zur Schöpfung von Mehrwertkreisläufen entsteht. Hierzu ist die unternehmerische Nutzenstiftung so auszurichten, dass zwei Anforderungen erfüllt sind: Erstens muss die Nutzenstiftung bei allen, die von ihr berührt oder betroffen werden, das menschliche Bedürfnis nach Sinn, Leistung, Anerkennung, Respekt und Teilhabe befriedigen. Zweitens muss das Geschäftsmodell so ausgerichtet sein, dass es die Abreicherungsspirale der heutigen destruktiven Wohlstandsmehrung durchbrechen hilft. Das aber gelingt nur dort, wo sowohl die Organisationskultur des Unternehmens als auch das Geschäftsmodell auf den weltethischen Prinzipien der Würde und Gegenseitigkeit sowie den Werten der Achtung, Fairness, Gewaltfreiheit, Wahrhaftigkeit und Partnerschaft ruhen. Denn nur dann kann sich ein Unternehmen so ausrichten, dass eine Kooperationskultur für unternehmerische Nutzenstiftungen entsteht, die alle berücksichtigt und einbindet, die vom unternehmerischen Handeln betroffen werden. Und das führt uns zum Kern zukunftsfähiger Geschäftsmodelle.

Die Erfüllung beider Bedingungen für zukunftsfähige Geschäftsmodelle erfordert ein anderes Denken, als es uns das ertragsorientierte Wettbewerbsdenken der Ökonomie auf der einen sowie das moralisch-ethische Nachhaltigkeitsdenken auf der anderen Seite zunächst vorschreiben würde; nämlich ein Denken, das sich am ökologischen Paradigma ressourcenschöpfender Überflusskreisläufe orientiert, anstatt an den Kategorien der Knappheit und der Ressourcenschonung, die das heutige ökonomische Denken ebenso prägen wie das vielstimmige Lied der Unternehmensethik, CSR (Corporate Social Responsibility) und Nachhaltigkeit. Dieses andere Denken wird durch die Wortneuschöpfung »Ethikologie« zum Ausdruck gebracht. Ethikologische Geschäftsmodelle verknüpfen das ethisch-moralische Konzept einer humanen Unternehmensführung, die sich mit Menschen in den Dienst von Menschen stellt, mit den ökologischen Naturprinzipien des Lebendigen. Was aber sind diese Naturprinzipien des Lebendigen? An Bienen können sie veranschaulicht werden. Der Nutzen, den Bienen für ihre Umgebungssysteme stiften, ist weitaus größer als das, was sie an Pollen und Nektar aus den von ihnen bestäubten Blüten für sich herauszuziehen. Und dieses Mehrwertprinzip der Bienen erklärt, weshalb die Natur kontinuierlich gewachsen ist. Die Natur ist ein hochdynamischer Überfluss- und Verschwendungsprozess, bei dem auf lange Sicht gesehen nur die Arten überleben, die für das Gesamtsystem einen Mehrwert stiften, der größer ist als das, was diese Arten für sich selbst aus dem System ziehen.

Zukunftsorientierte Unternehmensführung konzentriert sich folglich auf zwei Aufgaben der ethikologischen Werteschöpfung: Organisationsseitig und nach innen gerichtet auf die Entwicklung einer Unternehmenskultur, die das Unternehmen zu einem Hochleistungsteam in der Umsetzung seines Nutzenversprechens macht. Marktseitig und nach außen gerichtet auf die Entwicklung eines Nutzenversprechens, das dem ethikologischen Prinzip ressourcenschöpfender Mehrwertstiftung verpflichtet ist.

Literatur:

Achleitner, Ann-Kristin, Peter Heister und Erwin Stahl (2007): Social Entrepreneurship. Ein Überblick, in: Ann-Kristin Achleitner, Reinhard Pöllath und Erwin Stahl (Hrsg.), *Finanzierung von Sozialunternehmen*, Stuttgart: Schäffer Poeschel, 3–25.

Coase, Ronald Harry (1937): The Nature of the Firm, in: *Economica*, Bd. 4, Nr. 16, London: Wiley, 386–405.

Elkington, John (1997): *Cannibals with Forks. The Triple Bottom Line of 21st Century Business*, Oxford: Capstone.

Fisk, Peter (2010): *People, Planet, Profit. How to Embrace Sustainability for Innovation and Business Growth*, London/Philadelphia/New Delhi: KoganPage.

Gekeler, Sarah (2018): 300 × 110 – Nachhaltige Mangrovenwaldaufforstung von Frauen durch Imkerei, [online] https://www.betterplace.org/de/projects/55109-300-x-110-nachhaltige-mangrovenwaldaufforstung-von-frauen-durch-imkerei [10.07.2019].

Glauner, Friedrich (2016): *Zukunftsfähige Geschäftsmodelle und Werte. Strategieentwicklung und Unternehmensführung in disruptiven Märkten*, Berlin/Heidelberg: Springer-Gabler.

Glauner, Friedrich (2017): Ressourcenschöpfende Mehrwertkreisläufe. Die Logik zukunftsfähiger Geschäftsmodelle, in: Patrick Bungard, *CSR und Geschäftsmodelle*. Management-Reihe Corporate Social Responsibility, Berlin/Heidelberg: Springer, 57–100.

Glauner, Friedrich (2018): *Das zukunftsfähige Unternehmen. Wettbewerbsvorteile durch Wertschöpfungsvernetzung,* Reihe ESSENTIALS, Wiesbaden: Springer-Gabler.

Redaktion Pflanzenforschung (2012): Mangrovenschutz ist wirtschaftlich sinnvoller Klimaschutz, [online] http://www.pflanzenforschung.de/de/journal/journalbeitrage/mangrovenschutz-ist-wirtschaftlich-sinnvoller-klimaschu-1849 [10.07.2019].

Robbins, Lionell (1932): *An Essay on the Nature and Significance of Economic Science*, London: Macmillan.

Das Weltethos-Ambassador-Programm: Eine Chance zur Verankerung ethischer Verantwortung im Wirtschaftsleben

Ulrich Hemel

Die Weltethos-Idee soll einen Beitrag zum friedlichen Zusammenleben in einer immer stärker zusammenwachsenden Welt leisten. Ein solcher Beitrag sollte idealerweise über Appelle und eine Liste wünschenswerter Ideale hinausgehen. In größeren Organisationen wie etwa Unternehmen gibt es geradezu umgekehrt vonseiten der Beschäftigten eine individuelle Anpassungsleistung an die gelebte Praxis des jeweiligen Systems, die Konformität nahelegt, weil kritische Distanz anstrengend ist und gelegentlich stärker mit Sanktionen belegt als durch Anreize belohnt wird.

Die *Kluft zwischen Theorie und Praxis* ist im wirtschaftlichen Bereich daher aus zwei Gründen ungewöhnlich groß. Zum einen ist ethische Sprachfähigkeit als individuelle und sozialethische Aufgabe von Unternehmen noch nicht ausreichend erkannt. Zum anderen wirkt das noch immer vorherrschende Paradigma des »Homo oeconomicus« deshalb nach, weil es vor der Instanz der scheinbar rationalen Nutzenmaximierung ethische Fragen bis heute großenteils aus dem Mainstream wirtschaftswissenschaftlicher Reflexion ausklammert. Wer ein Unternehmen führt, ist folglich in vielen Fällen für Fragen rund um ethische Reflexion und Kommunikation kaum ausgebildet.

Menschen sind aber auch dann in ihren Handlungen und ethisch folgenschweren Motiven komplex, wenn sie in wirtschaftlichen Kontexten aktiv sind. Sie suchen ihren Eigennutz, ob als Konsument oder als Betriebsangehörige, aber sie sind auch auf soziale Interaktion, Austausch und Kooperation angewiesen. Sie sind mit anderen

Worten sowohl Homo oeconomicus als auch Homo cooperativus. Wirtschaftsanthropologisch betrachtet suchen sie stets nach einer für sie sinnvollen Balance zwischen beiden Strebungen.

In der Praxis der Unternehmensführung werden die Vielschichtigkeit der Motivlagen und die Bandbreite von Handlungsmöglichkeiten beschäftigter Personen in der Zwischenzeit durchaus anerkannt. Dabei entstehende Zweifel und Konflikte sollen idealerweise über ausformulierte Unternehmenswerte, ein *Unternehmensleitbild* oder eine Werte-Charta gelöst oder ausgeräumt werden. Dies gelingt mal mehr, mal weniger gut. Denn jedes Dokument wird schließlich interpretiert im Licht der eigenen Erfahrung. Und dabei geht es um die Frage, wie es die Vorgesetzten halten und wie die eigenen Kolleginnen und Kollegen geforderte Werte umsetzen. Oft geht es nur um scheinbar kleine Beispiele: Soll etwa beim Zigarette-Rauchen auf dem Hof ausgestempelt werden oder nicht? Ist das Ausstempeln ein Gebot der Fairness gegenüber Nichtrauchern? Oder sollte die ganze Zeiterfassung auf den Prüfstand gestellt werden?

In großen Unternehmen haben sich in den letzten 10 bis 15 Jahren zunehmend eigene Compliance-Abteilungen gebildet. Das Wort *»Compliance«* steht im Grunde für »Regelbefolgung« und war vor der Einwanderung in die Sprache der Wirtschaft ursprünglich stärker im Gesundheitswesen zu Hause. Patienten-Compliance bezeichnete hier den Grad der Mitwirkung von Patientinnen und Patienten an einer ihnen verschriebenen Therapie.

Das zunehmende Misstrauen zwischen Unternehmen und anderen zivilgesellschaftlichen Kräften hat gerade nach der Finanz- und Wirtschaftskrise 2009/10 zu zahlreichen neuen Auflagen und Gesetzen geführt, deren Beachtung ihrerseits im Unternehmen kontrolliert werden soll und muss. In großen Banken gibt es daher z. T. über 1000 Beschäftigte einzig und alleine im Bereich »Compliance«. Aus gegebenem Anlass hat auch die Automobilindustrie Compliance-Abteilungen verstärkt, bis hin zu einem sogenannten »Chief Compliance Officer«, manchmal auch »Compliance and Ethics Officer« genannt. Es handelt sich typischerweise um Personen mit juristischer

Vorbildung, die gut gelernt haben, auf komplexe juristische Themenstellungen zu reagieren, aber in aller Regel weniger geübt darin sind, die heute vermehrt nötige ethische Sensibilität für Fragen aus der Zivilgesellschaft zu entwickeln.

Die Frage nach der sozialen Verantwortung von Unternehmen wird grundsätzlich nicht dadurch gelöst, dass gegebene Spielregeln und Gesetze eingehalten werden. Es erscheint daher als folgerichtig, dass sich in den letzten Jahren ein weiterer Handlungszweig entfaltet hat, der sich *Corporate Social Responsibility (CSR)* nennt und vor allem in größeren Unternehmen vorkommt. Der Begriff selbst hat sich vor allem im angelsächsischen Sprachgebrauch eingebürgert. Er wird dort u. a. von der »Philanthropy« unterschieden, also der »Philanthropie« oder – wie es im deutschen Sprachgebrauch meistens heißt – dem »Mäzenatentum«. Dort geht es um Mildtätigkeit ohne erwartete Gegenleistung. Beim Thema CSR wird freilich sehr wohl eine Gegenleistung angestrebt, auch wenn sie womöglich nur in einer verbesserten Reputationswirkung des Unternehmens in der Öffentlichkeit besteht.

CSR-Abteilungen in größeren Unternehmen kümmern sich generell um den Dreiklang aus Ökologie, Ökonomie und Sozialem. Sie suchen eine Verbindung mit der grundlegenden Strategie des Unternehmens und wollen zum Ausdruck bringen, dass Unternehmen im Sinn der »Corporate Citizenship« einen positiven Wertbeitrag zur Entwicklung der Gesellschaft leisten können.

CSR-Aktivitäten sind von Haus aus sehr vielfältig und beziehen sich u. a. auf Bildung, Gesundheit, Umwelt, Kultur, Jugend, Sport, Familie und vieles mehr. Ihre Protagonisten sind in vielen Fällen hoch engagierte und glaubwürdige Personen. Trotzdem kann im Einzelfall ein zwiespältiger Eindruck entstehen. Denn schon der Begriff einer »CSR-Abteilung« legt nahe, dass diese eher losgelöst vom Rest des Unternehmens agieren könnte. Zweitens können sich überwiegend große Unternehmen eigene Abteilungen mit diesem Namen leisten. Drittens gibt es zu denken, dass die größten CSR-Abteilungen in weltweit agierenden Banken und Pharmaunternehmen zu finden sind, so als gäbe es hier den größten Bedarf an gesellschaftlicher Rechtfertigung und verbesserter Reputation.

Schließlich ist der CSR-Begriff von Haus aus mehrdeutig. Ist nicht das gesamte Handeln des Unternehmens zumindest auch Ausdruck seiner sozialen Verantwortung? Warum dann eine eigene CSR-Abteilung? Und »wie viel Prozent des Umsatzes entfällt auf CSR«? Grundsätzlich ist jedenfalls das Vorhandensein oder Fehlen einer CSR-Abteilung noch kein hinreichender Indikator für eine ethisch besonders sensible Unternehmensführung oder deren Gegenteil.

Unabhängig von dieser kritischen Sichtweise stehen Unternehmen immer wieder vor ethischen Fragen oder geraten in ethische Konflikte oder gar Dilemmata. Eine eigene Anlaufstelle für das *Nachdenken über Werte und Normen* sowie für die Reflexion über ethische Problemstellungen fehlt jedoch bislang systematisch.

An dieser Schnittstelle ist das *Weltethos-Ambassador-Programm* entstanden. Es handelt sich um ein Lernprogramm für Unternehmen und Führungskräfte, um ethische Sprach- und Handlungskompetenz zu fördern. Das Programm vermittelt inhaltlich die Weltethos-Werte wie Wahrhaftigkeit, Gerechtigkeit, Gewaltlosigkeit, Partnerschaftlichkeit und Nachhaltigkeit unter dem regulativen Prinzip der »Humanität« und der »Goldenen Regel«. Es legt diese Werte speziell im Unternehmenskontext aus, denn ethische Fragen treten ja auch auf dem Spielfeld des wirtschaftlichen Handelns auf.

Die *Weltethos-Idee* ist in diesem Zusammenhang auch deshalb hilfreich, weil sie die Praxisreichweite von Religion und Religionen mitbedenkt. Schließlich treffen in fast allen Betrieben in Deutschland heutzutage Personen höchst unterschiedlicher religiöser und weltanschaulicher Ausrichtung aufeinander, so etwa mit einem Hintergrund im Christentum, im Islam, im Judentum, im agnostischen oder atheistischen Humanismus und manchem mehr.

Praxisrelevant ist beispielsweise die Frage nach der Verpflegung in der Betriebskantine. Diese unterscheidet sich, etwa an christlichen Fasttagen wie dem Aschermittwoch, anhand genereller Ausrichtungen wie halal oder koscher, schließlich auch noch mit Blick auf Tierethik und persönliche Vorlieben wie vegetarisch, vegan und anderen.

Zur Diskussion stehen aber auch Kleidungsfragen (»Ist das Kopftuch bei einer Rezeptionistin in unserem Hotel akzeptabel und sinnvoll?«) oder Fragen rund um den Urlaub an bestimmten Feiertagen (»Kann ich beim Fastenbrechen nach dem Ramadan einen Tag Urlaub nehmen?«).

Das *Grundanliegen des Weltethos-Ambassador-Programms* besteht freilich übergreifend und allgemein in einer *verbesserten ethischen Sprach- und Handlungsfähigkeit* der beteiligten Personen und Unternehmen. Wer Weltethos-Ambassador im eigenen Unternehmen wird, der kann folglich eine spezifische Rolle ausüben. Er kann beispielsweise als Ansprechpartner für ethische Fragen und Konflikte zur Verfügung stehen. Wenn ein Unternehmen und eine zum Weltethos-Ambassador qualifizierte Person sich einig sind, kann an eine Mandatierung gedacht werden. Dann würde der Weltethos-Ambassador durch ein zeitlich befristetes Mandat seiner Geschäftsführung im Unternehmen als ein solcher Ansprechpartner beauftragt, auch mit einer entsprechenden unternehmensinternen Kommunikation.

Das Weltethos-Institut würde die Zertifizierung für die Dauer von jeweils einem Jahr bestätigen. Eine Erneuerung des Mandats für ein weiteres Jahr ist möglich, setzt aber einen ethischen Kurzbericht durch den Weltethos-Ambassador voraus. Ein solcher Bericht dient nicht dem Ausplaudern interner Angelegenheiten, sondern der Reflexion genereller ethischer Problemstellungen, die für das betreffende Unternehmen und seine Branche typisch sind.

Die Übernahme einer solchen Rolle als Weltethos-Ambassador setzt allerdings voraus, dass klar wird, welche Aufgaben, Rechte und Pflichten mit der Rolle verbunden sind und welche nicht. Aus diesem Grund hat das Weltethos-Institut ein »Role Manual«, also eine *Rollenbeschreibung für Weltethos-Botschafter* ausgearbeitet. Darin ist beispielsweise festgelegt, dass ein Weltethos-Ambassador von der Weltethos-Idee auch persönlich überzeugt sein sollte und diese Idee in seinem unternehmerischen Umfeld vertritt. Dazu gehört beispielsweise ein respektvoller Umgang mit unterschiedlichen Religionen und Weltanschauungen, soweit diese in den betrieblichen Alltag hineinragen.

Wenn der Weltethos-Ambassador tatsächlich auch in ethischen Problemfällen, bei Schwierigkeiten und Konflikten Ansprechpartner sein soll und kann, muss er das Recht auf strenge Vertraulichkeit der erhaltenen Information wahren. Gleichzeitig muss er oder sie Zugang zur Geschäftsführung haben und Gehör bei ihr finden, wenn es um grundlegende ethische Fragen oder gar unethische Praktiken im Unternehmen geht. In einem solchen Fall ist jedoch vorauszusetzen, dass die Weitergabe entsprechender Information mit den betroffenen Personen vereinbart ist.

Dieser Punkt ist beispielsweise im Fall des »Whistleblowers« von Bedeutung. Wenn es zu ethischen Unregelmäßigkeiten kommt, weiß ein solcher ethischer Hinweisgeber in aller Regel nicht, an wen er sich wenden kann. Weder der Vorgesetzte noch der Betriebsrat sind von Haus aus als Ansprechpartner geeignet. In den meisten Fällen geht es jedoch nicht um besondere Skandale, sondern um ethische Problemlagen, die eher branchentypisch sind, also keiner besonderen Geheimhaltung bedürfen.

Umgekehrt kann die Weltethos-Ambassador-Schulung von einem Tag ein mehrjähriges Studium der Philosophie und Ethik nicht ersetzen. Es muss daher gewährleistet sein, dass ein Weltethos-Ambassador nicht chronisch überfordert ist oder umgekehrt seinen Anspruch überzieht und für die eigene Privat-Ethik allgemeine Verbindlichkeit beanspruchen will.

Hilfreich ist daher die Einbindung des Weltethos-Ambassadors in eine Community, also eine Gemeinschaft von Gleichgesinnten, die untereinander Austausch pflegen. Dies kann persönlich erfolgen, über soziale Medien oder sonstige Formen des Dialogs wie z. B. ein Blog. Dabei steht das Weltethos-Institut als Meta-Think-Tank und Ansprechpartner für komplexe ethische Fragen zur Verfügung.

Gerade darin besteht der besondere Charme des Weltethos-Ambassador-Programms: Denn durch die präzise Beschreibung von Aufgaben und Rollen verknüpft es Theorie und Praxis. Es fördert die ethische Sensibilität der Unternehmensführung und letztlich des gesamten Betriebs. In einzelnen Fällen kann es sogar eigene *Ethik-Beiräte* geben, die als »Sounding Board« der Beratung verschiedener Facetten einer ethischen Problemlage dienen können.

Das Weltethos-Ambassador-Programm ist Anfang 2019 hoffnungsvoll in die Phase praktischer Bewährung gestartet. Es bleibt zu hoffen, dass es sich tatsächlich als Leuchtturm für die Verankerung ethischer Werte im unternehmerischen Alltag und für den Dialog zwischen den großen Bereichen »Wirtschaft« und »sonstige Zivilgesellschaft« weiterentwickeln kann.

Literatur:

Dierksmeier, Claus, Ulrich Hemel und Jürgen Manemann (Hrsg.) (2015): *Wirtschaftsanthropologie,* Baden-Baden: Nomos.

Habisch, André, René Schmidpeter und Martin Neureiter (Hrsg.) (2008): *Handbuch Corporate Citizenship. Corporate Social Responsibility für Manager,* Berlin/Heidelberg: Springer.

Hemel, Ulrich (2007): *Wert und Werte. Ethik für Manager,* München: Hanser Verlag.

Küng, Hans (2012): *Handbuch Weltethos,* München: Piper.

III. Weltethos für die Politik

Recht und Ethos –
Weltrecht und Weltethos

Eberhard Stilz

>»*Quidquid leges sine moribus.*«

Horaz

>»*Laws control the lesser man.*
>*Right conduct controls the greater one.*«

Mark Twain

I. Recht und Ethos

Seit alters her denken Philosophen und Juristen über das Verhältnis von Recht und Ethos nach (Radbruch 1963; Geiger 1964; Fikentscher 1975; Rüthers 1986). Auch wenn bei diesem unerschöpflichen Thema vieles umstritten ist: Kleinster gemeinsamer Nenner der diversen Theorien dürfte sein, dass Recht und Moral nicht deckungsgleich, aber doch vielfältig miteinander verbunden sind. In beiden Fällen handelt es sich um Normen, die das menschliche Zusammenleben ordnen sollen, indem sie das soziale Verhalten der Menschen zu bestimmen suchen. Die Menschen sollen zu einem normgemäßen Verhalten veranlasst und abweichendes Verhalten soll (möglichst) verhindert werden. Unterschiedlich sind indessen die Geltungsgründe der beiden Normsysteme sowie die Art ihrer Sanktionierung und Durchsetzung. Unterscheiden kann man auch nach dem *forum externum*, welches die Rechtsordnung darstellt, und dem im menschlichen Gewissen angelegten *forum internum* der Moral.

Doch schon die Begrifflichkeiten sind streitig. Was ist *Moral*, was ist *Ethos*? In dieser Abhandlung soll *Moral* verstanden werden als Bezeichnung für jene sittlichen Verhaltensregeln, die staatlich weder gesetzt noch durchsetzbar sind, gleichwohl aber Einzelne oder Gesellschaften sittlich leiten. *Ethos*, eng mit dem Moralbegriff verwandt, ist dann die Gesamtheit der sittlichen Überzeugungen einer Person oder einer Gesellschaft. Klar zu unterscheiden ist von beidem dagegen die *Ethik*; sinnvollerweise sollte dieser Begriff jener philosophischen Disziplin vorbehalten bleiben, die sich mit moralischen Normen systematisch befasst und Begründungen oder Auslegungen für sie liefert.

Auch der Rechtsbegriff ist nicht so einfach, wie es auf den ersten Blick scheinen mag. »Noch suchen die Juristen eine Definition zu ihrem Begriffe vom Recht«, so *Immanuel Kant* (Kant 1787: 479). Sie suchen noch immer. Für unseren Zweck können wir aber Recht als Summe aller mit staatlichem Zwang durchsetzbaren Normen bezeichnen, deren Ziel es ist, das Zusammenleben in einer Gesellschaft verbindlich und auf Dauer angelegt zu regeln. Solche Normen sind in Gesetzen und Verfassungen zu finden, aber auch im Richterrecht, im Gewohnheitsrecht und in allgemein anerkannten Rechtsprinzipien. Zu ihnen zählen neben den unmittelbar auf das Sozialverhalten zielenden Regelungen auch solche, die sich auf Institutionen oder Verfahren beziehen. Rechtliche Regelungen müssen grundsätzlich durchsetzbar sein und subjektive Rechte müssen, wenn es *rechtsstaatliches* Recht sein soll, vor unabhängigen Gerichten geltend gemacht werden können.

Bei aller Schwierigkeit, die abstrakten Rechtsregeln auf einen konkreten Sachverhalt zu übertragen, wird Recht doch als bestimmter, als eindeutiger empfunden als Moral. Das liegt auch daran, dass Recht in der Regel in einem abgegrenzten Rahmen gesetzt und dort allgemeingültig ist. Für Recht gibt es einen konkreten Urheber, der seine Motive für die jeweilige Regelung meist ausführlich diskutiert und schriftlich festhält. Hinzu kommt eine in der jeweiligen Rechtsordnung eingeführte, weithin akzeptierte Auslegungsmethodik. Vielleicht am wichtigsten ist, dass durch die Rechtsprechung unzählige konkrete Anwendungsfälle existieren; sie sind öffentlich nachzulesen und werden oft juristisch-wissenschaftlich, aber auch in der Öffentlichkeit diskutiert.

Für wen »gilt« dagegen welche Moral, wer hat sie geschaffen, wer legt sie aus und wendet sie in der Lebenswirklichkeit an? Ethos und Moral sind an keine nationalen Grenzen gebunden, ihr Urheber und dessen Motive sind nicht leicht fassbar. Ihre Wissenschaft, die Ethik also (und damit Begründung, Erfassung und Auslegung moralischer Normen), scheint sich jeder Allgemeingültigkeit zu entziehen.

Wie können derart unterschiedliche Normensysteme aufeinander bezogen sein, wie ist ihr Verhältnis zueinander zu verstehen? Alle einfachen Sätze, die ich dazu kenne, empfinde ich als unzureichend. Recht sei nichts anderes als das *ethische Minimum*, glaubte etwa der große Rechtslehrer und Rechtspositivist *Georg Jellinek*. Das scheint mindestens für große Teile des geltenden Rechts neben der Sache zu liegen, denken wir nur an das Steuerrecht oder die Straßenverkehrsordnung. Eher scheint die Formulierung zu passen, Recht müsse gewissermaßen als Kern ein ethisches Minimum enthalten. Einem Vergleich unseres rechtlichen und moralischen Normenbestands hält zwar auch das kaum Stand. Doch zielt es in die richtige Richtung. Nicht das ethische Minimum, was immer das sein mag, sondern eher die Gesamtheit der moralischen Normen, das Ethos also, ist eine unerlässliche Grundlage und Bezugsgröße für rechtliche Normen.

Rechtspositivisten würden das bestreiten. Für sie ist jede ordnungsgemäß gesetzte und sozial wirksame (staatliche) Norm Recht; einer Grundlage in oder Abstimmung mit moralischen Normen bedarf es für sie nicht.

Doch haben nicht Unrechtsstaaten eine solche Definition desavouiert? Die Anhänger einer sogenannten Naturrechtslehre sehen das so. Man muss nicht auf den noch immer bestehenden, recht theoretischen Streit zwischen diesen beiden Lagern eingehen, um festzustellen, dass der Positivismus jedenfalls keine Aussage zur Gerechtigkeit im Recht enthält. Nach der sogenannten Radbruch'schen Formel hat sich der Rechtsanwender, vor allem der Richter, bei einem Konflikt zwischen dem gesetzten (»positiven«) Recht und der Gerechtigkeit gegen das Gesetz und für die Gerechtigkeit zu entscheiden, wenn das gesetzte Recht »unerträglich ungerecht« sei. Die Einschränkung »unerträglich« hat einen guten Grund, würde man doch ohne sie alles gesetzte Recht zugunsten des Gerechtigkeitsempfindens des Richters über Bord werfen.

Was aber ist gerecht? Wie findet man zu einer Aussage über Gerechtigkeit, wenn diese ausdrücklich nicht mit Recht gleichgesetzt, sondern gar zu dessen Maßstab gemacht wird?

Bis heute ist auch die Frage nach der Gerechtigkeit umstritten und ungeklärt, obwohl sich seit Platon viele der bedeutendsten Denker eingehend damit beschäftigt haben (aus der Literatur vgl. z. B. Dürrenmatt 1983). *John Rawls* hat fast sein ganzes wissenschaftliches Leben dieser Frage gewidmet. Interessant ist die Haltung der Rechtspositivisten. Hans Kelsen, ihr vielleicht bedeutendster Vertreter, gibt den Ton vor: »Die Bestimmung der absoluten Werte im Allgemeinen und die Definition der Gerechtigkeit im Besonderen, die auf diesem Wege erzielt werden, erweisen sich als völlig leere Formeln, durch die jede beliebige gesellschaftliche Ordnung als gerecht gerechtfertigt werden kann« (Kelsen 1975: 18).

Als interessant empfinde ich das deshalb, weil zum einen die so vehemente Ablehnung einen wunden Punkt in der eigenen Argumentation indiziert. Zum anderen zeigt auch diese Äußerung auf, dass man bei der Diskussion der Gerechtigkeit am Begriff der Werte nicht vorbeikommt. Allerdings sind Werte keine leeren Formeln. Die Menschheit hat mit den Werten in ihrer Geschichte nicht beliebige leere Formeln entwickelt, sondern Normen, die sie zur Ermöglichung eines geordneten und friedlichen menschlichen Zusammenlebens für notwendig hielt. Wie alle Normen können sie missbraucht, verletzt oder missverstanden werden. Wie bei allen Normen kann ihre Auslegung streitig sein und sich im Lauf der Zeit auch ändern. Doch ihre

Relevanz in der Wirklichkeit zeigt, dass es sich nicht um leere Formeln handelt.

Für die Relevanz von Werten für das Recht gibt es zahlreiche Belege. Nicht bestreitbar ist, dass unser Gesetzesrecht an manchen Stellen unmittelbar auf Werte verweist. Wie anders sollen beispielsweise die Formel von Treu und Glauben in § 242 BGB oder der Maßstab der guten Sitten in § 138 BGB verstanden werden, wenn nicht als Verrechtlichung von Moralkodizes?

Klar sollte aber auch sein, dass Moral dem Recht vorangegangen ist. Menschliche Gemeinschaft war nicht von Beginn an auf rechtliche Normen angewiesen, um das soziale Verhalten ihrer Mitglieder zu ordnen. Man mag mit *Wolfgang Fikentscher* (1975: 63 ff.) den Ausgangspunkt bei der Sitte sehen, definiert als ein Regelverhalten ohne Normcharakter. Die Entwicklungsstufe zum Sollensgebot, dessen Verletzung Schuldgefühle hervorruft, lässt dann nach Fikentscher das eigentlich Menschliche entstehen. Erst in einer späteren Entwicklungsstufe findet die menschliche Gemeinschaft über dieses moralische Sollensgebot hinaus zu der kulturellen Errungenschaft des Rechts (Fezer 1986: 18 ff.).

Ablesen lässt sich diese Entwicklung auch an dem obersten Rechtssatz unserer Rechtsordnung, der zugleich unser grundlegendster Wert ist: Die Unantastbarkeit der Menschenwürde. Schon die Weimarer Verfassung kannte das Ziel »eines menschenwürdigen Daseins für alle« (Art. 151 Abs. 1 Satz 1 WRV). Wenn das Grundgesetz als wohl erste moderne Verfassung ausdrücklich und im ersten Satz seines ersten Artikels von der Unantastbarkeit der Würde des Menschen spricht, knüpft es an eine Jahrtausende während geistig-kulturelle Entwicklung an. Diese komplexe Entwicklung kann hier nicht einmal ansatzweise dargestellt werden. Hervorheben möchte ich lediglich, dass unser heutiges Verständnis der Menschenwürde zwar erst mit der Aufklärung begonnen hat; Denker wie *Samuel von Pufendorf, Christian Wolff, Johann Gottlieb Fichte, Jean-Jacques Rousseau* und *John Milton*, vor allem aber Immanuel Kant haben die entscheidenden geistigen Vorarbeiten geleistet. Doch hat der Gedanke der

Menschenwürde auch eine Grundlegung in vielen Religionen. Im Judentum und Christentum ist er in der Überzeugung von der Gottesebenbildlichkeit des Menschen angelegt (Genesis 1,27); im Koran schreibt der Prophet: »Nun haben Wir tatsächlich den Menschenkindern Würde verliehen … und sie weit über das meiste Unserer Schöpfung begünstigt.« (Sure 70, Vers 17; vgl. z. B. auch Sure 2, Vers 256 und 5 Vers 327. Zum Problem des Islam mit den Menschenrechten vgl. Küng 2019: 717 ff.).

Die Liste lässt sich für viele Religionen und Denker fortsetzen. Wegen solcher Befunde hatte *Ernst Rudolf Huber* schon 1933 festgestellt:

»Es besteht offenbar eine starke Beziehung der Grundrechte zu den geistigen Gehalten, die in einem Volk wirksam geworden sind, und diese Beziehung zwischen rechtlicher Norm und geistiger Wirklichkeit ist bei den Grundrechten unmittelbarer, als es bei den Verfassungsorganisationsbestimmungen der Fall ist« (Stern 2011: §184 Rn.10).

Das wird ergänzt durch das sogenannte *Böckenförde-Diktum*:

»Der freiheitliche, säkularisierte Staat lebt von Voraussetzungen, die er selbst nicht garantieren kann … Als freiheitlicher Staat kann er einerseits nur bestehen, wenn sich die Freiheit, die er seinen Bürgern gewährt, von innen her, aus der moralischen Substanz des einzelnen und der Homogenität der Gesellschaft, reguliert. Anderseits kann er diese inneren Regulierungskräfte nicht von sich aus, das heißt mit den Mitteln des Rechtszwanges und autoritativen Gebots zu garantieren suchen, ohne seine Freiheitlichkeit aufzugeben und – auf säkularisierter Ebene – in jenen Totalitätsanspruch zurückzufallen, aus dem er in den konfessionellen Bürgerkriegen herausgeführt hat« (Böckenförde 1976: 60).

Damit wird die Notwendigkeit einer außerstaatlichen moralischen Substanz aufgezeigt, die jeder nicht totalitäre Staat braucht. Der Staat ist nicht bloß eine Einrichtung zum Zwecke der Gewährleistung von Sicherheit und Ordnung. Ein solcher Staat würde nicht nur keine Identifikationschance für seine Bürgerinnen und Bürger bieten, er stünde auch in eklatantem Gegensatz zu den im Grundgesetz zum Ausdruck kommenden Werten. Sie bleiben Grundlage rechtsstaatlicher, freiheitlicher Rechtssetzung und -interpretation.

II. Weltrecht und Weltethos

Wir haben festgestellt, dass Werte dem Recht in der menschlichen Entwicklung vorausgingen, dass wir zudem auch heute noch im Rechtsdenken nicht ohne eine ethische Grundhaltung auskommen; mit anderen Worten, »dass das Recht ohne Sittlichkeit auf Dauer keinen Bestand hat«, wie es in der Erklärung zum Weltethos des Parlaments der Weltreligionen von 1993 auf Seite 6 heißt.

Diese Erklärung beschränkt sich nicht auf die Wertegrundlage des jeweiligen nationalen Rechts. *Hans Küng*, auf den die Erklärung wesentlich zurückgeht, hat sich in seinem Projekt Weltethos mit dem Verhältnis von Weltethos und Weltrecht beschäftigt und die Frage aufgeworfen: »Inwiefern setzt Weltrecht ein Weltethos voraus?« (Küng 2012: 66 ff.; Küng 2008). Unter Weltrecht versteht er dabei das »Völkerrecht und Internationale Recht samt den Rechtssetzungen der Weltinstitutionen«.

Als Völkerrecht oder, synonym, Internationales Recht bezeichnen wir jenes Normensystem, das sich mit den Beziehungen zwischen den Staaten beschäftigt. Doch ist Internationales Recht überhaupt Recht? Das ist schon nach der in Teil I dieser Abhandlung gegebenen Definition zweifelhaft. Und die Antwort ist bis heute streitig. In der internationalen rechtlichen und rechtspolitischen Diskussion finden sich regelmäßig Beiträge auf der Suche nach einer gültigen Antwort. Denn wo ist der Souverän, der dieses Recht gesetzt hätte; wer hat die Autorität, eine Normverletzung festzustellen; wer kann im Falle einer Verletzung Sanktionen verhängen; wie ist es überhaupt um die Durchsetzbarkeit des Internationalen Rechts bestellt und wo wäre die (demokratische) Legitimation für die Zuerkennung von Rechtsqualität?

Wenn aber die Normen des Internationalen Rechts kein Recht wären, was wären sie dann? Wir hätten Normen ohne Rechtscharakter, die den guten Umgang von Staaten miteinander regeln sollen. Wären das also ethisch-moralische Regeln? Kann es überhaupt eine Staatsmoral geben oder können sich moralische Regeln ohnedies nur an Menschen richten? Reicht es, dass Staaten nicht als solche handeln können, sondern nur durch mit Menschen besetzte Organe?

Wir müssen diesen Fragen hier nicht nachgehen. Doch sie zeigen, wie nahe »Weltrecht« und Weltethos beieinanderliegen. Auch wenn man, wie ich selbst, Internationales Recht tatsächlich für Recht hält, ist nicht zu verkennen, dass die Verbindungslinien zum Ethos dort noch stärker sind als im Falle des nationalen (oder supranationalen) Rechts.

Das zeigt sich erst recht, wenn wir die Normen des Internationalen Rechts ein wenig näher betrachten. Als dessen Quellen sind neben völkerrechtlichen Verträgen das Völkergewohnheitsrecht und die allgemeinen Rechtsgrundsätze des Völkerrechts anerkannt. Unter Völkergewohnheitsrecht versteht man jene Regeln, die von den Völkerrechtssubjekten, primär also den Staaten, in der Überzeugung ihrer rechtlichen Geltung in gefestigter Übung angewandt werden. Inhaltlich vergleichbar, doch anders begründet, sind die allgemeinen Rechtsgrundsätze; das sind jene Normen, die allgemein in den Rechtsordnungen von Staaten vorkommen und auf völkerrechtliche Beziehungen übertragbar sind. Beispielsweise sind danach Handeln nach *Treu und Glauben*, das Verbot des *venire contra factum proprium* (Zuwiderhandlung gegen das eigene frühere Verhalten) oder das Gebot des *pacta sunt servanda* (wechselseitige Einhaltung der eingegangenen vertraglichen Pflichten) als Normen des Völkerrechts anerkannt.

Es bedarf keiner näheren Darlegung, dass es sich bei den beiden zuletzt genannten Normen um nichts anderes handelt als um spezifische Ausprägungen des Gegenseitigkeitsprinzips (*Goldene Regel*). Die Anerkennung dieser Regeln schon im römischen Rechtsdenken und heute sogar als international anerkannte Rechtsregeln belegt ein weiteres Mal, dass Hans Küng das Gegenseitigkeitsprinzip zu Recht im Weltethos verankert sieht. Und *Treu und Glauben* verweist ganz unmittelbar auf Moral und Sittlichkeit, kann erst aus ihr heraus definiert werden. So wie § 242 BGB, der *Treu und Glauben* im Schuldrecht zum überragenden Prinzip macht, ein Einfallstor für Werte im deutschen Zivilrecht ist, so transponiert das im Völkerrecht geltende Prinzip von *Treu und Glauben* die weltethischen Werte in das Internationale Recht.

Ist das aber nicht ein Beleg dafür, dass jene Recht haben, die dem »Weltrecht« die Rechtsqualität absprechen wollen?

Ich sehe in § 242 BGB eher ein Gegenargument. Die Norm zeigt im nationalen Recht beispielhaft, wie durch einen rechtssetzenden Akt ein ethisches Gebot zur Rechtsnorm qualifiziert werden kann. Im Internationalen Recht weicht nur die Art der Rechtssetzung ab, weil es an einem förmlichen Gesetzgeber fehlt.

Doch es bleibt dabei, dass der Ursprung des »Weltrechts« in Sittlichkeit und Moral liegt, soweit diese sich nicht auf einen bestimmten Kulturkreis beschränken, sondern weltweit anerkannt sind. Das ist aber exakt, was Hans Küng mit weltweitem Zuspruch als Weltethos herausgearbeitet hat. Und es zeigt auf: Ethische Gebote sind nicht notwendig auf den einzelnen Menschen beschränkt. Sie können entsprechend auf Staaten übertragen werden, auf jene Gebilde also, in die sich der moderne Mensch einfügt und in denen er sein Zusammenleben organisiert. Auch in dieser Organisationsform kommt der Mensch nicht ohne jene Regeln aus, die über ihn und seinen Staat als je Einzelne hinausweisen.

Literatur:

Böckenförde, Ernst-Wolfgang (1976): *Staat, Gesellschaft und Freiheit,* Berlin: Suhrkamp.

Dürrenmatt, Friedrich (1983): *Monstervortrag über Gerechtigkeit und Recht,* Frankfurt/M.: Suhrkamp.

Fezer, Karl-Heinz (1986): *Teilhabe und Verantwortung,* München: C.H. Beck.

Fikentscher, Wolfgang (1975): *Methoden des Rechts in vergleichender Darstellung,* Tübingen: Siebeck.

Geiger, Theodor (1964): *Vorstudien zur Soziologie des Rechts,* Berlin: Luchterhand.

Kant, Immanuel (1787): *Kritik der reinen Vernunft,* Akademieausgabe.

Kelsen, Hans (1975): *Was ist Gerechtigkeit?,* Wien: Deuticke.

Küng, Hans (2008): Weltethos und Weltrecht. Vortrag. Bundesverfassungsgericht Karlsruhe: 28. Oktober 2008, in: Hans Küng, *Sämtliche Werke,* Bd. 20, Freiburg: Herder (im Erscheinen).

Küng, Hans (2012): *Handbuch Weltethos,* München: Piper.

Küng, Hans (2019): *Sämtliche Werke,* Bd. 17, Islam, Freiburg: Herder.

Rüthers, Bernd (1986): *Rechtsordnung und Wertordnung – Zur Ethik und Ideologie im Recht,* Konstanz: Universitätsverlag.

Stern, Klaus (2011): Idee der Menschenrechte und Positivität der Grundrechte, in: Josef Isensee und Paul Kirchhof (Hrsg.), *Handbuch des Staatsrechts,* Heidelberg: C.F. Müller, 57–120.

Frieden durch Religion?
Weltethos als Friedensfaktor

Markus A. Weingardt

Im Jahr 1990 veröffentlichte *Hans Küng* das Buch »Projekt Weltethos«. Darin entwickelte er programmatisch die Idee, dass die Religionen der Welt nur dann einen Beitrag zum Frieden der Menschheit
leisten können, wenn sie sich auf das ihnen jetzt schon Gemeinsame im Ethos besinnen: auf einen Grundkonsens bezüglich bestehender verbindender Werte, unverrückbarer Maßstäbe und persönlicher
Grundhaltungen.

Die Veröffentlichung dieser Schrift fiel in die Zeit des Endes des
Kalten Krieges. Damit war Hans Küng hochaktuell – und zugleich
seiner Zeit in beinahe prophetischer Weise voraus. Denn zunächst
dominierte eine fast euphorische Hoffnung auf das Ende aller Spannungen, gar auf Weltfrieden. Warum sich also gerade jetzt Gedanken
machen über neue Konflikte, wo sich der alles beherrschende Konflikt
vergangener Jahrzehnte in Wohlgefallen aufzulösen schien? Doch die
»Friedensdividende« blieb aus, die Hoffnungen zerstoben rasch. Eth-
nische, separatistische, kulturelle, soziale oder auch religiöse Konflikte,
die unter dem politischen und ideologischen Druck der beiden Groß-
mächte lange niedergehalten worden waren, entluden sich nun umso
explosiver. Selten jedoch in zwischenstaatlichen, vielmehr hingegen in
innerstaatlichen Auseinandersetzungen um Unabhängigkeit oder Ei-
genstaatlichkeit, um (neue) Staats- und Gesellschaftsordnungen, um
politische und wirtschaftliche Macht. Für viele überraschend wurde
auch Religion zu einem wesentlichen Konfliktfaktor, ob auf dem Bal-
kan oder in Afrika, im Mittleren Osten oder in ehemaligen Sowjetre-
publiken. Während sich Politik und Wissenschaft noch verwundert
die Augen rieben, hatte Hans Küng längst nicht nur die Gefahren-

und Gewaltpotenziale der Religionen, sondern auch ihre Friedenspotenziale erkannt und erforderliche Maßnahmen beschrieben.

Vieles hat sich seither verändert, mancher Konflikt beruhigt, andere sind hinzugekommen, das eine aber scheint beständig: Dass Religionen vielfach eine unheilvolle, gewaltverschärfende Rolle spielen. Nicht nur IS und Taliban im Mittleren Osten, auch nationalistische Buddhisten in Myanmar, Hindunationalisten in Indien oder christliche Milizen in manchen Ländern Afrikas verüben grausame Verbrechen an Andersgläubigen. Angesichts dessen kann es nicht verwundern, dass Umfragen zufolge fast 40 Prozent der Bundesbürger der Meinung sind, die Welt wäre friedlicher ohne Religion. Auch der britische Erfolgsautor *Ian McEwan* träumt von einer Welt ohne Religionen als einer Welt »voller Demut vor der Heiligkeit des Lebens«.

Keine Frage: Die Religionen stehen wahrlich nicht im Rufe besonders geeigneter Friedensstifter. Hat sich Hans Küng also geirrt – oder wurde er zu wenig gehört? Was kann ein weltethisch orientiertes Friedensengagement in den Konflikten dieser Zeit ausrichten? Kann es überhaupt etwas bewirken? Gibt es Erfahrungen, Beispiele, gar Erfolge religiöser Friedensakteure?

> *»Kein Friede zwischen den Nationen*
> *ohne Friede zwischen den Religionen.«*
>
> Hans Küng (2014: 3)

Es gibt sie, und dies nicht nur vereinzelt:

- In Mosambik (1992) vermittelte die katholische Laienbewegung Sant'Egidio einen Friedensvertrag, der den grausamen Bürgerkrieg beendete. In Guinea/Conakry (2010) verhalf sie zu einem Friedensabkommen, das den Weg zu freien und demokratischen Wahlen nach Jahrzehnten der Gewalt ebnete.
- Im Hintergrund des kolumbianischen Friedensprozesses von 2016/17 spielten Vertreter der katholischen Kirche eine maßgebliche Rolle, da sie auf beiden Seiten Vertrauen genossen.

- Während des Genozids in Ruanda im Jahr 1994 mit rund einer Million Toten widersetzten sich die ruandischen Muslime fast kollektiv der Gewalt und retteten Tausende von Flüchtlingen, gleich welcher Religion oder Ethnie.
- Nach jahrzehntelangen Scharmützeln verhinderte Kardinal *Samoré* als Sondergesandter von Papst *Johannes Paul II.* in letzter Sekunde einen Krieg zwischen Chile und Argentinien (1978), der nach mehrjährigen Verhandlungen in einen »Friedens- und Freundschaftsvertrag« mündete.
- In Nigeria gibt es etliche christlich-muslimische Friedensinitiativen, etwa die Vermittlungs- und Versöhnungsarbeit von Pastor *Wuye* und Imam *Ashafa*, vormals erbitterte Feinde, oder *Ephraim Kadala* und *Hussein Shuaibu* von der »Christian and Muslim Peace Initiative«.
- Nach der Schreckensherrschaft der Roten Khmer in Kambodscha, der zwei Millionen Menschen zum Opfer fielen, baute der buddhistische Mönch *Maha Ghosananda* 1979 eine Friedens- und Versöhnungsbewegung auf, die sich zu einer wichtigen Kraft in Politik und Gesellschaft entwickelt hat.
- Im westafrikanischen Liberia schlossen sich im Jahr 2002 christliche und muslimische Frauenorganisationen zur Liberianischen Frauen-Friedensbewegung zusammen (Women of Liberia Mass Action for Peace, geleitet von der späteren Friedensnobelpreisträgerin *Leymah Gbowee*), die mit vielfältigen gewaltlosen Maßnahmen wesentlich zum Ende des Bürgerkriegs und der despotischen Präsidentschaft von *Charles Taylor* beitrugen.
- An der Seite *Mahatma Gandhis* baute der Moslem *Khan Abdul Ghaffar Khan* in der Nordwest-Grenzprovinz eine streng islamische, doch ebenso streng gewaltlose und religiös tolerante Widerstandsbewegung auf, die friedlich für ein unabhängiges und multireligiöses Indien kämpfte.
- Die Überwindung der Herrschaft des philippinischen Diktators *Ferdinand Marcos* war 1986 in erster Linie dem gewalt-

losen Engagement weiter Teile der katholischen Kirche zu verdanken, ausgehend vor allem von Ordensleuten und Priestern
in den Basisgemeinden.

- Schon im indisch-pakistanischen Grenzkonflikt in Kaschmir
  (1965/66) und im blutigen Bürgerkrieg in der nigerianischen
  Provinz Biafra (1967 bis 70) waren Vertreter der Quäker vermittelnd aktiv und sind dies bis heute in zahlreichen kriegeri-
  schen Auseinandersetzungen – jedoch ganz bewusst hinter den
  Kulissen, abseits der medialen Aufmerksamkeit.

- 1972 vermittelte der Ökumenische Rat der Kirchen (ÖRK)
  ein Friedensabkommen zwischen den Bürgerkriegsparteien im
  Sudan, das elf Jahre Bestand hatte. Auch heute noch sind religiöse Institutionen und Personen im Sudan und Südsudan
  wichtige Motoren einer Verständigung sowohl zwischen Muslimen und Christen als auch zwischen verfeindeten ethnischen
  Gruppen.

- In Südafrika war es wesentlich Bischof *Desmond Tutu* und der
  von ihm geleiteten Wahrheits- und Versöhnungskommission
  zu verdanken, dass eine relativ gewaltlose Überwindung und
  Aufarbeitung der Apartheid-Ära erreicht wurde.

- In Bosnien-Herzegowina und im Kosovo, in Liberia und Sierra
  Leone, Sri Lanka, Albanien und anderen Ländern trugen und
  tragen nationale interreligiöse Räte in unterschiedlicher Weise
  zur friedlichen Bearbeitung politischer Konflikte bei.

- Die Aussöhnung zwischen den einstigen »Erbfeinden« Deutschland und Frankreich wurde nach dem Zweiten Weltkrieg zuerst
  von Kirchenvertretern auf beiden Seiten vorangebracht.

- Die Überwindung des repressiven DDR-Systems im Jahr 1989
  wäre ohne die dortige evangelische Kirche wenn überhaupt,
  dann bestimmt nicht so friedlich möglich gewesen. Die Kirche
  diente als Plattform für oppositionelle Menschen und Gruppen, Kirchenvertreter waren Akteure des Widerstands und zugleich Vermittler zwischen Volk und Staatsgewalt sowie Mitgestalter des Wandels auf allen politischen Ebenen.

Dies sind nur wenige aus einer Fülle von Beispielen, in denen religiöse Akteure maßgeblich zur Deeskalation, zur Vermeidung oder Beendigung von Gewaltkonflikten, zum Frieden zwischen Völkern und Nationen beigetragen haben (ausführlicher vgl. Weingardt 2010). Sie weisen eine enorme Vielfalt unterschiedlichster Akteure, Konflikte, politischer Kontexte, Mittel und Methoden auf. Zwar mag der *Begriff* des Weltethos dabei selten eine ausdrückliche Rolle gespielt haben, doch basierten diese Friedensaktivitäten oftmals auf den weltethischen *Grundideen*, die Hans Küng als »gemeinsame ethische Standards« der Weltreligionen identifiziert hatte: Menschlichkeit, Gewaltlosigkeit, Toleranz, Gerechtigkeit, Wahrhaftigkeit, Dialog auf Augenhöhe, das ehrliche Bemühen um Verständnis der Gegenposition, Solidarität statt Konkurrenz, Partnerschaftlichkeit statt Rivalität und Kampf. Solche religiös motivierten Friedensbemühungen sind mithin Ausdruck eines zwar nicht expliziten, aber, was viel wichtiger ist, eines *praktizierten* Weltethos.

> *»Ohne den Beitrag der Religionen werden wir die globalen Herausforderungen nicht bewältigen können.«*
>
> GERD MÜLLER (2016), BUNDESMINISTER FÜR ENTWICKLUNG UND WIRTSCHAFTLICHE ZUSAMMENARBEIT

Die friedenstiftende Rolle religiöser Akteure kann und muss in Zukunft noch viel mehr Gestalt und Gewicht gewinnen, nicht als Konkurrenz zu politischen Friedensbemühungen, sondern als Ergänzung zu denselben. Dies ist ein Gebot politischer Notwendigkeit, theologischer Glaubwürdigkeit und ethischer Verantwortung der Religionsgemeinschaften, zumal sie oftmals elementare Voraussetzungen für effektive Friedensarbeit erfüllen:

- Religionsgemeinschaften sind in vielen Ländern die einzigen *gesellschaftlichen Großinstitutionen* mit erheblichem Einfluss auf Politik und Bevölkerung, direkt oder indirekt.

- Religionen sind *weltweit verbreitet*, mit Informationskanälen in fast jedes Dorf, über die sowohl frühzeitig Konfliktwarnungen empfangen als auch deeskalierende »Friedensbotschaften« gesendet werden können.
- Viele Religionsgemeinschaften sind national und transnational *organisiert* oder zumindest *vernetzt*, was ihre Handlungsmöglichkeiten stärkt und den Aktionsradius erweitert. Zugleich stehen damit der Politik benennbare Ansprechpartner in konkreten Konfliktsituationen zur Verfügung.
- Alle Weltreligionen erheben den *Anspruch*, im Kern den Frieden auf Erden zu wollen. An diesem Anspruch müssen sich ihre Autoritäten wie auch ihre Anhänger messen lassen, können und müssen seitens der Politik aber auch in die Pflicht genommen werden.
- In den Religionsgemeinschaften gibt es zumeist eine »kritische Masse« an Gläubigen, die auf diesem Friedensanspruch beharren, ihre religiösen Autoritäten (lokal, national oder international) daran *mahnen und kontrollieren*, ob und wie dieser Anspruch erfüllt wird. Sie sind oftmals auch die Keimzellen toleranter, friedens- und versöhnungsorientierter Reformbewegungen innerhalb der Religionen.
- Viele religiöse Friedensakteure genießen großes Vertrauen, ja einen *Vertrauensvorschuss* bei Konfliktparteien, und dies über kulturelle, konfessionelle und religiöse Grenzen hinweg. Dies mag zunächst überraschen angesichts des Unheils, das täglich durch religiös motivierte Gewaltakteure verübt wird, doch folgt es durchaus rationaler Konfliktlogik, denn: a) Eine religiöse Motivation zum Friedenshandeln ist nachvollziehbar, da Friedenswirken und Gewaltverneinung in allen religiösen Traditionen überliefert ist. b) Religiöse Akteure gelten vielfach als *unabhängig, uneigennützig* und *fair*; dieses ›Vorurteil‹ muss freilich in der Praxis bestätigt werden, was aber auch vielfach geschieht. c) Religiöse Akteure – vor allem, wenn sie aus den Konfliktgebieten kommen – sind mit den Kon-

fliktbeteiligten in einer Weise verbunden, die ihnen ein umfassendes ›emotionales‹ *Konfliktverständnis* ermöglicht; hinzu kommt eine größere (Sprach-)*Kompetenz* gerade in tiefer liegenden Konfliktdimensionen (Schuld, Sühne, Ehre, Versöhnung u. a. m.). d) Meist sind sie auch beharrliche und *verlässliche Partner* selbst in gefährlichen Phasen und verfügen oftmals zudem über die materiellen und personellen Ressourcen, Friedensprozesse auch über mehrere Jahre zu begleiten. e) Religiöse Akteure gelten als *ungefährlich*, da sie nicht mit (politischem, wirtschaftlichem oder gar militärischem) Druck und Zwang arbeiten, sondern alleine durch ihre Überzeugungskraft – in Wort und Tat – erfolgreich sein können. Sich auf ihre Vermittlung einzulassen, birgt keine Risiken, bei einem Scheitern von Friedensgesprächen sind keine Sanktionen zu befürchten. Säkulare Akteure hingegen sind in all diesen Aspekten oftmals erheblicher Skepsis ausgesetzt, zumal wenn sie aus dem Ausland kommen (oder finanziert werden) und Zweifel an ihren wahren Motiven bestehen.

• Der Vertrauensvorschuss ist mithin ein Spezifikum religionsbasierter Friedensakteure. Er öffnet ihnen Türen und eröffnet Spielräume, die anderen verschlossen bleiben. Klug genutzt, können diese einzigartigen Chancen substanzielle Fortschritte in Friedensprozessen ermöglichen, wie die zahlreichen Beispiele beweisen.

Den Religionen wohnt folglich, wie zu sehen, nicht nur ein theologisch-theoretisches, sondern auch politikpraktisches Friedenspotenzial inne: *Kompetenzen, Erfahrungen, besondere Möglichkeiten und Erfolge* sowohl in Gewaltprävention als auch akuter Konfliktmediation oder Versöhnungsarbeit und auf vielfältige andere Weise. Es ist sehr erfreulich, dass sich diese Erkenntnis in jüngerer Zeit auch in der deutschen Außen- und Entwicklungspolitik durchgesetzt hat. So wurde 2016 im Auswärtigen Amt ein Arbeitsstab »Friedensverantwortung der Religionen« eingesetzt, der inzwischen zu einem eigenständigen Referat »Religion und Außenpolitik« aufgewertet wurde. Und im Bundesministerium für wirtschaftliche Zusammenarbeit und Entwicklung wurde bereits 2014 begonnen, die religiösen Institutionen und Organisationen als Partner in Entwicklungs- und Friedensfragen strategisch und systematisch einzubeziehen. Der amtierende Bundesminister Gerd Müller bezog sich dabei ausdrücklich auf die Leitgedanken des Projekts Weltethos, da er in langjähriger politischer Praxis die Erfahrung gemacht hatte, dass diesen (nicht nur, aber insbesondere) in religiös geprägten Konfliktlagen eine besondere Bedeutung zukommt.

Die Bewusstmachung der religionsübergreifenden ethischen Grundüberzeugungen, die Besinnung auf die vorhandene Schnittmenge elementarer ethischer Standards, dabei die Anschlussfähigkeit an philosophische und atheistische Positionen: das bildet ein starkes Fundament, auf dem gemeinsame Häuser und tragfähige Brücken errichtet werden können.

Literatur:

Küng, Hans (2014), in: Stiftung Weltethos (Hrsg.), *Weltreligionen, Weltfrieden, Weltethos. Die Begleitbroschüre zur gleichnahmigen Ausstellung*, Tübingen: Stiftung Weltethos.

McEwan, Ian (2006): Ich habe einen Traum, in: Die Zeit, Nr. 31/2006, [online] https://www.zeit.de/2006/31/Traum-Ewan-31 [12.08.2019].

Müller, Gerd (2016), in: Bundesministerium für Entwicklung und wirtschaftliche Zusammenarbeit, [online] http://www.bmz.de/de/presse/aktuelleMeldungen/2016/februar/160217_pm_015_Minister-Mueller-stellt-neue-Strategie-zur-Zusammenarbeit-mit-Religionen-vor-Gemeinsam-mehr-erreichen/index.html [31.07.2019].

Dialogfähigkeit: Was es heißt, sich weltbürgerlich für Demokratie zu engagieren

Christopher Gohl

I. Herausforderungen für DemokratInnen und Demokratie

Viel zu selten fragen wir uns, was es eigentlich heißt, eine Demokratin oder ein Demokrat zu sein. Die Frage danach wird aber in dem Maße dringlich, in dem autoritäre Politikmodelle für viele BürgerInnen wieder attraktiv erscheinen. Besonders dann, wenn autoritäre Politik behauptet, Demokratie als Herrschaft des Volkes, oder wenigstens der (bisher schweigenden) Mehrheit des Volkes, wiederherstellen zu können – womöglich mit einer großen Führergestalt. Oder wenn der Herrschaft von ExpertInnen das Wort geredet wird, um die Welt vor der Klimakatastrophe zu retten.

Das Projekt Weltethos bietet auf die Frage nach dem Selbstverständnis von DemokratInnen zugleich Auftrag wie Orientierung an: DemokratInnen praktizieren umfassende Dialogfähigkeit im Dienste der Verantwortung für Mitwelt, Umwelt und Nachwelt. Das widerspricht dem autoritären Demokratiemodell wie der technokratischen Expertenherrschaft, aber auch dem formalen Individualismus und Legalismus liberaler Theorien.

Ein Auftrag ist die Demokratie, weil wir nicht als DemokratInnen geboren werden. Zwar sind Grundrechte wie die Glaubens- und Gewissensfreiheit Geburtsrechte aller Menschen. Aber Bürgerrechte wie das Wahlrecht, mit denen wir tatsächlich an der Demokratie teilnehmen können, erwerben wir erst ab dem 18. Lebensjahr, beim kommunalen Wahlrecht bisweilen schon mit 16 Jahren. Bis dahin, so wird erwartet, haben wir Urteilsvermögen erworben und gelernt, unsere Freiheit verantwortlich zu gebrauchen.

Darauf bezieht sich der weltethische Auftrag: Demokratie ist eine Lebensform, eine Kulturleistung. Sie ist zwar selbstverständlich in dem Sinne, dass sie auf ein demokratisches Selbstverständnis ihrer Mitglieder angewiesen ist. Aber andererseits ist Demokratie historisch alles andere als selbstverständlich.

Die meiste Zeit der Menschheitsgeschichte haben Menschen nicht in Demokratien gelebt. Auch heute noch leben über 3 Milliarden Menschen nicht in Demokratien – Tendenz leider wieder steigend. Und wo das Selbstverständnis der Gemeinschaft, ihre Konventionen und Institutionen nicht demokratisch sind, wird es schwer für Einzelne, ein eigenes Selbstverständnis als Demokrat oder Demokratin auszubilden.

II. Weltethische Antworten: Die praktischen Ideale der Dialogfähigkeit

Dass nach weltethischen Idealen die Demokratie die wünschenswerte Lebens- und Staatsform ist, wird deutlich, wenn man sich diese Ideale näher anschaut. Weltethische Ideale sind sozusagen die DNA, die Erbinformation oder der Quellcode einer lernenden Demokratie (vgl. Gohl und Fuhrmann in diesem Band). Sie bieten *Orientierung* für den demokratischen Alltag an und bestärken eine bestimmte Haltung, eröffnen damit Perspektiven und prägen Rezepte demokratischen Handelns.

Für *Hans Küng* geht es beim Weltethos-Projekt von Anfang an um das *Humanum*. Er beschreibt es als das »wahrhaft Menschliche« und als den »Respekt vor menschlicher Würde und Grundwerten« (Küng 1990). Nach jahrzehntelangem interreligiösem Studium und Dialog erblickt Küng im Kriterium des Humanum eine Orientierung, die ihm über alle kulturellen Traditionen hinweg als Grund und Grenze von Religion, Politik, Wirtschaft und Gesellschaft zu taugen scheint. Als Küng dann drei Jahre später mit der Weltethos-Erklärung des Weltparlamentes der Religionen in Chicago 1993 eine Auswahl bestimmter Prinzipien und Werte vorschlägt, begreift er diese als weltweit bewährte, elementare Formen und Säulen des Humanum, sozusagen als Konkretisierungen der Menschlichkeit.

Diese Prinzipien und Werte sind dann in verschiedenen Deklarationen und Manifesten als interreligiöser, interkultureller Konsens bekräftigt worden: Das Humanitätsprinzip, Menschen menschlich zu behandeln, welches im Prinzip der Goldenen Regel der Gegenseitigkeit konkretisiert wird, ebenso wie die Werte (oder »Weisungen«) der Gewaltlosigkeit, Wahrhaftigkeit, Gerechtigkeit, der Partnerschaft der Geschlechter und seit 2018 auch die Sorge für eine Kultur der Nachhaltigkeit im Umgang mit unserer Erde.

Wer diese Menschlichkeitsideale zu den eigenen selbstverständlichen Strebungen macht, darf mit Küng zunächst einmal darauf hoffen, die bewährten und besten moralischen Traditionen der Menschheit zu verkörpern und damit unter anderen Menschen vertrauenswürdig zu sein. Die Prinzipien und Werte sind zugleich eine gute Ausrüstung, um der eigenen Verantwortung vor der Mitwelt, Umwelt und Nachwelt gerecht zu werden. Diese Verantwortung beginnt im Nahbereich der eigenen Lebenswelt, wo wir anderen Menschen im Alltag begegnen. Aber weltethische Verantwortung gehört auch in jenen elementaren Bereich der Mitmenschlichkeit, die keinen Unterschied macht zwischen Menschen hier und Menschen auf der anderen Seite der Welt.

Wer die Weltethos-Ideale alle zusammen anwendet, wird zugleich dialogfähig. Das ist wichtig: Denn Dialogfähigkeit ist gewissermaßen die Übersetzung des Weltethos-Projektes in eine elementare menschliche Kompetenz, in ein »Können von Verantwortung«. Und es ist der Kernbegriff der weltethisch verstandenen Demokratie. In deren Zentrum steht der Dialog als ein Entdeckungs- und Lernprozess, in dem wir anderen Menschen im gegenseitigen Austausch gewaltlos, wahrhaftig, fair, partnerschaftlich und in nachhaltiger Sorge für unsere gemeinsame Welt begegnen. Als Praxis der Weltethos-Ideale wird der Dialog zum gemeinsamen Lernprozess, dessen Thema die Auswirkungen des eigenen Handelns für andere sind. Verantwortung heißt dabei nicht nur, anderen Menschen Antwort geben und Rechenschaft für das eigene Handeln ablegen zu können, sondern auch, das eigene Verhalten mit Blick auf unerwünschte Konsequenzen für andere zu korrigieren.

»Dialogfähigkeit heißt Friedensfähigkeit« – so überschreibt Küng schon einen zentralen Teil seiner Argumentation im »Projekt Weltethos« 1990. Dialogfähigkeit ist für ihn die Fähigkeit, einerseits eigene Standpunkte gut und im Glauben an ihre Wahrheit vertreten zu können, dies aber andererseits mit Neugier und Lernbereitschaft gegenüber anderen zu tun. Weltethos heißt Menschlichkeit heißt Praxis von Weltethos-Idealen heißt Dialogfähigkeit als Standpunkt – und Lernfähigkeit heißt Friedensfähigkeit, so lässt sich das verdichten.

Der Philosoph *Claus Dierksmeier,* den Küng 2012 als Gründungsdirektor für das Weltethos-Institut berief, hat die zentrale Bedeutung der Dialogfähigkeit für das Weltethos-Projekt philosophisch und systematisch ebenfalls gestärkt. Als Philosoph schlägt er die Freiheit als weltethischen Leitwert vor. Denn in einer Welt, die von Vielfalt und weltweiten gegenseitigen Abhängigkeiten geprägt ist, können wir anderen gar nicht die Freiheit bestreiten, nach ihren eigenen, kulturell unterschiedlichen Vorstellungen zu leben. Gleichzeitig können wir aber auch nicht in Rücksichtslosigkeit aufeinander zusammenleben. Wir alle sollten einander also eine Art der Freiheit gewährleisten, die in Verantwortung für die Freiheit aller anderen zu gebrauchen ist.

Was verantwortlicher Freiheitsgebrauch dann konkret heißt, lernen wir aber erst im Dialog mit jenen, die von den Auswirkungen des eigenen Freiheitsgebrauchs betroffen sind. Wer seine Freiheit auf eine Weise gebraucht oder gebrauchen will, die Auswirkungen auf andere hat, erfährt im Dialog von diesen Auswirkungen und kann sich dementsprechend korrigieren und verantworten lernen. »Qualitative Freiheit« heißt für Dierksmeier, dass das Ideal der Freiheit für jeden Menschen, ein Leben nach eigenen vernünftigen Vorstellungen zu leben, im alltäglichen Freiheitsgebrauch unter anderen konkretisiert, überprüft, aufeinander abgeglichen und korrigiert, in diesem Sinne also »qualifiziert« wird. »Weltbürgerlich verantwortete Freiheit« ist ohne dieses zentrale Verfahren des Dialogs als Lern- und Korrekturprozess also nicht realisierbar. »Freiheit ist uns«, sagt Dierksmeier, »nicht einfach gegeben, sondern aufgegeben.« Der Dialog wird dabei zur formgebenden Form gemeinsam praktizierter Freiheit.

III. Zur Einübung und Ausrichtung weltethischer Demokratie

Was also heißt es, im weltethischen Sinne Demokratin oder Demokrat zu sein? Es heißt, Dialogfähigkeit zu üben: Standpunktfähigkeit und Lernbereitschaft zu verbinden; das Verständnis des eigenen Handelns im Spiegel der Auswirkungen auf andere und die Welt zu erweitern; sich zu verständigen, um etwas zu verändern. Weltethos ist eine Haltung der Verantwortung für die Welt, die sich im Engagement mit anderen zusammen für die Verbesserung der Verhältnisse zeigt.

Weltethische DemokratInnen wissen: Wir leben in einer »Globalität«, einer von gegenseitigen Abhängigkeiten über alle Grenzen hinweg geprägten Welt. Was ChinesInnen kaufen, schafft oder vernichtet unsere Arbeitsplätze. Was wir an Kohle verheizen, kostet Küste in Bangladesch. Wenn Diktatoren heute Städte bombardieren, haben wir morgen Turnhallen voller Flüchtlinge. Die Welt ist so klein geworden, dass uns Sorg- und Rücksichtslosigkeiten von gestern schon heute wieder einholen. Die »Externalisierung« von Kosten ist vorbei – ab jetzt ist jeder Tag ein Zahltag. Den Ernst der Lage zu verstehen, ist selbstverständlich.

Wir sind also aufeinander angewiesen, nicht nur lokal, sondern weltweit. Ein individuell gutes Leben gelingt uns gar nicht mehr alleine oder gar auf Kosten anderer, sondern nur im Zusammenspiel mit anderen und dank anderer. Die Welt, in der wir leben, ist ein globales Gemeinschaftswerk. Und Demokratie ist die gemeinsame öffentliche Arbeit an diesem Gemeinschaftswerk: Denn die Veränderung der Welt erfordert Verständigung, Abstimmung, möglichst mit allen Betroffenen. Dabei werden Probleme bearbeitet, die alle verbinden, oder Anliegen umgesetzt, auf die sich Demokraten verständigen. Zum Ernst der Lage gehört die hoffnungsvolle Einsicht, dass wir selbst Teil der Veränderung sein können.

Der Zweck dieser demokratischen Verständigung über Verbesserungen ist der Fortschritt für bessere Chancen für jeden Menschen, ein Leben in eigener Verantwortung (vor Mitwelt, Umwelt und Nachwelt) leben zu können. Darum geht es im »Capability Approach« des indischen Nobelpreisträgers *Amartya Sen*, der weltethischen Motivationen entspricht (vgl. Schirovsky in diesem Band). Demokratie ist, weltethisch verstanden, eine gemeinsame Anstrengung von DemokratInnen, ihre Welt in kleinen experimentellen Schritten, inklusive kontrollierter und produktiver Konflikte, zum allgemeinen Vorteil zu verbessern. Der gebündelte Effekt von Reformen kann schnelle Fortschritte erlauben. Sich an dieser Veränderung zu beteiligen, ist eigentlich eine Bringschuld.

Dialogfähigkeit braucht Urteilskraft. Eigenständige Urteilskraft schützt DemokratInnen vor der Versklavung durch Notwendigkeiten und führt ins Reich der verantworteten Freiheit. Dort verantworten wir unseren selbstbestimmten Anteil am wechselseitigen Handeln. Denn was wir aktiv tun oder passiv versäumen, hat immer Auswirkungen auf die Verhältnisse der Welt. Dafür müssen wir unsere praktische und normative Urteilskraft stets weiterentwickeln – in Bezug sowohl auf andere als auch auf die fließenden Fakten der Welt als auch auf die Möglichkeiten der (alternativen) Weltgestaltung. Bürgerschaftliches Engagement ist die beste Schule der Urteils- und Gestaltungskraft.

Dialogfähigkeit braucht die Gemeinschaft von DemokratInnen. Sie entsteht im staatsbürgerlichen Sinne in Rechtsgemeinschaften, wie sie unsere Gemeinden, Länder, Nationen oder auch die EU sind. Im weltethischen Sinne entstehen diese Gemeinschaften aber auch durch Betroffenheit und Beteiligung – durch Betroffenheit durch das (unverantwortliche) Handeln anderer und durch öffentliche Beteiligung an der Veränderung und Neuausrichtung des (verantwortlichen) Handelns.

Sowohl Rechtsgemeinschaften als auch betroffene Beteiligungsgemeinschaften sind uns nicht einfach nur gegeben, sondern sie sind uns aufgegeben. Das bleiben kulturelle, gar zivilisatorische Aufträge und Errungenschaften. So erleben wir unter den Bedingungen der Globalität derzeit die Entstehung einer globalen Betroffenen- und Beteiligungsgemeinschaft – der globalen Zivilgesellschaft, wie sie sich in Antwort auf globale Risiken und Herausforderungen mit den Weltsozialforen oder globalen Protestbewegungen wie Fridays-4-Future bildet (vgl. auch Schönherr-Mann und Hemel in diesem Band). Dafür produktive Foren und Formen zu bestimmen und zu gewährleisten, ist zur Aufgabe weltethischer DemokratInnen geworden. Der Motor ihrer Ausgestaltung ist und bleibt dabei: Dialogfähigkeit.

Literatur:

Dierksmeier, Claus (2016): *Qualitative Freiheit. Selbstbestimmung in weltbürgerlicher Verantwortung*, Berlin: Transcript Verlag.

Gohl, Christopher (2011): *Prozedurale Politik am Beispiel organisierter Dialoge*, Münster: Lit Verlag (Region – Nation – Europa).

Küng, Hans (1990): *Projekt Weltethos*, München/Zürich: Piper.

Fridays for Future und globale Normen in der Weltordnung einer multipolaren Welt

Hans-Martin Schönherr-Mann

Fridays for Future: Marxisten würden von sinnloser Kinderei sprechen. Sicher darf man fragen, wieweit es dieser internationalen Schülerinnenbewegung bisher gelang, die institutionalisierte Politik zu einer weiter reichenden Umweltpolitik zu motivieren, gar das Klima zu retten.

Aber etwas ist *Fridays for Future* gelungen, was sie wahrscheinlich kaum beabsichtigte, nämlich das öffentliche Interesse von den rechten Populisten abzuziehen. Allemal demonstriert *Fridays for Future*, dass sich ein sehr großer Teil der jungen Leute umweltethisch orientiert, nicht nationalistisch, was den Graben zu den zumeist umweltunfreundlichen Nationalisten erfrischend vertieft.

Fridays for Future fordert die Politik auf, die Klimapolitik zu intensivieren. Eine solche politische Forderung rekurriert natürlich auf umweltethische Orientierungen, die nicht unbedingt, aber im Fall der Klimapolitik einen global normativen Charakter haben. Interessanterweise ist die ökologische Ethik auch sehr populär, wie die jüngsten Wahlerfolge der grünen Parteien in Europa bestätigen, während Sozialpolitik an Überzeugungskraft einbüßte.

Strukturell muss Ökologie aber keine globalen Ansprüche erheben, auch die ökologische Ethik nicht. Diese kann sich auch nur um die Probleme vor Ort kümmern, was durchaus ehrenwert ist. Nicht zuletzt indes durch die intensive Medialisierung der Kommunikation – also durch die modernen Massenmedien bis hin zu den Social Media – und vor dem Hintergrund einer planetarischen Technologie und Ökonomie erhalten auch lokale ökologische Aktivitäten leicht globale Perspektiven.

Wenn man von Weltordnung spricht, dann verdankt sich das gemeinhin einer Perspektive von oben und unterstellt auch, dass sich die Welten der Menschen durch Top-down-Prozesse nachhaltig gestalten und lenken lassen. Auf diese Weise interpretiert man denn die Aktivitäten von Staaten oder inter- und supranationalen Institutionen, die zumeist von den Staaten getragen werden. Alternativen dazu sind die NGOs. Die Staaten sollen eine Weltordnung schaffen, so die verbreitete Forderung. Was können schon die Bürgerinnen dazu beitragen? Oder gar Schülerinnen!

Diese Weltordnung soll sich nicht nur auf Krieg, Gewalt und Macht stützen, sondern auch die Schwachen integrieren und fördern. In diesem Sinn erhebt man an die Staaten ethische Ansprüche, die sich auf ethische globale Normen stützen. Diese verkörpern allgemeine Ideen von Frieden und Gerechtigkeit, zu denen globale Normen nicht nur die beteiligten Staaten und Politiker verpflichten möchten. Sie geben diesen damit aber auch ein Mittel der Lenkung ihrer Bürger in die Hand.

Historisch betrachtet, verkörpern die monotheistisch basierten Ethiken wie die universellen der Aufklärung Top-down-Prozesse. Mittels von Eliten ausgedachten ethischen Normen lenken diese ihre Untertanen. Dabei ist der universelle Anspruch regelmäßig nur Schein. Im Gegenteil ging es und geht es darum, die eigenen Bürgerinnen zu disziplinieren, um sie unter anderem auch gegen andere Staaten in Stellung zu bringen, im Zweifelsfall um sie in den Krieg schicken zu können.

Eine multipolare Welt beherbergt dann viele verschiedene Mächte, die eine Dynamik eigener Interessenspolitik entfalten und sich nicht auf Linie bringen lassen wie beispielsweise in einer bipolaren Welt. Von einer unipolaren Welt, wie sie sich eine kurze Dekade lang ansatzweise andeutete, ist die heutige multipolare Welt sehr weit entfernt.

Dann geht es angesichts einer international unübersichtlichen Lage bei globalen Normen für eine neue Weltordnung darum, den Staaten nahzubringen, dass sie sich zu einer friedlichen Kooperation im Dienste gemeinsamer Interessen genötigt sehen, die grundsätzlich auf der Anerkennung anderer Interessen beruht, was natürlich nicht nur für die Umweltpolitik gilt. Dann stellt sich die Aufgabe, die Staaten – man kann die Gruppe der Akteure auch erweitern: Unternehmen, Glaubens- und andere Gemeinschaften aller Art, die eine international spürbare Größe entwickeln – zur Annahme globaler Normen zu bewegen, also Normen, die möglichst alle Staaten und Akteure anerkennen und befolgen.

Gehört *Fridays for Future* auch zu dieser Gruppe von relevanten Akteuren? Kaum, höchstens mal von Fall zu Fall und punktuell, mehr aber zunächst bestimmt nicht. Erst wenn sich daraus eine institutionalisierte Organisation mit internationaler Relevanz entwickelt, würde *Fridays for Future* dazugehören.

Aber dann wäre *Fridays for Future* nicht mehr das, für das sie stehen, nämlich für die aktiven Bürgerinnen, die nicht mehr auf die Politik oder andere Organisationen warten, die entweder diese zu schnellerem oder weitreichenderem Handeln drängen, oder die überhaupt selbst aktiv werden, die Dinge selbst in die Hand nehmen, weil sie sich auch nicht mehr einfach lenken lassen wollen.

Gerade beim Umweltschutz ist das ja selbst im Kleinen möglich: Jede kann etwas gegen die Klimaerwärmung tun – nebenbei ist das ein Grund für den Erfolg der Umweltbewegungen in den letzten Jahrzehnten. Zugleich stellt sich hier ein Zusammenhang zwischen dem Handeln der einzelnen Bürgerin und der Globalität her. Moderne Wissenschaften untermauern das, wenn sie bestätigen, dass Handlungseffekte viele unüberschaubare Auswirkungen nach sich ziehen.

Denn *Fridays for Future* nehme ich an dieser Stelle als Resultat und als Beispiel für die Emanzipationsprozesse seit der zweiten Hälfte des letzten Jahrhunderts, angefangen mit der Bürgerrechtsbewegung in den USA, der Frauen- und der Umweltbewegung seit den Siebzigern, der Friedensbewegung um 1980, den Bürgerbewegungen in Osteuropa und zuletzt den Schwulen- und Lesben-Bewegungen – ein sehr eurozentrisches Bild, das dringend erweiterungsbedürftig ist. Dazu kommen noch zahlreiche weitere Aktivitäten gerade in der Menschenrechts- und Flüchtlingsfrage, wie umgekehrt die Genannten in sich auch keinesfalls homogen waren und sind. *Fridays for Future* gehört einerseits zu den Umweltbewegungen, aber auch zu den Jugendbewegungen – was beides emanzipatorischen Charakter hat.

Solche Emanzipationsbestrebungen lassen sich nicht mehr in die Ordnung einer Top-down-Ethik einfügen. Sie stellen vielmehr gerade die institutionelle Politik der multipolaren Welt und ihre Orientierungen ethisch infrage. Damit unterwandert *Fridays for Future* eine Ethik, die sich als global ausgibt, um damit doch primär Gefolgschaft herzustellen. Die o. a. Emanzipationsbewegungen insgesamt erschüttern die traditionelle ethische Ordnung – man denke nur an die katholische Kirche, in der es solche Bewegungen auch gibt –, entlarven deren Universalitäts- und Absolutheitsbekundungen als Machtpolitik.

Ist *Fridays for Future* damit das Ende der universellen Ethik? Nein, es ist der Anfang, wiewohl auch nicht unbedingt der allererste, den man wohl besser mit dem Namen *Martin Luther King* verbindet: »I have a dream that one day on the red hills of Georgia, the sons of former slaves and the sons of former slave owners will be able to sit down together at the table of brotherhood.«

Denn Globalität in der Ethik realisiert sich erst dadurch, dass Bürgerinnen mündig und selbsttätig Normen entwickeln und sich an ihnen orientieren. Diese Orientierungen können auch andere weltweit übernehmen, um das eigene Leben nach eigenen Vorstellungen zu gestalten.

Es sind Bottom-up-Prozesse, auf denen globalisierende ethische Normen ruhen. Sie befreien die Ethik von ihren traditionellen autoritären Neigungen der Unterwerfung von Menschen unter bestimmte politische oder religiöse Vorstellungen. Sie realisieren eine globale Ethik überhaupt erst nachhaltig, nämlich indem überall auf der Welt Bürgerinnen selbsttätig Normen entwerfen, die sich einander annähern, um derart eine Gemeinsamkeit zwischen den Zeitgenossinnen herzustellen – manchmal auch nicht, bleiben es doch immer Prozesse der Kontingenz.

Aber wenn jemand in der Zeit des Nationalsozialismus eine universelle Ethik verkörpert, dann ist es *Oskar Schindler,* nicht *Arthur Harris,* auch wenn dieser wesentlich zum militärischen Sieg der Alliierten beigetragen hat.

Gehört *Fridays for Future* damit zur multipolaren Welt? Allerdings! Denn diese ist seit besagten Emanzipationsprozessen anders zu denken als rein institutionell. Zu den Polen zählen auch diverse Emanzipationsbewegungen und Aktivitäten der Zivilgesellschaft, mag man diese auch nicht institutionell empirisch genau bestimmen können, mögen diese flüchtig sein, vorübergehend und schwach, mal aufblitzen, um dann wieder zu vergehen. Aber sie können durchaus nachhaltige Wirkungen gerade in ethischer Hinsicht erzielen, mögen diese häufig auch gar nicht beabsichtigt sein. So haben die Achtundsechziger zwar nicht den von ihnen angestrebten Sozialismus erreicht, aber die westlichen Gesellschaften liberalisiert und demokratisch partizipatorischer werden lassen, was sie gar nicht wollten.

Allemal stammen diese Veränderungen gerade in ethischer Hinsicht aus der Schwäche, wenn sie einen zivilgesellschaftlichen oder sozialen Migrationshintergrund haben. Aber wie schon *Nietzsche* genealogisch bemerkte: Mit Judentum, der Philosophie und dem Christentum schöpfen nicht mehr die Starken ethische Werte, sondern die Schwachen. In der Tat, der Sklavenaufstand in der Moral: *Fridays for Future* gegen BMW; *Fridays for Future* gegen *Trump*; *Rackete* gegen *Salvini.* Und wie ich schon bemerkte: Schindler hat ethische Orientierung gesetzt, nicht Harris, *Camus* und nicht *Carl Schmitt*; der Deserteur *Wolfgang Abendroth,* der sich den griechischen Partisanen anschloss, nicht *Bernard Montgomery,* auch wenn Letzterer zur Befreiung der Deutschen von den Nazis wesentlich beitrug.

So franst die multipolare Welt aus, die zunehmend von Bottom-up-Prozessen geprägt wird, sodass man von einer Weltordnung heute wohl ganz anders reden muss, als dass sich in dieser nur die großen politischen, ökonomischen und sozialen Akteure tummeln. Jedenfalls kann man das hinsichtlich der Entwicklung globaler Normen sagen. Es werden die Bürgerinnen sein, die Schwachen, die dabei den Ton angeben werden, nicht die Starken. Ob das dem Frieden in der Welt wirklich dienen wird, das lässt sich bestimmt noch lange nicht absehen. Ja, solche Prozesse provozieren auch Gegenreaktionen: der Islamismus, der Rechtsradikalismus und ein frustrierter Marxismus, der aber der harmloseste dabei ist. Doch die großen Mächte haben es dabei top-down seit ein paar Tausend Jahren nun mal nicht allzu weit gebracht.

Literatur:

Schönherr-Mann, Hans-Martin (2008): *Miteinander leben lernen. Die Philosophie und der Kampf der Kulturen. Mit einem Essay und einem Vorwort von Hans Küng*, München: Piper.

Schönherr-Mann, Hans-Martin (2010): *Globale Normen und individuelles Handeln. Die Idee des Weltethos aus emanzipatorischer Perspektive*, Würzburg: Verlag Königshausen & Neumann.

Schönherr-Mann, Hans-Martin (2017): *Involution oder Revolution. Vorlesungen über Medien, »Bildung und Politik« an der Universität Innsbruck 2013–17*, μετωνυμίες II, Norderstedt: Books on Demand.

Weltethos als Programm für die lernende Demokratie

Christopher Gohl und Raban D. Fuhrmann

Die Umbrüche unserer Zeit stellen die Regierungsform liberaler Demokratien nicht einfach nur vor neue Aufgaben, sondern sie belasten den Grundkonsens, die Institutionen und die Kultur der Demokratie als Lebensform insgesamt. Klimakrise, Digitalisierung, wirtschaftliche und demografische Lastenverschiebung, europäische Integration und der Umbruch der Weltordnung erfordern jederzeit leistungs- und reformfähige, handlungsfähige Politik – vor Ort, regional und national, aber natürlich auch in Europa und der Welt. Wo aber die Politik diese Umbrüche nicht zum Schutz oder gar Vorteil der Betroffenen zu regulieren und gestalten vermag, fällt es autoritären Populisten leicht, eine verunsicherte Bevölkerung mit scheinbar einfachen Alternativen anzusprechen.

Ob und wie bestehende Demokratien mit ihren Aufgaben wachsen können, oder ob sie unter den Belastungen ihren Geist aufgeben, ist eine dringliche Anfrage an das Projekt Weltethos. Denn die weltethischen Ideale entfalten ihre Wirkung am besten als demokratische Praxis der Dialogfähigkeit unter den Bedingungen einer auf Verbesserung und Mehrung von Lebenschancen ausgerichteten demokratischen Ordnung. Das Projekt Weltethos steht und fällt auf politischer Ebene mit den Konventionen und Institutionen von lernfähigen Demokratien, die ihre Probleme produktiv verarbeiten können und dadurch Gestaltungskraft gewinnen. Dafür gilt es zu beschreiben, wie Demokratie unter den Bedingungen der Globalität überhaupt sinnvoll und möglich ist – und wie denn gegebenenfalls eine gut funktionierende Demokratie aussehen müsste, die jedem Menschen faire Chancen auf ein gutes Leben in politischer Mitverantwortung eröffnet.

I. Die Wucht der Globalität: Herausforderungen und Zweifel an Demokratien

Dass wir in einer von »Globalität«, also von grenzüberschreitenden gegenseitigen Abhängigkeiten geprägten Welt leben, erfahren viele Menschen als Kontrollverlust. Wissen wir denn, was wir da tun, wenn unsere Lebensweise das Klima aufheizt? Wenn wir Fluchtursachen, Migration und Integration nicht in den Griff kriegen? Wenn schlecht regulierte Finanzmärkte ganze Staaten und soziale Sicherungssysteme in die Knie zwingen? Wenn ausländische Regierungen über digitale Plattformen mit Propaganda und Lügen, gar mit Hass und Hetze die Öffentlichkeiten demokratischer Länder verdüstern? Wenn das Aufstiegs- und Wohlstandsversprechen kapitalistischer Systeme für immer weniger Gewinner gilt? Und was macht es mit unseren Demokratien, wenn immer mehr Menschen sich von ideologischen oder religiösen Extremen angesprochen fühlen?

Ein Beispiel für die Wucht, mit der globale gegenseitige Abhängigkeiten unsere Lebenswelt bestimmen, sind der Klimawandel und die verwandten Probleme des Ressourcenverbrauchs und der Abnahme der Artenvielfalt. Die globalen Umweltbelastungen wecken schon seit Jahrzehnten Zweifel an der Nachhaltigkeit der freiheitlichen Lebensweise in kapitalistischen und demokratischen Ländern. Viele Menschen in Europa und der Welt spüren, dass kapitalistische Gesellschaften über ihre Verhältnisse und Grenzen leben, wirtschaften und konsumieren. Oft sorgen sie sich, dass dies auf Kosten der Lebenschancen von Menschen in anderen Teilen der Welt geschieht und damit auch Flucht und Migration fördert. Eltern fragen sich, in welch aufgeheiztem Weltklima ihre Kinder einmal leben werden. Viele Menschen trauen Demokratien schon gar nicht mehr zu, überhaupt langfristig und global verantwortliche Politik zu betreiben oder zerstörerischen Kräften einer global entfesselten Wirtschaft und Finanzwirtschaft Einhalt zu gebieten – zumal auch die demokratische Qualität und Legitimität international abgestimmten Handelns in Brüssel und New York infrage gestellt wird.

Möglicherweise ist demokratische Selbstbestimmung in globalen Fragen ohnehin eine Illusion. So argumentiert jedenfalls der renommierte Entwicklungsökonom *Dani Rodrik*. Er machte schon 2011 auf ein »fundamentales Trilemma der Weltwirtschaft« aufmerksam – dass wir möglicherweise nicht gleichzeitig Demokratie, nationale Selbstbestimmung und wirtschaftliche Globalisierung betreiben können (Rodrik 2011). Funktionierende, wohlstandsstiftende globale Märkte bräuchten globale Regulierungen, also einen Weltstaat. Aber die Bereitschaft, Regulierungskompetenzen vom demokratischen Nationalstaat auf einen Weltstaat zu übertragen, ist offensichtlich gering ausgeprägt. Täten Nationalstaaten es trotzdem, würden sie die eigene demokratische Selbstbestimmung schwächen. Wolle man aber die Demokratie erhalten, so Rodrik, müsse man entweder die Globalisierung einbremsen oder den Nationalstaat zugunsten neuer transnationaler Formen der Demokratie aufgeben – letzteres ein schwer vorstellbares Szenario. Kurz: Ungebremste wirtschaftliche Globalisierung schwächt also entweder den Nationalstaat oder die Demokratie oder, solange Demokratien in bewährter Weise nationalstaatlich organisiert sind, beide zusammen.

Auch der Politikwissenschaftler *Francis Fukuyama* sorgt sich um die Demokratie in Zeiten einer globalisierten Vielfalt. Er warnt aber davor, Politik lediglich als Faktor wirtschaftlichen Wohlstands zu verstehen. Vielmehr, so argumentiert er mit *Hegel*, seien Geschichte und Politik schon immer getrieben gewesen von den Dynamiken des Ringens nach Anerkennung der eigenen Identität. Auch in der Systemauseinandersetzung des 20. Jahrhunderts zwischen Kapitalismus und Sozialismus seien die dominierenden ökonomischen Fragen in Wahrheit stets Fragen der Anerkennung von Leistung, Status und Würde gewesen. Auch im 21. Jahrhundert werde Politik durch den Wunsch nach Anerkennung der eigenen Identität und Würde dominiert. Linke Politik begreife sich nun als Vertreterin der Ansprüche bislang benachteiligter Gruppen, rechte Politik dagegen als Verteidigerin traditioneller, nationaler und religiöser Identitäten.

»Die Zunahme der Identitätspolitik in modernen liberalen Demokratien« aber, warnt Fukuyama, »ist eine ihrer Hauptbedrohungen.
Wenn es uns nicht gelingt, zu einem universalen Verständnis der
menschlichen Würde zurückzukehren, werden wir zu ständigen
Konflikten verurteilt sein« (Fukuyama 2019: 12).

Die Bedrohungen des Klimawandels, die Sorge um die globale
Gestaltungsfähigkeit von Demokratien und der Kampf um Anerkennung der eigenen partikularen Identität in offenen, bunten
Gesellschaften sind allesamt Ausdruck der wenig regulierten Wucht
der Globalität. Gegenseitige weltweite Abhängigkeiten überset-
zen sich in neue Ansprüche an uns. Früher gelang ein gutes Leben
noch denen, die aus Ansprüchen anderer in der kleinen Nische ihrer
Lebenswelt das Beste gemacht (oder sogar eine dörfliche Lebenswelt
der engen Bindungen mit einer offeneren Lebenswelt der Groß-
städte eingetauscht) haben.

Die große Welt aber war indes weit weg – die Aufgabe von
Staatsmännern und Außenministern. Doch jetzt ziehen die globalen Verhältnisse auch daheim ein – jeder köstliche Schluck Kaffee
kostet tropische Rodung, das neue Handy treibt Krieg und Gewalt
in Rohstoffländern wie dem Kongo, und nicht nur Waren, sondern
auch Menschen aus aller Welt sind über Grenzen hinweg mobil und
leben jetzt nebenan. Unsere eigene kleine Lebenswelt wird zum Sender wie Empfänger globaler Wirkungen – und wir werden selbst
zum *global player*, freiwillig oder widerwillig, sicher aber: eher ohn-
mächtig als mächtig.

Das Problem der Auswirkungen unseres Handelns, das Problem effektiver global-demokratischer Gestaltungsfähigkeit und
das Problem der Anerkennung: Sie alle münden in die Vertrauensfrage unserer Demokratie. Sie lautet: Ist unter den Bedingungen der
Globalität das demokratische Versprechen selbstbestimmter Gestaltung noch möglich oder schon zur Illusion geworden? Können wir
eigentlich noch selbstbestimmt und souverän einen Unterschied in
der Welt machen? Oder sind wir zum Spielball ökologischer, wirtschaftlicher und sozialer Dynamiken geworden? »*Take back control*«

war ein wichtiges Motto der Brexit-Entscheidung. Es ist zugleich ein Menetekel für alle Demokratien. Das Weltethos-Projekt muss darauf antworten.

II. Antworten auf die Krisen: Demokratie als Lernprogramm der Gestaltungskraft

Das Prinzip und die Perspektive des Weltethos-Projekts in Bezug auf die Krisen der Demokratien sind klarer, als es dessen Positionen und Prioritäten. Das liegt zum einen daran, dass Weltethos kein konkretes Handlungsprogramm, sondern ein Lernprogramm ist. Weltethos ist eine Ausrüstung für Reisende, kein Reiseplan. Als Kompass der Richtungen ersetzt es nicht die Frage an die Einheimischen, wohin bestimmte Straßen führen. Zum anderen gelingt auch Demokratiereform nie alleine am Reißbrett der theoretischen Überlegungen sondern sie braucht DemokratieentwicklerInnen, die mit BürgerInnen suchen, lernen und umsetzen gehen. So wie es zwar wichtig ist, dass viele kluge Leute schon viele kluge Dinge zu den Möglichkeiten transnationaler Demokratie sagen, sie dazu aber letztlich Politiker brauchen, die entsprechende Reformen in der Europäischen Union auch verantworten und umsetzen wollen.

Das weltethische Prinzip ist klar: Der elementare Kern, der Quellcode, die Mutter aller Dinge in der Demokratie ist die Dialogfähigkeit (vgl. dazu den Beitrag von Gohl in diesem Band). Mit *Hans Küng* gesprochen, verbindet Dialogfähigkeit Standpunktfähigkeit und Lernbereitschaft. Mit *Claus Dierksmeie*r gesagt, werden Betroffene damit zu Beteiligten an der Gestaltung ihrer Lebenschancen und Lebenswelten. Mit *Ulrich Hemel* gedacht, wird Dialogfähigkeit zum Lernprogramm des pluralitätsfähigen Identitätslernens (vgl. dazu seinen Beitrag in diesem Band). Wer sich im Dialog über die Probleme der Welt mit anderen verständigt, wer die Konsequenzen des eigenen Handelns in den Rückmeldungen der davon Betroffenen erkennt, der lernt dazu und kann in Verantwortung vor und für andere den eigenen Handlungspfad korrigieren. Insofern das Handeln eines Menschen für ihn selbst zum Ausdruck und Vollzug der eigenen Identität wird, bekräftigt oder korrigiert der Dialog als Lernprozess Stück für Stück, wer wir als soziales Individuum zu sein anstreben. Wo Dialogfähigkeit gelingt, ist sie eine weltethische Antwort auf das Problem der Auswirkungen unseres Handelns und das Problem der Anerkennung der eigenen Identität.

Damit ist auch die weltethische Perspektive auf die Demokratie und ihre Krisen angedeutet: Demokratie ist ein Lernprogramm, das öffentliche Problemverarbeitung und Selbsttransformation der Beteiligten verbindet. Im Fokus auf die Probleme, die uns die Globalität der Verhältnisse aufgibt, nutzt die weltethische Demokratie die Vielfalt der Deutungsressourcen und Ideen aus dem Fundus unterschiedlicher ideeller, politischer, religiöser und kultureller Traditionen. Wir gewinnen zivile und zugleich effektive Handlungs- und Gestaltungsfähigkeit zurück, wo wir die Wirkungen unseres Handelns im Spiegel des Dialogs einzuschätzen und anzupassen lernen. Das ist dann, immerhin, der elementare Mechanismus, mit dem auch das Problem einer effektiven, global-demokratischen Gestaltungsfähigkeit angegangen werden kann.

Als weltethisches Leitbild schlagen wir deshalb die Idee der »lernenden Demokratie« vor. Demokratie ist, sagen die amerikanischen Pragmatisten, ein Rezept zur intelligenten partizipativen Lösung von Problemen, die uns als öffentliche Angelegenheiten zur Beteiligungsgemeinschaft der Betroffenen verbinden. Demokratische Verfahren machen Betroffene zu Beteiligten. Diese können, je nach Verfahren, Probleme benennen, bewerten, kreative Lösungen suchen, darüber entscheiden und an der Umsetzung teilhaben. Demokratie schafft damit eine besondere Form von Wissen: Vorläufiges, angewandtes, schöpferisches, auf Konsens gerichtetes Wissen.

Mit der intelligenten Einbindung von Betroffenen wird die problemverarbeitende Demokratie lernfähig. Das demokratische System sei ein Lernsystem, schrieb der Soziologe *Karl-Otto Hondrich* 2005: »Es lernt durch Versuch, Irrtum und Revision«. Lernende Systeme und Organisationen aber, das zeigt die Forschung am Beispiel von Unternehmen, Parteien und anderen Organisationen, sind besonders leistungs- und widerstandsfähig – genau das, was unser politisches System heute sein muss. Wenn nun Demokratiepolitik die Lernfähigkeit der Demokratie stärkt, dann kann es gelingen, Probleme stetig besser zu verarbeiten und den gegenwärtigen Druck auf Demokratien in einen Schub des Fortschritts umzuwandeln.

III. Demokratiepolitik für die lernende Demokratie: Die weltethische »Agenda D«

Um die Praxis einer lernenden Demokratie zu stärken, bedarf es der »Demokratiepolitik«. Sie ist leider kein populäres Politikfeld. Schon die verstorbene liberale Politikerin *Hildegard Hamm-Brücher*, die diesen Begriff geprägt und darunter die Stärkung der Funktionsfähigkeit, Glaubwürdigkeit und Stabilität demokratischer Prozesse verstanden hatte, wusste um die Schattenexistenz des Politikfeldes in den Parlaments-Parteien. Aber die Zeit ist reif für eine »Agenda D« – eine Agenda der Demokratiepolitik.

Das Weltethos-Projekt wendet sich darum an Demokratinnen und Demokraten in allen Rollen, allerorten, allen Alters, um ein großes Gespräch über unsere Demokratie zu beginnen. Die Welt verändert sich rasant. Niemand weiß genau, was die Zukunft bringt. Aber die Geschichte zeigt, dass wir immer gestaltungsfähig waren, wenn wir aus unseren Erfahrungen gelernt haben. Der Staat ist zwar keine Erziehungsanstalt. Aber Demokratie ist die alltägliche Schule der Politik und des Fortschritts.

Es gehört zu unseren selbstverständlichen Gewissheiten, dass wir nicht alleine sind, sondern aufeinander angewiesen, wenn wir ein gutes Leben in Freiheit führen wollen; dass niemand die ganze Wahrheit gepachtet hat; dass Veränderung Verständigung erfordert; und dass wir uns korrigieren, wenn unser Handeln schlechte Auswirkungen auf Mitwelt, Umwelt und Nachwelt hat. Demokratie heißt aus weltethischer Perspektive, voneinander zu lernen.

Wir stärken die lernende Demokratie als Lebensform, indem wir demokratische Regeln für jede und jeden durchsetzen. Indem wir uns im Alltag, am Arbeitsplatz und online in Neugier und Zuhören üben. Indem wir eine Tageszeitung lesen und Fakten achten. Indem wir nach konkreten Konsequenzen von Ideen fragen, Konflikte als Lerngelegenheiten, Widersprüche als Triebkräfte besserer Lösungen und Dialogfähigkeit als Mutter allen Fortschritts behandeln. Kultivieren wir das Vertrauen, dass auch andere es gut meinen. Fragen wir nicht, wer es besser weiß, sondern wie wir es gemeinsam besser machen.

Parteien sollten ihr Demokratieverständnis prüfen: Streiten sie für Sonderinteressen oder für die besten Ideen für das Gemeinwohl? Versuchen sie, alle zu überzeugen oder nur ihre Wählerinnen und Wähler? Sehen sie diese nur als Steuerzahler, Störenfriede, Sozialfälle oder auch als souveräne Bürger? Und was ist ihre demokratiepolitische Agenda?

ParlamentarierInnen könnten jedes Sitzungsjahr mit einer Aussprache zur Demokratieentwicklung beginnen. Sie könnten einen direkten Gesprächskanal zwischen Parlament und Bürgerschaft etablieren, der die Parteien ergänzt und das Parlament stärkt – etwa über die »Hausparlamente«, die Pulse of Europe nach einem Vorschlag eines der Autoren, *Raban Daniel Fuhrmann*, durchführt. Oder durch per Zufallsauswahl besetzte »Bürgerräte« oder durch die Erweiterung des Petitionsrechts im »Bürgerplenarverfahren«, womit Anliegen der Bürgerschaft wie bei einer Fragestunde im Parlament Platz finden.

Verwaltungen sollten sich als lernende Organisationen begreifen. Sie sollten BürgerInnen als Partner der Problemverarbeitung behandeln. Professionelle Kompetenzen zur Gestaltung von Beteiligungsverfahren als vielfältige Lernprozesse wären ihnen selbstverständlich. Und sie würden mit aufsuchender Beteiligung experimentieren, um von denen zu lernen, die (noch) nicht selbst in die Öffentlichkeit gehen.

Wissenschaftler, Think Tanks und Stiftungen sollten untersuchen, welche Lernpotenziale in direkter Demokratie liegen; und ob

wir nach dem Vorbild der Wirtschaftsweisen nicht einen Sachver-
ständigenrat zur Begutachtung der demokratischen Entwicklung
bräuchten – und wie man sie messen könnte. Und schließlich könnten Redaktionen ihr Angebot an ihre LeserInnen, ZuschauerInnen
oder ZuhörerInnen als Lerngemeinschaften konzipieren.

Unsere lernende Demokratie braucht jetzt Weiterentwicklung
als Lebens- wie als Staatsform: wirksame Konventionen produktiver
Streitkultur, effektive Verfahren der Beteiligung in Politik, Verwaltungen und Organisationen sowie leistungsfähige Institutionen von
der Kommune über Europa bis in die Weltgesellschaft. Wir sind alle
aufgerufen, dafür eine Agenda der Demokratiepolitik zu erarbeiten.
Wer, wenn nicht wir? Wann, wenn nicht jetzt? Und womit, wenn
nicht mit Freude, Ideen und Mut?

Literatur:

Fukuyama, Francis (2019): *Identität. Wie der Verlust der Würde unsere
Demokratie gefährdet*, Hamburg: Hoffmann und Campe.

Hondrich, Karl-Otto (2005): Lob auf den untreuen Wähler. Demokratie als
Versuch und Irrtum, [online] https://www.deutschlandfunkkultur.de/
lob-auf-den-untreuen-waehler.1005.de.html?dram:article_id=157746
[04.07.2019].

Küng, Hans (1990): *Projekt Weltethos*, München/Zürich: Piper.

Rodrik, Dani (2011): *Das Globalisierungs-Paradox*, München: C.H. Beck.

IV. Weltethos für die globale Zivilgesellschaft

Menschenwürde als Ziel und Mittel menschlicher Entwicklung: Der Capability-Ansatz

Hanna Schirovsky

Als der Theologe *Hans Küng* seine Ideen zum *Projekt Weltethos* im gleichnamigen Buch niederschrieb, hatte er die Frage im Fokus, wie ein friedliches Zusammenleben in extrem heterogenen Gesellschaften gelingen kann. Dafür untersuchte er, welche verbindenden und verbindlichen Werte sich in allen großen Weltreligionen finden und welche Maßnahmen nötig sind, um soziale Kohäsion in einer globalisierten Welt angesichts bestehender Divergenzen zu fördern. Küng legt dar, dass die während der Französischen Revolution proklamierten Werte Freiheit, Gleichheit, Brüderlichkeit, ergänzt durch historische »Errungenschaften wie Demokratie, Menschenrechte und Toleranz« (Küng 2012: 23), größere globale Zustimmung und Wirkungskraft entfalten würden, würden sie von »ethischen Werten« und einer Haltung der »Humanität« unterstützt werden. Auch gutes Wirtschaften, wie Küng es im »Manifest Globales Wirtschaftsethos« beschreibt, hat immer den Menschen und die Schaffung der Voraussetzungen für ein würdevolles Leben im Blick (Küng et al. 2010: 155).

Für *Kant*, auf dessen Gedanken auch das Werk von *Claus Dierksmeier*, Direktor des Weltethos-Instituts bis Mai 2018, beruht, stand außer Frage, dass die menschliche Autonomie »der Grund der Würde der menschlichen und jeder vernünftigen Natur« (Kant 2017: 74) ist. Kants Vorstellungen von Autonomie und Menschenwürde auf der Grundlage des Kategorischen Imperativs entsprechen dem Weltethos-Grundsatz nach Küng, dass Menschen menschlich zu behandeln seien und nicht nur als Mittel benutzt und damit zum

Objekt degradiert werden dürfen, um ein bestimmtes Ziel zu erreichen. Eng verbunden mit der Freiheit ist zudem bei Küng wie bei Dierksmeier die Verantwortung. Denn die eigene Freiheit setzt voraus, dass auch allen anderen dieselbe Freiheit zugebilligt wird. Freiheit dient gewissermaßen als Katalysator für die Schaffung der Voraussetzungen eines würdevollen Lebens, für sich selbst und für andere. Zudem ist für Dierksmeier mit der eigenen persönlichen Freiheit die kosmopolitische Aufgabe verbunden, alle anderen Menschen zu befähigen »to live an autonomous life in dignity« (Dierksmeier 2016b: 96).

Die Würde eines Menschen wird für Kant vom Vorhandensein der Fähigkeit bestimmt, sich der eigenen Vernunft zu bedienen und autonome Entscheidungen zu treffen. Sie ist damit an die Fähigkeit und Freiheit zum selbstbestimmten Handeln gekoppelt (Gutmann 2010: 8). Unter selbstbestimmtem Handeln versteht Kant jenes Handeln, das frei ist von äußeren Zwängen. Nur wenn wir aus freien Stücken, im Einklang mit unseren eigenen Überzeugungen und um einer Sache selbst willen handeln, besitzt unser Handeln eine Würde. Dann ist unser Handeln nicht bloß Mittel zum Zweck, wie es der Fall ist, wenn wir etwas tun, um damit ein bestimmtes Ziel zu erreichen, wie zum Beispiel uns die Anerkennung anderer zu sichern oder weil wir dafür bezahlt werden.

Der erste Aspekt, der die Fähigkeit zum auf Vernunft basierten, selbstbestimmten Handeln betrifft, grenzt solche Menschen aus, die aufgrund ihres Entwicklungsstadiums, wie Säuglinge und Kleinkinder, oder aufgrund von Krankheit und Behinderung dazu nicht in der Lage sind. Der zweite Aspekt, nämlich die Voraussetzung, über die Freiheit zu verfügen, selbstbestimmt zu handeln, grenzt zum Beispiel jene aus, die aufgrund ihres legalen Status keine Möglichkeiten der Partizipation haben. Dies ist dann der Fall, wenn Asylbewerberinnen und Asylbewerber nicht an Wahlen teilnehmen dürfen, da sie keine deutsche Staatsbürgerschaft besitzen. Damit befinden sie sich in einer Situation, in der sie nicht über Entscheidungen, die ihren Alltag in Deutschland konkret betreffen, mitentscheiden können. Dieses Problem des Zirkelschlusses ist bereits vielfach diskutiert worden. Für Kant ist jedoch klar, dass nur derjenige Mensch, der beteiligt wird an der Entscheidung, welche Normen gültig sein sollen, auch auf die Einhaltung dieser verpflichtet werden kann (Gutmann 2010: 16).

Laut *Ulrich Hemel*, Direktor des Weltethos-Instituts seit Juni 2018, wohnt jedem Menschen eine kreative Kraft inne, die danach strebt, das eigene Leben zu gestalten (Hemel 2017: 158 ff.). Deshalb müsse, so Hemel, neben den beiden Faktoren »Anlage« und »Umwelt«, welche lange Zeit als alleinig die individuelle Persönlichkeit prägend angesehen wurden, außerdem die »Selbstbildung«, die mehr Prozess denn statischer Faktor ist, als entscheidend für die dynamische Identität des Menschen in Betracht gezogen werden. Selbstbildung kann hier im Sinne des Capability-Ansatzes als die Freiheit zur personalen Entwicklung verstanden werden. Voraussetzung für die Auslebung dieser »Schöpferkraft« ist jedoch ein Gefühl der inneren wie äußeren Sicherheit, denn: »Wer sich sicher fühlt, wagt Neues« (Hemel 2017: 164). Wird dieses Sicherheitsgefühl verletzt, beispielsweise im Rahmen traumatischer Erlebnisse, wie sie Geflüchtete oftmals erfahren mussten, kann dies laut Hemel dazu führen, dass der Einzelne seine eigene Schöpferkraft, also letztlich die Handlungsfähigkeit über das eigene Leben, infrage gestellt sieht, womit eine Inklusion in die Gemeinschaft erschwert oder gar unmöglich wird. Im Hinblick auf Asylbewerberinnen und Asylbewerber ist es deshalb entscheidend, diesen zu vermitteln, dass sie ein Recht auf eine individuelle Identität haben und als gleichwertiges Mitglied der Gemeinschaft betrachtet werden, wozu »sprachliche Verständigung, gemeinsame Aktivitäten und wertschätzende Interaktion« (Hemel 2017: 171) notwendig sind. Denn gerade in Zeiten, in denen allerorten heftig über Migration und Asylrecht diskutiert wird, werden diejenigen, um die es geht, nämlich die Geflüchteten selbst, bislang viel zu selten als aktiv Beteiligte in die Debatte einbezogen.

Im Kontext von Flucht und Asyl gebrauchen wir häufig die Begriffe Autonomie und Agency (›Handlungsfähigkeit‹) als Ausdruck einer über die Wahlfreiheit hinausgehenden Prozessfreiheit eines Menschen. Unter Freiheit wird stattdessen im Kontext von Flucht und Migration oftmals eine ›Freiheit von‹, also eine negative Freiheit, verstanden (Freiheit von Gewalt, Verfolgung, Hunger, Krieg etc.) anstatt die ›Freiheit zu‹ (Redefreiheit, Versammlungsfreiheit etc.), also die positive Formulierung von Freiheit, das zu tun und zu sagen, was dem Individuum wichtig ist. Dies zu untersuchen, strebt der Capability-Ansatz an, den auch das seit Herbst 2016 laufende Forschungsprojekt am Weltethos-Institut Tübingen und an der Hochschule Pforzheim in Kooperation mit dem Institut für Angewandte Wirtschaftsforschung, der sich mit den Verwirklichungschancen von Geflüchteten in Tübingen und in Pforzheim beschäftigt, als konzeptuellen Rahmen heranzieht.

Der Capability-Ansatz, der auch dem Human-Development-Ansatz der Vereinten Nationen zugrunde liegt, untersucht die Verwirklichungschancen von Individuen sowie gesellschaftliche Fragen im Kontext menschlicher Entwicklung. Für *Amartya Sen*, Nobelpreisträger der Wirtschaftswissenschaften und einer der prominentesten Vertreter des Capability-Ansatzes, umfasst menschliche Entwicklung viel mehr als ökonomischen Wohlstand. Ökonomische Ansätze ziehen oftmals Kriterien wie das Bruttoinlandsprodukt eines Landes heran, um den Grad des Wohlstands der Bevölkerung festzulegen. Dies greift nach Sen schon deshalb zu kurz, weil das BIP keine Aussagen über die Verteilung der ökonomischen Mittel macht. Ein weiteres Problem utilitaristischer Ansätze ist, dass sie den für Kant entscheidenden intrinsischen Wert von Rechten und Freiheiten vernachlässigen, indem sie diesen danach beurteilen, ob er einem ökonomischen Zweck untergeordnet werden kann (Volkert 2019: 2). Jedoch ergibt es genauso wenig Sinn, nach der subjektiven Einschätzung des individuellen Grades an ›Glück‹ oder ›Zufriedenheit‹ zu fragen, da Menschen dazu neigen, ihre Erwartungen an ihre jeweilige Lebenssituation anzupassen und gravierende Mängel an Verwirklichungschancen nicht als solche zu benennen, was jedoch zu einem Zerrbild der Realität führt.

Entscheidend ist deshalb die reale Freiheit der Individuen, die Ziele, die der und dem Einzelnen wichtig sind, verfolgen und nach menschlichem Wohlergehen streben zu können (Sen 1999). Dierksmeier benennt als oberstes Ziel des Capability-Ansatzes nach Sen die Schaffung der Voraussetzungen und die Befähigung im Rahmen von Empowerment-Maßnahmen. Dierksmeier prägte den Begriff der »verantwortlichen Freiheit« (Dierksmeier 2016a: 305). Hier laufen die Weltethos-Idee und der Capability-Ansatz zusammen. Auch Sen geht davon aus, dass das Individuum nicht nur im Eigeninteresse, sondern auch, basierend auf eigenen gesellschaftlichen Zielen und Verpflichtungen, sehr wohl politisch und sozial verantwortlich handelt und bei persönlichen Entscheidungen für das, was ihm wichtig ist, auch die Mitmenschen im Blick hat.

Martha Nussbaum, eine weitere Vertreterin des Capability-Ansatzes, zieht die Menschenrechte als Grundlage für die Sicherstellung der Menschenwürde heran. Für *Avishai Margalit* (2012: 50 ff.) greift dies zu kurz. Für ihn steht außer Frage, dass es Gesellschaften gibt, welche die Menschenrechte einhalten und dennoch zumindest einigen ihrer Bürgerinnen und Bürger Demütigungen zufügen, wie es beispielsweise in Form des Ausschlusses vom Wahlrecht der Fall ist. Die formale Gewährleistung der Menschenrechte ist deshalb eine wichtige, wenngleich keine ausreichende Voraussetzung für eine menschenwürdige Gesellschaft, weshalb eine Beschränkung auf die Menschenrechte die Handlungsfreiheit des Individuums, wie sie für den Capability-Ansatz im Vordergrund steht, einzuschränken droht.

Es gibt dennoch gute Gründe, an den Menschenrechten als Mindeststandards für ethisches Verhalten und für ein ›gutes Leben‹ festzuhalten. Eine Untersuchung der Interviews im Rahmen des erwähnten Forschungsprojektes im Hinblick darauf, welche Menschenrechtsverletzungen die Befragten erlebt hatten, ergab Folgendes. Von der Gefährdung der Sicherheit und Unversehrtheit der Befragten aufgrund der in Syrien, Afghanistan und im Irak gültigen Todesstrafe über Zwangsheirat bis hin zur Verfolgung aufgrund der Zugehörigkeit zu einer religiösen Minderheit waren nahezu alle Menschenrechte in irgendeiner Form eingeschränkt. Zusammenfassend lässt sich jedoch sagen, dass das Recht auf Freiheit, Leben und Sicherheit (Artikel 3 Allgemeine Erklärung der Menschenrechte) absolute Priorität für das Wohlergehen und die Existenz von Verwirklichungschancen hat. Schon allein deshalb stellt die Flucht nach Deutschland und damit die Sicherstellung des Schutzes vor Krieg, Gewalt und Terror, einen substanziellen Zugewinn an Verwirklichungschancen für die interviewten Geflüchteten dar, was auch von vielen der Befragten geäußert wird.

Für Sen steht die Frage im Vordergrund, wer bei einer Hierarchisierung der letztlich höchst individuellen menschlichen Bedürfnisse mitspracheberechtigt sein soll. Denn um sicherzugehen, dass die Individuen über die Freiheit verfügen, selbst zu bestimmen, welche Lebensziele sie verwirklichen möchten, müssen diese zuallererst angehört werden. Eine vorhergehende Festlegung auf die Menschenrechte und nur diese allein erinnert an eine die individuelle Menschenwürde verletzende Bevormundung, die den Individuen die Fähigkeit abspricht, selbst für sich definieren zu können, welche Werte und Ziele für ein gutes Leben entscheidend sind und wie diese erreicht werden können (Margalit 2012: 28). Der Capability-Ansatz nach Sen berücksichtigt dagegen Würde, Autonomie und Heterogenität Geflüchteter, indem persönliche Werte, Erfahrungen und Ziele ins Zentrum gerückt werden. Für Sen ist die Möglichkeit der Partizipation zudem Voraussetzung für eine vorteilhafte Inklusion (Volkert 2019: 2).

Der zentrale Grundsatz des Forschungsprojektes war deshalb von Beginn an, nicht über Geflüchtete, sondern mit ihnen zu sprechen. Im Rahmen qualitativer Interviews erhalten die Geflüchteten die Möglichkeit, zu entscheiden, worüber sie sprechen möchten und in welchem Umfang. Weiter wurden die drei syrischen Projektassistentinnen und -assistenten so umfassend theoretisch zum Capability-Ansatz und im Bereich der qualitativen Methoden geschult, dass sie die Interviews ohne die Anwesenheit von Studierenden durchführen können. Dies stellt im Hinblick auf die Qualifizierung und Wertschätzung der Arbeit der Projektassistentinnen und -assistenten sowie methodisch einen entscheidenden Schritt in Richtung Empowerment und Professionalisierung im Sinne des Capability-Ansatzes dar.

Auch für Küng ist der Einbezug des Einzelnen in die ihn betreffenden Diskurse, um die eigenen Werte und Interessen artikulieren zu können, entscheidend für ein friedliches Zusammenleben von Menschen im Sinne des *Projekt Weltethos*. Küng bezieht sich auf *Habermas*, indem er für einen »herrschaftsfreien Diskurs« (Küng 2012: 52) plädiert, dessen Ziel ein »einigender gesellschaftlicher Konsens« sein soll. Darum war es ein Anliegen, die Forschung zu Verwirklichungschancen Geflüchteter durchzuführen, ohne bereits bestehende Machtasymmetrien zu reproduzieren. Das Herstellen eines Gesprächs auf Augenhöhe, das die menschliche Würde unterstreicht und den Befragten eine gleichwertige Stimme im Diskurs darum verschafft, welches Leben in Deutschland für diese wünschenswert wäre, ist das erklärte Projektziel. Sen nennt dieses demokratische Aushandeln, welche Werte uns als Gesellschaft besonders wichtig sind, »government by discussion« (Sen 2000: 80 f.). Eine Komponente des Forschungsprojektes ist also die Möglichkeit für Menschen mit und ohne Fluchthintergrund, sich auszutauschen und mehr voneinander zu erfahren. Die dazugehörigen Seminare sind bewusst interdisziplinär angelegt und beinhalten neben der Vermittlung von Wissen vor allem den Erwerb interkultureller Kompetenzen in Bezug auf Integrationschancen und -herausforderungen von Geflüchteten.

Laut Sen ist es zudem für die Forschenden unerlässlich, neben dem Erörtern dessen, was den Befragten persönlich wichtig ist, auch subjektive Fehleinschätzungen, psychologische Anpassungsprozesse an ungünstige Lebensumstände und bestehende Machtasymmetrien als solche aufzudecken und mit der tatsächlichen Lebenssituation der Befragten in Beziehung zu setzen, um zu einer persönlichen Wertschätzung »und zwar mit guten Gründen« (Sen 2000: 29) zu gelangen. Darum werden im Rahmen der Forschung zu den Verwirklichungschancen Geflüchteter Stakeholder-Interviews geführt, um herauszufinden, ob die Hindernisse und Schwierigkeiten, die von den Geflüchteten als solche benannt werden, womöglich auf unvollständige Informationen, falsche Erwartungen oder auf Resignation, hervorgerufen durch wiederholte Exklusionserfahrungen, zurückzuführen sind. Die Ergebnisse der Befragungen werden veröffentlicht und den beteiligten Geflüchteten, Unternehmen und der Zivilgesellschaft zugänglich gemacht.

Durch das Zusammenführen und Abgleichen der verschiedenen Perspektiven wird die Grundlage für pluralitätsfähiges Begegnungs- und Identitätslernen als zukünftige Aufgabe des *Projekts Weltethos* im 21. Jahrhundert geschaffen. Für die Beteiligten steht neben dem Erkenntnisgewinn durch die Auseinandersetzung mit anderen Individuen und deren Lebensrealitäten (Hemel 1988: 394 ff.) vor allem die Herausforderung im Vordergrund, andere Standpunkte als den eigenen als gleichwertig anzuerkennen (Hemel 2017), was wiederum ein wichtiger Grundpfeiler für ein friedliches Zusammenleben in extrem heterogenen Gemeinschaften ist. Das Ziel einer den Grundsätzen des Capability-Ansatzes verschriebenen Politik muss es sein, ein gutes und würdevolles Leben für alle Menschen zu ermöglichen. So fasst Hemel zusammen: »In the end, we are talking about the ›politics of dignity‹, seen not simply as an individual right but rather as a complex of social and political activities aiming at a ›good and decent life for all of us‹« (Hemel 2019: 113).

Literatur:

Dierksmeier, Claus (2016a): *Qualitative Freiheit. Selbstbestimmung in weltbürgerlicher Verantwortung*, Bielefeld: Transcript Verlag.

Dierksmeier, Claus (2016b): *Reframing Economic Ethics. The Philosophical Foundations of Humanistic Management*, London/New York: Palgrave Macmillan.

Gutmann, Thomas (2010): Würde und Autonomie. Überlegungen zur Kantischen Tradition, in: *Jahrbuch für Wissenschaft und Ethik*, Jg. 15, Nr. 1, 5–32.

Hemel, Ulrich (1988): *Ziele religiöser Erziehung. Beiträge zu einer integrativen Theorie,* Frankfurt/M.: Peter Lang.

Hemel, Ulrich (2017): Heimat und personale Selbstbildung. Eine pädagogische Reflexion, in: Ulrich Hemel und Jürgen Manemann (Hrsg.), *Heimat finden – Heimat erfinden. Politisch-philosophische Perspektiven,* Paderborn: Verlag Wilhelm Fink, 158–173.

Hemel, Ulrich (2019): Politics of Dignity. A Bridge Between Public Theology and Economy, in: *Public Theology Perspectives on Religion and Education,* Routledge: New York, 107–118.

Kant, Immanuel (2017): *Grundlegung zur Metaphysik der Sitten,* hrsg. von Theodor Valentiner, Ditzingen: Reclam.

Küng, Hans (2012): *Handbuch Weltethos. Eine Vision und ihre Umsetzung,* München: Piper.

Küng, Hans, Klaus M. Leisinger und Josef Wieland (2010): *Manifest Globales Wirtschaftsethos. Konsequenzen und Herausforderungen für die Weltwirtschaft. Manifesto Global Economic Ethic. Consequences and Challenges for Global Business,* München: dtv.

Margalit, Avishai (2012): *Politik der Würde,* Berlin: Suhrkamp.

Sen, Amartya (1999): *Development as Freedom,* Oxford: Oxford University Press.

Sen, Amartya (2000): *Ökonomie für den Menschen. Wege zu Gerechtigkeit und Solidarität in der Marktwirtschaft,* München/Wien: Hanser Verlag.

Volkert, Jürgen (2019): Der Capability-Ansatz als konzeptioneller Rahmen zur Analyse der Verwirklichungschancen Geflüchteter, in: Julia Schmidtke und Jürgen Volkert (Hrsg.), *Nicht nur über, auch mit Geflüchteten reden: Verwirklichungschancen (Capabilities), Einschränkungen und Integration aus der Sicht Geflüchteter,* Tübingen: Tübingen University Press (im Erscheinen).

Weltethos und Kommunikation: Über Dialogfähigkeit und Glaubwürdigkeit im öffentlichen Diskurs

Anna Tomfeah

Im Mittelpunkt der Weltethos-Idee stehen Standpunkt- und Dialogfähigkeit als Grundlage für ein friedliches Zusammenleben in Vielfalt. Damit rücken zwei Begriffe aus dem Bereich der Kommunikation ins Zentrum der Frage, wie Zivilgesellschaft zukunftsfähig gestaltet werden kann. Bereits die antike Rhetorik stellt die Beziehung von Zusammenleben- und Miteinander-Reden-Können in den Mittelpunkt ihres Interesses. Hierzu untersucht sie Bedingungen, Formen und Möglichkeiten von Überzeugungsprozessen, ebenso wie die inhärenten ethischen Fragestellungen, die öffentliches Kommunizieren notwendig aufwirft: Wer verdient unser Vertrauen in einer Welt vielfältiger Perspektiven? Wer kommuniziert rein zweckgebunden, und wer handelt, wie er spricht? Wie kann eine Meinung soziale Geltung erhalten – kurzum: wie gelingt Überzeugung? *Aristoteles* stellt hierzu fest, dass dem »Ethos« neben vernünftigen Argumenten (*logos*) oder gefühlsbetonten Sprachbildern (*pathos*) fast die bedeutendste Überzeugungskraft zuzurechnen ist, da sie den Redner »glaubwürdig erscheinen lässt« (Arist. Rhet. I,2; übers. n. Krapinger). In der zweitausendjährigen Geschichte der Rhetorik als empirische Wissenschaft wirkungsorientierter Kommunikation (Kramer 2008: 247) hat die Bedeutung von Ethos als zentraler Kategorie der Glaubwürdigkeit für öffentliche Kommunikation seit Aristoteles zwar abgenommen – aber vieles weist darauf hin, dass ihr Comeback bevorsteht.

Durch kommunikative Prozesse vermitteln wir Bedeutung, Strukturen, Haltungen, reduzieren Komplexität und werden so überhaupt erst sinnhaft handlungsfähig (Diaz-Bone und Krell 2015: 53). Rhetorische Kommunikation ist aber auch das Ringen um Deutungshoheiten, um Anerkennung, um Mehrheiten auf dem Marktplatz der Meinungen. Wo nicht Gewalt und Unterdrückung den gesellschaftlichen Orientierungsrahmen bilden sollen, ist kommunikative Strukturierung – meist im Medium der Sprache – entscheidend. Ohne sie ist an die Gestaltung von humaner Gemeinschaft nicht zu denken. Mit diesem Beitrag sollen daher beispielhaft einige solcher Strukturierungen im öffentlichen Diskurs hinsichtlich ihrer Dialogfähigkeit und Glaubwürdigkeit reflektiert werden. Welche Herausforderungen stellt dabei das »digitale Zeitalter«? Wie kann konstruktiver Austausch möglich bleiben bzw. überhaupt erst möglich werden? Kurzum: Welche Kommunikationskultur kann zur Grundlage für Weltethos werden?

Öffentlichkeit und Gegenöffentlichkeit im digitalen Zeitalter

Feststeht: Unsere gesellschaftlichen Diskurse haben sich verändert. Eine durch das Internet dominierte, partizipative Kommunikationskultur löst zunehmend die Diskurshoheit klassischer Massenmedien (Buch, Radio, Zeitung, Fernsehen) ab. Auf YouTube, in sozialen Medien und Blogs, durch Online-Petitionen und Ähnliches besteht die Möglichkeit, aktiv Gegenöffentlichkeit zu erzeugen und Aufmerksamkeit für alternative Meinungen, Desinformationen oder marginalisierte Auffassungen zu erlangen (Fromme, Kiefer und Holze 2016: 3). Digitale Kommunikationsformen haben zudem Auswirkungen darauf, wie wir miteinander kommunizieren. Sie erleichtern Dialog zwar durch zeitliche und örtliche Ungebundenheit, erschweren aber den Kontakt mit menschlichen Befindlichkeiten. Dies führt in sozialen Medien häufig zu einer Enthemmung: Shitstorms, Hate Speech und Cyber Mobbing sind die Konsequenz. Hinzu treten in der digitalen Transformation auch algorithmische Akteure, die durch Fake News, Deep Fakes und Bot-Kommunikation öffentliche Diskurse mitgestalten. Obwohl das Ausmaß und die Wirkungsweise dieser kommunikativen Formen bisher zwar nur in groben Zügen zu erkennen sind, hat das Grundvertrauen in unsere Kommunikationskultur bereits spürbar gelitten. Die Kategorie des Ethos erweist sich hier als aufschlussreich: Vertrauenswürdige Kommunikation bedarf der Orientierung an gemeinschaftlichen Werten und Prinzipien. Es ist gerade die Frage der Vertrauenswürdigkeit als Grundproblem jeder Kommunikation, die Aristoteles mit der Vorstellung eines Ethos zu beantworten sucht. *Ethos heißt: Ein ausreichendes Zur-Deckung-Kommen von Haltung, Handlung und Kommunikation.* Dies ist die Grundlage für Glaubwürdigkeit. Ohne eine solche Deckung wird jede Rückbindung von Kommunikation an gemeinschaftliche Werte und Prinzipien früher oder später zur Farce. Das Ethos bildet die Summe der Fähigkeiten von Einzelnen, sich trotz Differenz am »Gemeinsamen« zu orientieren. Ein Mangel an hierzu erforderlichen kommunikativen Fähigkeiten lässt sich an der öffentlichen Kommunikation von Volkswagen im Rahmen der »Diesel-Affäre« symptomatisch illustrieren.

Image, Ethos und Dialogfähigkeit in der Wirtschaftskommunikation

Skandale sind Ernstfälle öffentlicher Kommunikation. Im Rahmen der millionenschweren »Clean-Diesel«-Kampagne für den US-amerikanischen Markt setzte der Verband deutscher Automobilhersteller offensiv auf die Attribute »umweltfreundlich« und »sparsam«. Besonders auffällig war, dass dabei ein Wandel des Bildes vom Diesel-Fahrzeug in den Mittelpunkt gerückt wurde: Nicht länger eine ernst zu nehmende Gefahr für Mensch und Umwelt, sondern eine zukunftsfähige, ökologisch unbedenkliche und auch noch preiswerte Fahrzeug-Option. Studien zur verminderten Abgasbelastung neuer Diesel-Generationen schienen diesen Wandel (zumindest teilweise) zu rechtfertigen. Nachdem sich herausstellte, dass diese Studien durch systematische Manipulation gefälscht waren, offenbarte die Kommunikationspraxis der Automobilhersteller eklatante Fehleinschätzungen der kommunikativen Erfordernisse. Wiederholte Dementierungen, Ablenkung auf Nebenschauplätze, geringes Empathievermögen: Nichts weist darauf hin, dass wirklich verstanden wurde, dass es von nun an um Vertrauenswürdigkeit als Kommunikatoren, weniger um das Image als Autohersteller ging. Besonders deutlich trat dabei eine an der Logik von PR- und Werbeagenturen sowie Marketing-ExpertInnen geschulte Verkürzung des Ethos auf »Image« hervor. Während Ethos auf die langfristige Einbindung in soziale Prozesse zielt und sich im Handeln widerspiegelt, bleibt das Image eine zweckgebundene Größe, die dem Motiv folgt, durch erfolgreiche Kommunikation wirtschaftliche Erträge zu erhöhen. Wie der Fall von VW deutlich macht, standen Erwägungen hinsichtlich der eigenen Glaubwürdigkeit als Kommunikator hinten an. Soziale Rückbindung wurde nur relativ zum eigentlichen, wirtschaftlichen Zweck praktiziert und nicht als Eigenwert begriffen. Außer Acht gelassen wurde dabei augenscheinlich das mittel- und langfristige wirtschaftliche Potenzial einer Kommunikationskultur, welche Orientierung an gemeinschaftlichen Werten und Prinzipien integriert. Anders formuliert: Das wirtschaftliche Potenzial einer Ethos-gebundenen Kommunikationskultur blieb ungenutzt. Die Diesel-Kampagne des Verbands der deutschen Automobilindustrie war von vornherein so konzipiert, dass ein Zur-Deckung-Kommen von Haltung, Handlung und Kommunikation ausgeschlossen blieb – verhindert durch die unüberbrückbare Kluft zwischen gezinkten Abgasuntersuchungen und dem Bild eines »sauberen« Diesels. Hier gegenzusteuern, hätte einen Akt kommunikativer Weitsicht erfordert, ein Fehler-Eingeständnis direkt nach dem Skandal. Allein der Kontakt mit den Meinungen und Befindlichkeiten von Betroffenen hätte über die Unangemessenheit der gewählten – letztlich ausweichenden – Mittel informieren können. Doch ein solcher Kontakt setzt eine entscheidende kommunikative Handlungsbereitschaft voraus, die hier als grundlegende Fähigkeit des Ethos in den Blick gerät: die »Dialogfähigkeit«.

Dialog ist diejenige kommunikative Fähigkeit, die trotz aller unüberbrückbaren Unterschiede zwischen Sender und Empfänger (wird hier als Begriffsinstrument der Kommunikationswissenschaften ohne gendersensible Sprache verwendet) den Kontakt zu letztlich geteilten Lebenswirklichkeiten zum integralen Bestandteil gelungener Kommunikation macht. Dies gilt selbst – und gerade – für strategische Kommunikation. Wirklich erfolgreich ist eine Kampagne, dialogisch gedacht, genau dann, wenn über ihren Zweck nicht ihre soziale Einbettung aus dem Blick gerät. Anders formuliert: Wenn sie nicht lediglich Gewinne, sondern auch ihre Dialogfähigkeit und damit ihre Vertrauenswürdigkeit steigert. *Vertrauenswürdig ist, wer das Gemeinsame achtet.* Hierzu muss das Gemeinsame als Selbstzweck angesetzt werden, es darf nicht als reines Mittel für andere Zwecke genutzt, es darf nicht instrumentalisiert werden. Eine dialogische Kommunikationskultur steht für einen nicht instrumentellen Umgang mit dem Gemeinsamen ein. Besonders Fehler eröffnen in dieser Perspektive die Möglichkeit, sich durch deren Kommunikation wieder in den Horizont des Gemeinsamen einzuschreiben und sich konsequent der »Beziehungsdimension« (Bentele 1998: 306) zwischen Sender und Empfänger zu stellen.

Simulation vs. Kontaktfähigkeit – Über (Un-)Glaubwürdigkeit in politischer Kommunikation

Nehmen wir ein weiteres Beispiel: Politik. Das wachsende Bedürfnis nach einer politischen Kommunikationskultur, die es vermag, eine reale Rückbindung an die kulturelle und ökonomische Situation ihrer Bürgerinnen und Bürger zu ermöglichen, ebnet den Weg für das populistische Erfolgsmodell. Ganz gleich ob in Indien mit *Narendra Modi*, mit *Bolsonaro* in Brasilien, *Netanjahu* in Israel, *Trump* in den USA, *Orban* in Ungarn, *Putin* in Russland oder *Erdogan* in der Türkei: Sie alle sind erklärte Nationalisten, die sich auf das Gemeinsame schlechthin berufen, den Willen des »Volkes«. Bevor jedoch ein »Volk« als Gemeinsames in Anspruch genommen werden kann, wird es konstruiert, so, dass Empfänger »vermeinen, es entdeckt zu haben« (Nietzsche 1999: 498). Kommunikativ gewendet: Ethos wird

Image. Das Ergebnis ist der Zusammenbruch der Spannung zwischen Zweck- und Rückgebundenheit. Der Sender konstruiert sich selbst ebenso wie den Empfänger, den er behauptet vorzufinden. Eine vertrauenswürdige Rückbindung an ein Gemeinsames, das eigens konstruiert wurde, führt die Idee der Rückbindung *ad absurdum*. Verstärkt wird diese Dynamik durch die Reduktion von Komplexität auf sehr einfache, gegensätzliche kommunikative Strukturierungen (wir/die, fremd/eigen, innen/außen etc.), welche emotional aufgeladen werden und gleichzeitig so vage bleiben, dass sich ausreichend viele Menschen potenziell mit ihnen identifizieren können.

Dieses Problem läuft quer zu allen politischen Lagern: Wird beispielsweise die Vorstellung eines »Weltbürgertums« als Orientierung am Gemeinsamen präsentiert, so besteht auch hier die Gefahr, dass dieser vorgebliche Ethos letztlich ein Image bleibt, das den Kredit am Gemeinsamen überzieht und sich so gleichfalls als Konstruktion erweist. Dieser kommunikative Kontaktverlust resultiert in einer Erosion unserer Dialogfähigkeit: Wir meinen, den anderen in seiner Andersheit schon zu erreichen, obwohl wir ihn doch selbst konstruieren – an echten Dialog ist nicht zu denken. *Auch die »gute« Weltanschauung garantiert mitnichten die Fähigkeit zum Dialog.* Im Gegenteil, oft suggerieren moralische Weltanschauungen starke Gründe, sich selbst nicht zur Disposition stellen zu müssen. Vor Kommunikationskulturen, die ihre Dialogfähigkeit größtenteils simulieren ist niemand gefeit. Dabei steht viel auf dem Spiel: Gesellschaftlicher Zusammenhalt kann nicht gedeihen, wo Identität nicht zum Anschlussangebot, sondern zum Ausschlusskriterium für Andersheit wird. Ethos gerinnt als lebendige, im Kontakt geschöpfte Berufung auf Gemeinsames, zu einem Image, das zweckgebunden bleibt und die »Beziehungsdimension« zwischen Sender und Empfänger nicht als Eigenwert ansetzt.

Angesichts der zu bewältigenden globalen Herausforderungen im 21. Jahrhundert wird diese Beziehungsdimension nun wieder vermehrt eingefordert, besonders vehement von den jüngeren Generationen »Y« und »Z«. Diese sind zwar zahlenmäßig in der Minderheit, bestimmen aber mit ihren »Digital Natives« jene Diskurse, mit denen sich etablierte Politik und Unternehmen zunehmend konfrontiert sehen. Das Comeback der aristotelischen Kategorie wird also notwendigerweise mit der Bereitschaft zum Dialog auf Augenhöhe einhergehen müssen, in dem Haltung, Handlung und Kommunikation an die Gemeinschaft zurück und in sie eingebunden ist. *Ethos für nachhaltige Überzeugungsprozesse geltend zu machen, bedeutet, rein imageorientierter Kommunikation eine klare Absage zu erteilen.* Da der Vertrauensvorschuss in öffentliche Kommunikation in Europa schwindet (ECM und Bertelsmann Studien 2019), ist höchste Eile geboten, diese Einsicht nicht wieder in neue Formen der Imagebildung zu überführen – *greenwashing, whitewashing, bluewashing* –, sondern tatsächlich Kommunikationskulturen zu entwickeln, die Dialogfähigkeit nicht simulieren, sondern als eigenständigen Maßstab erfolgreicher Kommunikation integrieren. Ein wichtiger Schritt hierbei ist das Erlernen einer neuen Fehlerkultur, in welcher nicht das gelungene imageorientierte »Vertuschen« zum Gradmesser gelungener Kommunikation wird, sondern das glaubwürdige Eingeständnis unterlaufener Widersprüchlichkeiten und Fehleinschätzungen. Glaubwürdigkeit im Ethos wird so zur *conditio sine qua non* politischer wie ökonomischer Kommunikationsstrategien. Die Werte und Prinzipien des Projekts Weltethos stiften hierfür wertvolle Orientierung. Anzuvisieren ist daher ein Lernprogramm, eine kontextsensible Reflexion über kommunikative Reflexe im Miteinander unterschiedlicher Weltanschauungen. Das erfordert Kommunikationsformen, die sich an den Werten der Fairness, der Wahrhaftigkeit und der Solidarität orientieren. Diese Aufgabe steht uns bevor: wieder und wieder herauszufinden, was dialogfähiges Ethos in gegenwärtigen gesellschaftlichen Zusammenhängen weltweit zu leisten imstande ist.

Literatur:

Aristoteles (übers. von Krapinger, Gernot) (1999): *Rhetorik*, Stuttgart: Reclam.

Bentele, Günther (1998): Vertrauen/Glaubwürdigkeit, in: Otfried Jarren, Ulrich Sarcinelli und Ulrich Saxer (Hrsg.), *Politische Kommunikation in der demokratischen Gesellschaft*, Opladen/Wiesbaden: VS Verlag, 305–311.

Bertelsmann Stiftung (2019): Schwindendes Vertrauen in Politik und Parteien, [online] https://www.bertelsmann-stiftung.de/fileadmin/files/Projekte/ Gesellschaftlicher_Zusammenhalt/ST-LW_Studie_Schwindendes_ Vertrauen_in_Politik_und_Parteien_2019.pdf [21.06.2019].

Deppert, Wolfgang (2019): *Theorie der Wissenschaft. Band 2. Das Werden der Wissenschaft*, Wiesbaden: VS Verlag.

Diaz-Bone, Rainer und Gertraude Krell (2015): *Diskurs und Ökonomie. Diskursanalytische Perspektiven auf Märkte und Organisationen*, Wiesbaden: VS Verlag.

European Communication Monitor (2019): Exploration of Trust in the Profession. Transparency, Artificial Intelligence and New Content Strategies. Results of a Survey in 46 Countries, [online] http://www. communicationmonitor.eu/ [23. Juni 2019].

Fromme, Johannes, Florian Kiefer und Jens Holze (2016): *Mediale Diskurse, Kampagnen, Öffentlichkeiten*, Wiesbaden: VS Verlag.

Fürst, Silke (2013): The Audience is the Message. Werbendes und umworbenes Publikum, in: Ulrike Röttger, Volker Gehrau und Joachim Preusse (Hrsg.), *Strategische Kommunikation – Umrisse und Perspektiven eines Forschungsfeldes*, Wiesbaden: VS Verlag, 273–302.

Knape, Joachim (2012): Image, Prestige, Reputation und das Ethos in der aristotelischen Rhetorik, in: Birgit Christiansen und Ulrich Thaler (Hrsg.), *Ansehenssache, Formen von Prestige in Kulturen des Altertums*, München: Herbert Utz Verlag.

Kramer, Olaf (2008): Der Reiz des Einfachen. Zur Rhetorik und Ästhetik des Web 2.0, in: Gesche Joost und Arne Scheuermann (Hrsg.), *Design als Rhetorik. Grundlagen, Positionen, Fallstudien*, Basel: Birkhäuser, 247–257.

Nietzsche, Friedrich (1999): *Morgenröte / Idyllen aus Messina / Die fröhliche Wissenschaft*, Giorgio Colli (Hrsg.), München: dtv.

Lernen für WeltbürgerInnen: Die Lernphilosophie der World Citizen School

Michael Wihlenda

Lern-(R)evolution: Story of Change

Lernen für WeltbürgerInnen bedeutet in der World Citizen School »*Act. Learn. Change. – Durch gemeinsames Handeln lernen, die Welt zum Besseren zu verändern*«.

Weg vom individualistischen Lernen …

Der WCS-Bildungsansatz bewegt sich weg von Menschenbildern und Eigenheiten individualistischen Lernens, wie sie beispielsweise im düsteren Bild eines neoliberalen Bildungssystems gezeichnet werden: Die ein solches System manifestierenden Bildungsinstitutionen sind geprägt vom Verfolgen eigener Interessen der Individuen, vom Streben nach Macht und einer reinen Wettbewerbslogik unter Studierenden, Lehrpersonal sowie zwischen den Institutionen. Sie *disziplinieren* Studierende, entsprechend den (vermeintlichen) Bedürfnissen zukünftiger ArbeitgeberInnen zu lernen. Studierende lernen egozentristisch in *Echokammern*, in denen sie sich selbst der oder die Nächste sind. In fremdbestimmter, disziplinierter Eintönigkeit sind Studierende entkoppelt von gemeinschaftlichen Aktivitäten und zugleich geködert von einem abstrakten Belohnungssystem, z. B. in Form von Noten oder dem Versprechen eines guten Lohns. Zusammengefasst lässt sich konstatieren: Eine neoliberale Bildungsinstitution unterstützt – ausgehend von einem gedanklichen, ökonomischen Zentrum – eine individualistische Marktgesellschaft als höchste Form der Zivilisation, in der *quantitatives*, messbares Denken vorherrscht und *qualitatives* Selbstdenken nicht gefördert wird.

Ein solches schwarz-weiß gezeichnetes Bild, das sich aus zahlreichen Kritiken am ökonomistischen, libertären, neoklassischen und neoliberalen Denken zusammensetzt, lässt sich in dieser Radikalität in Realität nirgendwo finden. Aus einer kritischen pädagogischen Haltung heraus dient diese düstere Welt zugleich als dialektischer Gegenpart dessen, was die WCS beabsichtigt zu bewirken. Dem Grundgedanken des Individualismus, sprich die Würde und Einzigartigkeit eines jeden Menschen, widerspricht der Bildungsansatz dabei keineswegs. Jedoch stellt die WCS das Individuum konsequent ins Zentrum sozialer Gebilde, in denen die menschliche Einzigartigkeit sich entfalten und das Bedürfnis nach Gegenseitigkeit und Zugehörigkeit seinen Halt findet. Die WCS betrachtet das Individuum entsprechend nie losgelöst vom sozialen Kontext und dem notwendigen dialogischen Prozess mit der Mit-, Um- und Nachwelt im Bildungsprozess des Selbst. Diesen Prozess versteht die WCS als offenes Identitätslernen, das im sozialen Lernen des Engagements Ausdruck findet.

… über das soziale Lernen im freiwilligen Engagement …

Der Gegenspieler des Individualismus ist der Kollektivismus. Diesem wird oftmals ein System von Werten und Normen zugeschrieben, welches dem Wohlergehen des Kollektivs höchsten Rang gewährt. In diesem System soll das Individuum seine Interessen denen der Gruppe unterordnen. Im Licht dieser gegensätzlichen Pole erscheint das soziale Lernen des Individuums, das Lernen in Gemeinschaft, im Kontext selbstbestimmten, freiwilligen Engagements auf besondere Weise vermittelnd.

Soziales Lernen als Konzept wird vornehmlich in den Erziehungswissenschaften, der Psychologie und der Sozialpädagogik aufgegriffen. Der Erwerb sozialer und emotionaler Kompetenz vollzieht sich demnach vor allem in Gruppenstrukturen. Soziale und emotionale Kompetenz bilden die Basis für ein erfülltes Leben in einer offenen Gesellschaft. Es fördert Beziehungs- und Beteiligungskultur und schafft im Idealfall ein ausgewogenes Verhältnis zwischen Selbst-, Sozial- und Sachkompetenz der Studierenden.

In der Praxis des freiwilligen Engagements machen Studierende die Erfahrung, selbstbestimmt, als einzelne Mitglieder in offenen Gemeinschaften von- und miteinander auf Augenhöhe lernen zu können.

Die WCS versteht Engagement-Gemeinschaften als Communities of Practice und offene Lerngemeinschaften. Das sind »Gruppen von Menschen […], die ein Anliegen oder eine Leidenschaft für etwas haben, was sie tun und lernen, wie man es besser macht, indem sie regelmäßig interagieren« (Wenger und Wenger-Trayner 2015: 1).

In typischerweise meist interdisziplinären Teams entsteht interdisziplinärer Austausch. Fremdbestimmtes, individualistisches Lernen wird durch selbstbestimmtes, soziales und moralisches Lernen ersetzt. Echtes Feedback erhalten die Studierenden aus ihrer Lebenswelt von den Menschen, die von ihren Aktivitäten und Angeboten betroffen sind und an die sie sich explizit damit richten. Abseits klassischer Notengebung werden Erfolgskriterien auf Augenhöhe ausgehandelt. Anerkennung erhalten sie für ihre Beiträge zur Gruppe und von den Menschen, an die sie ihre Angebote richten.

… hin zum sozialen Lernsystem für sozial-innovative Lerngemeinschaften.

Die WCS bildet in ihrer Gesamtheit ein *Lernsystem* für *sozial-innovatives Lernen* im Sinne eines didaktischen Betriebssystems bestehend aus zahlreichen Lerngemeinschaften und unterschiedlichen Anwendungsprogrammen. Die Engagierten lernen in ihren Projektteams, Initiativen bzw. in der offenen Community aller Gemeinschaften sowie im Austausch mit zahlreichen Akteuren, denen sie in ihrem Engagement begegnen.

Die WCS organisiert ein von Pluralität der Themen sowie vielfältigen gesellschaftlichen und organisationalen Herausforderungen geprägtes Unterstützungssystem, in dem auf unterschiedlichste Weise Neues entsteht. Stetiges Ziel dabei ist das *gegenseitige Empowerment.* Die vielen Lerngemeinschaften weisen selbst systemische Eigenschaften auf: Sie besitzen eine Struktur, komplexe Beziehungen, sind geprägt von Selbstorganisation sowie der ständigen Aushandlung von Identität und kultureller Bedeutung gemeinsamer Aktivitäten. Sie sind dabei nicht isoliert und gehören wiederum zu umfassenderen sozialen Systemen und sind, wie die WCS als Ganzes, selbst Teil weiterer Gemeinschaften wie z. B. der Universitätsgemeinschaft, der Studierendenschaft im Besonderen, aber auch der Stadtgesellschaft sowie der Idee einer globalen Zivilgesellschaft.

Lernphilosophie: WCS-Identitäts-Lernen als Lernspirale

Die Lernphilosophie der WCS gründet im humanistischen Bildungsideal. Eine humanistische Pädagogik ist grundsätzlich von der Einstellung und Praxis geprägt, den Aspekten der Freiheit, der Wertschätzung, der Würde, der Mündigkeit, der Emanzipation, der Selbstbestimmung und der Integrität von Personen besonders große Beachtung beizumessen.

Im gegenseitigen, dialogischen Empowerment-Prozess des WCS-Lernsystems sollen die Studierenden befähigt werden bzw. sich selbst dazu befähigen, ihre personale Identität im Ideal weltbürgerlicher, kritischer und ethischer Urteils- und Gestaltungskraft auszubilden.

Unter *World Citizen School Education* versteht die WCS einen Bildungsansatz und Denkrahmen, der die bestehenden Bildungskonzepte der Global Citizenship Education (politische Bildung im globalen Maßstab; Bildung für Nachhaltige Entwicklung) und Social Innovation Education (Förderung sozialunternehmerischen Denkens und Handelns) miteinander kombiniert und didaktisch den *weltethischen Dialog* um gemeinsame Werte, Ziele und Visionen entfaltet. Bildlich und idealtypisch gesprochen durchläuft das Individuum in pluralen Gemeinschaften einen lebenslangen, spiralförmigen Prozess erfahrungsbasierten Lernens, in dem es sich selbst erkennt und bildet. Der weltbürgerlichen Identität kommt dabei eine besondere Bedeutung zu. Diese verwirklicht sich, so unsere Annahme, besonders gut in der gegenseitigen Unterstützung in offenen, pluralen Gemeinschaften, in der gemeinsamen Suche nach sowie durch die Gestaltung von Lösungen für Probleme unserer Welt. Die *pragmatistische Ethik* des Welt-Entdeckens, Welt-Gestaltens und der Entwicklung weltethischer Haltung in Form forschenden, problem- und projektbasierten Lernens bildet den *didaktischen Wegweiser*. Die *Weltethos-Werte* dienen pragmatisch als *vertrauensschöpfender Gesprächsanfang* für den fortlaufenden Dialog auf persönlicher, Team-, Organisations- und global-gesellschaftlicher Ebene im Sinne eines Lernprogramms für die Weltgesellschaft. Das ethische Koordinatensystem der Weltethos-Werte fördert Vertrauen zwischen der *Ich-Welt* des Individuums und der *Wir-Welt* der Gemeinschaft(en). Die selbstorganisierten Lerngemeinschaften bilden den *Lernort*. Eine starke globale Zivilgesellschaft, geleitet vom *Weltethos als Idee qualitativer Freiheit* zur Entwicklung eines *guten Lebens zum Wohl aller,* bildet den *Zielhorizont* (vgl. das Kapitel zur qualitativen Freiheit von Prof. Dierksmeier in diesem Band).

Studierende lernen im Ausgangspunkt ihrer Individualität (Ich-Welt) durch Mitbestimmung und Mitgestaltung der sozialen Gebilde der Wir-Welt Verantwortung für sich und andere Personen, Teams und Organisationen zu übernehmen. Umgekehrt befördert das WCS-Lernsystem idealerweise die Entwicklung einer solchen Wir-Welt, die ihrerseits der Verantwortung zur menschlichen Entwicklung eines(r) jeden einzelnen WeltbürgerIn gerecht wird. Beide Welten, die Ich- und die Wir-Welt, zusammen und im Ideal, *empowern sich gegenseitig* zur Verwirklichung des Wohls aller im Sinne des *Weltethos als qualitative Freiheit.*

Als Teil des Weltethos-Lernprogramms trägt die fortlaufende wissenschaftliche Evaluation der angewandten Lernphilosophie sowie die der Lerninstitution World Citizen School (vgl. das Kapitel von Wihlenda in diesem Band) zur Etablierung transformierenden Lernens in Wissenschaft, Wirtschaft, Politik, (Hoch-)Schulen und Gesellschaft bei. Mit dem jährlich im Herbst stattfindenden Kolloquium *Transformierende Lehre* lädt das Institut (Bildungs-)WissenschaftlerInnen und (Bildungs-)PraktikerInnen zum kollegialen Austausch aus dem weiten Feld gesellschaftlicher Transformationsbildung.

Literatur:

Wenger, Etienne und Beverly Wenger-Trayner (2015): Communities of Practice. A brief Introduction, [online] https://wenger-trayner.com/introduction-to-communities-of-practice/ [18.07.2019].

Lerninstitution für WeltbürgerInnen: Das World-Citizen-School-»Betriebssystem«

Michael Wihlenda

Einführung

Im Selbstverständnis und dem eigenen Anspruch als *lernende, welt-ethische Organisation* verfolgt die WCS die Vision, dass alle Menschen gemeinsam *im Dialog* lernen, ihre Fähigkeiten für eine friedlichere, gerechtere und nachhaltigere Welt einzusetzen. Die WCS eröffnet engagierten Studierenden einen *freien Lernraum*, um selbstverantwortlich von- und miteinander werteorientiert zu lernen. Durch gemeinsames Handeln lernen Studierende das eigene Selbst zu entwickeln und die gemeinsame Welt zum Besseren zu verändern.

Um dies zu erreichen, fungiert die WCS als

I. *Gastgeberin* und *Verband* im Sinne einer anwaltlichen Stimme (Advocacy) für gemeinwohlorientierte studentische Initiativen und Start-ups (WCS-Community)
II. *Verstärkerin* der Sichtbarkeit und der effizienteren Selbstorganisation der Engagierten
III. *Stifterin* weltbürgerlicher Identität
IV. *Gestalterin* einer globalen Zivilgesellschaft
V. *Transformatorin* individualistischer, »lehrender« Bildungsinstitutionen hin zu neuen, »fördernden«, auf Dialog basierenden Lernkulturen und Institutionen.

Heute zählt die WCS am Standort Tübingen über 300 engagierte Studierende aus über 30 studentischen Initiativen und Social Start-ups, die jedes Semester von- und miteinander lernen, Kooperationen schließen und gemeinsam Projekte starten. Die studentischen Teams bilden den Ausgangspunkt, den Lernort und damit das Herz der WCS-Lernphilosophie. Diese drückt sich aus durch das gemeinsame Versprechen: *Act. Learn. Change. – Durch gemeinsames Handeln lernen, die Welt zum Besseren zu verändern.* Die Studierenden werden befähigt bzw. befähigen sich selbst, gesellschaftliche Verantwortung zu übernehmen und gemäß ihren eigenen Interessen weiterzubilden. Die selbstorganisierten Bildungsaktivitäten werden *von unten* – durch Eigeninitiative und intrinsische Motivation der Engagierten – in die Lehr- und Forschungsaktivitäten der Universität integriert.

Auch die Fachthemen, über welche die WCS die Öffentlichkeit informiert und zugleich die Mitglieder stärkt, sind *von unten* aus dem gemeinsamen Ziel der Gemeinwohlorientierung und der Mitgliederstruktur gewachsen. Dazu zählen: *Menschenrechte, Demokratie, Nachhaltige Entwicklung, Chancengerechtigkeit, Entwicklungszusammenarbeit, Wirtschaftsethik und interkulturelles Lernen.*

Die größte Herausforderung studentischer Initiativen und ihrer gesellschaftlichen Wirksamkeit ist in der Regel die hohe Mitglieder- und Wissensfluktuation.

Die institutionelle Verankerung des freiwilligen Engagements durch die WCS und das damit gewährleistete Wissensnetzwerk und *Gedächtnis* ermöglicht einen nachhaltigen Wissenstransfer zwischen den Engagierten, den Studierendengenerationen und den HochschulmitarbeiterInnen.

Die WCS stellt ein umfangreiches Unterstützungssystem für die Mitglieder zur Verfügung, bestehend aus der Moderation des Netzwerks, Kommunikationsarbeit, persönlichem Organisationscoaching und zahlreichen Workshops. Engagement wird leichter umsetzbar. Studierende erwerben gesellschafts- und arbeitsmarktrelevante Kompetenzen gleichermaßen. Die Wirkung des persönlichen Engagements und das der Gruppe wird erhöht. Die WCS macht in diesem Sinne fit für die gemeinsame Welt von morgen im Ideal des *Wohls aller.*

Analog zu einem digitalen Betriebssystem bilden die einzelnen Anwendungsbereiche in ihrer Gesamtheit das Betriebs- und Lernsystem der WCS, bestehend aus:

I. *Selbstbildungsaktivitäten* der Mitgliedsinitiativen (repräsentiert im Engagement-Kalender)
II. *WCS-Community* als transformierendes, sozial-innovatives Lernumfeld
III. *WCS-Social-Innovation-Programm* als Verstärker zukunftsfähiger Kompetenzen
IV. *WCS-Teams und internes Lernprogramm* zur mitgestaltenden (studentischen Selbst-) Governance der WCS

Die selbst entwickelte *Social-Innovation-Education-Toolbox (SIE-T)* bildet den didaktischen Kern zur Orchestrierung des gesamten WCS-Betriebssystems.

Das WCS-Betriebssystem

Didaktischer Kern: Die Social-Innovation-Education-Toolbox (SIE-T)
Das Organisieren und Management von Projekten, Organisationen und Unternehmen wird oftmals schnell zu einem unübersichtlichen und komplexen Unterfangen. Organisieren ist eine Kunstfertigkeit und das Orchestrieren einer komplexen Organisation eine ganz besondere. In professionell geführten Organisationen müssen unterschiedlichste Ebenen, Abteilungen, Prozesse und Tätigkeiten immer wieder aufs Neue aufeinander »abgestimmt« und »orchestriert« werden. Stabilität und Flexibilität, Administration und Innovation müssen miteinander kombiniert und kultiviert werden.

Um diesen Herausforderungen effizient zu begegnen, wurde SIE-T entwickelt. SIE-T ist eine selbst entwickelte, systemische Werkzeugkiste bestehend aus zahlreichen visuellen Vorlagen (sog. Canvasen) zur Entwicklung lernender, weltethischer Projekte, Organisationen und Unternehmen. Mit SIE-T lassen sich agil, kreativ und visuell (z. B.

anhand von Klebezetteln) komplexe organisatorische Funktionen, Ebenen und Arbeitsprozesse vereinfacht darstellen. SIE-T fungiert didaktisch als das Herzstück aller Organisations- und Bildungsprozesse der WCS. Sie ist auf unterschiedlichen Ebenen für (informelle) Arbeitsgruppen, Projektteams, gemeinnützige Organisationen oder Unternehmen gleichermaßen einsetzbar, unabhängig vom jeweiligen Entwicklungsstadium.

Den Kern des SIE-T bildet der »Learning Orchestra Canvas« (LOC) in seiner Funktion als systemische Meta-Vorlage, in die sich alle anderen weiteren Canvase integrieren lassen. Der LOC kombiniert den Management-Ansatz *lernender Organisationen* mit den aus der Entrepreneurship Education stammenden *Business Model Canvas* und der *EKS-Methode* sowie dem *weltethischen Dialog* um gemeinsame Werte. Auf persönlicher, organisationaler sowie global-gesellschaftlicher Ebene werden durch das Artikulieren gemeinsamer Werte, Ziele und Visionen die Weltethos-Werte erfahrbar und wirksam für die Entwicklung einer friedlicheren, gerechteren und nachhaltigeren Weltgemeinschaft. Nicht zuletzt lässt sich auf Grundlage des SIE-T für formale wie informelle Organisationen ein sich auf erfahrungsbasiertem Lernen stützendes, weltethisches Management-Curriculum zur Bildung zukunftsfähiger Institutionen ableiten. Im Nachfolgenden werden die vier konstitutiven Anwendungsbereiche des didaktischen Betriebssystems vorgestellt.

Selbstbildungsaktivitäten: Selbstbestimmtes Lernen in gemeinwohlorientierten Initiativen und Start-ups

Gemäß der Definition einer Praxisgemeinschaft (Community of Practice) sind studentische Initiativen Gruppen freiwillig Engagierter, die ein Interesse oder eine Leidenschaft für etwas teilen, das sie gemeinsam tun. In der Praxisgemeinschaft lernen sie, »wie man es besser macht«, indem sie regelmäßig miteinander interagieren.

Die Initiativen erreichen nicht selten ihre Ziele, indem sie explizit eigene Bildungsveranstaltungen organisieren oder als soziale Innovatoren in Erscheinung treten. Als Teil einer (globalen) Zivilgesellschaft streben sie danach, die Lebensqualität unserer Gemeinschaften zu verbessern. Dafür kombinieren und entwickeln sie Wissen, Fähigkeiten, Werte und Motive miteinander.

Die Hauptbildungsthemen der WCS-Community werden durch die thematische Ausrichtung und den Zweck der Initiativen selbst bestimmt. Als aktive Bürger (*Active Citizen*), Weltveränderer (*Changemaker*) oder verantwortungsbewusste Führungskräfte (*Responsible Leaders*) erwerben die Engagierten durch ihr Engagement ethische Führungs- und Gestaltungskompetenzen. Zahlreiche (aktuelle) Beispiele sind auf der Website und insbesondere im Engagement-Kalender zu finden (www.worldcitizen.school).

Die WCS-Community: Kooperative und transdisziplinäre Lernumgebung

Die Hauptmerkmale der organisierten WCS-Community sind aufseiten der teilnehmenden Mitglieder die Gemeinwohlorientierung und die inhärente Interdisziplinarität der Gruppen. Alle Mitgliedsinitiativen gemeinsam bilden das transdisziplinäre Wissensnetzwerk. Auf organisatorischer Seite bilden die elaborierte Online-Moderationsstruktur digitaler, sozialer Netzwerke sowie die Offline-Moderationsstruktur regelmäßiger Meet-ups und Marktplätze die wichtigste Säule der nachhaltigen Netzwerkarbeit zum Zweck des Wissenstransfers für und zwischen den Initiativen. In der WCS-Community stehen die Bedürfnisse und Interessen, die kollegiale Beratung, die Kooperationen sowie die partnerschaftliche Vernetzung im Zentrum. Letztere umfasst insbesondere die Vernetzung mit dem Career-Service, der die Anerkennung von Freiwilligentätigkeiten durch Kreditpunkte ermöglicht, die Hochschuldidaktik, das Zentrum für Technologietransfer, das Fremdsprachenzentrum, das Zentrum für Nachhaltige Entwicklung oder das Zentrum für Internationale und Europäische Studien. In der organisierten Community entstehen zahlreiche Kooperationen zwischen den Initiativen und weiteren externen Partnern. Zu den prominenten Beispielen gehören z. B. die jährlich stattfindende Menschenrechtswoche oder die Woche für Nachhaltige Entwicklung sowie zahlreiche gemeinsame Workshops und Veranstaltungen.

Das Social-Innovation-Programm: Zukunftskompetenzen für das 21. Jahrhundert

Neben der organisierten Netzwerkarbeit werden die Initiativen, Start-ups und selbstorganisierten (WCS-)Teams durch das Social-Innovation-Programm (SIP) unterstützt. Das SIP basiert auf einem emanzipatorischen Bildungsansatz, der zu Eigeninitiative, Entrepreneurship und Partizipation ermutigt. Über das Programm werden weltethische Führungs-, Gestaltungs- und Selbstorganisationskompetenzen gestärkt. Zu den Formaten gehören Workshops, das Social-Innovation-Camp, persönliche (Gruppen-)Organisationscoachings sowie das Format des agilen Projekt-Studiums für lernende Initiativen und Start-ups. Im Rahmen all dieser Formate werden die Engagierten in sozialunternehmerischen Methoden geschult, um ihre eigenen Projekte zu professionalisieren, und zugleich ermutigt, neue Projekte, Initiativen oder Sozialunternehmen zu starten. Durch die Orientierung an den vier Ks (Kreativität, Kollaboration, Kommunikation, Kritisches Denken), den u. a. von der OECD ausgewiesenen Zukunftskompetenzen des 21. Jahrhunderts, fördert das SIP Mitbestimmungs- und Mitgestaltungskompetenz für zukünftige Tätigkeiten in Wirtschaft, Politik, Wissenschaft oder Gesellschaft.

WCS-Teams und internes Lernprogramm

Im Sinne einer lernenden Organisation fördert auch die WCS-Governance die Mitbestimmungs- und Mitgestaltungsmöglichkeiten aller an der WCS Beteiligten.

Die Führungsteams an den WCS-Standorten bestehen aus einem(r) StandortleiterIn mit einer Vollzeitstelle bzw. zwei Teilzeitstellen, zwei bis drei HilfswissenschaftlerInnen (Trainees) sowie zwei Hauptverantwortlichen der jeweils vier- bis sechsköpfigen studentischen Teams. Dem/r StandortleiterIn kommt neben der Gesamtverantwortung die Koordination der Anwendungsbereiche des Betriebssystems zu. In der Rolle als LernbegleiterIn (Master Coach) ist es seine/ihre Aufgabe, die studentischen Teams der WCS (Reporting, Hosting, Coaches, Researcher) bei ihrer praktischen Arbeit im Rahmen des *agilen Projekt-Studiums* zu betreuen.

Die studentischen Teams selbst bestimmen partizipativ für die Dauer von z. B. einem Semester eine(n) TeamleiterIn (Product Owner) und eine(n) KoordinatorIn (Scrum Master). Alle Team-Mitglieder haben die Möglichkeit und die Verantwortung im Sinne des »Shared-Leadership-Ansatzes«, die Organisationsstrukturen und die Ziele des jeweiligen Teams mitzugestalten. Mithilfe dieser typischen Rollenverteilung, angelehnt an die agile Projektmethode »Scrum«, entstehen selbstverantwortliche Lerngemeinschaften, in denen die Kompetenzen zur Selbstorganisation und das spezifische Teamwissen gemäß den individuellen Interessen sowie den spezifischen Teamzielen erworben werden.

Für die gesamte Steuerung der WCS wurden neben der allgemeinen Wissens-Domaine *World Citizenship* drei Künste für eine starke Zivilgesellschaft identifiziert, die sowohl für das gesamte Netzwerk als auch die tägliche Projektarbeit der WCS hohe Relevanz besitzen: die Kunst des Kommunizierens, die Kunst des Organisierens und die Kunst des Moderierens im Sinne guter Gastgeberschaft.

Im *Social-ReporterInnen*-Team lernen die Mitglieder die *Kunst des Kommunizierens*. Zur Hauptaufgabe gehört es, für und über die Community zu kommunizieren, die guten Beispiele selbstorganisierten Lernens sowie die Wirksamkeit einzelner Initiativen bzw. der Community als Ganzes der Öffentlichkeit zu präsentieren (z. B. per Newsletter, Social Media, Website, Video und persönlichen Präsentationen).

Das Team der *Social Hosts* lernt die *Kunst des Gastgebens und des Moderierens* mit dem Zweck der Förderung guter Beziehungen und

Kooperationen in der Community und zwischen allen Stakeholdern. Dazu dienen unterschiedliche Formate, wie z. B. Marktplätze, Konferenzen, World Cafés, Messestände, Workshops etc.

Im Team der *Social Coaches* steht die *Kunst des Organisierens und Lernbegleitens* im Vordergrund. Dabei steht das Lernen organisationspädagogischer Grundlagen in Form von Theorien, Fragemethoden sowie die Anwendung agiler Methoden der *Social Innovation Education-Toolbox* im Vordergrund. Die Coaches unterstützen die Engagierten und Initiativen bei ihrer Selbstreflexion und identifizieren gemeinsam Wissensbedarfe. Sie geben Tipps zu Wissensquellen und zum Erstellen von Wissenslandkarten für ein organisations-bedarfsgerechtes Selbststudium.

Als Hauptwissensquelle für alle Initiativen und Teams dient der agile WCS-Reader als umfassende digitale Literaturdatenbank mit zahlreichen (Hand-)Büchern rund um die Themen des World Citizenship und dem Management zukunftsfähiger Organisationen.

Das im agilen Projekt-Studium erworbene Wissen wird informell durch persönliche Beziehungen und Coachings sowie formal durch Kurzvorträge, kleine Essays und Präsentationen im Rahmen der *Community Learning Sessions* in die Community eingespeist.

Zusammenfassend lässt sich festhalten: Das WCS-Betriebssystem mit allen unterschiedlichen Anwendungsbereichen verspricht heute in seiner Gesamtheit eine effiziente Wissenszirkulation zur Förderung einer starken studentischen Zivilgesellschaft. Eine lernende Organisation fordert Vertrauen und Engagement aller Beteiligten. In diesem Sinne versteht sich die WCS als Lernprozess, der kontinuierlich und sorgfältig gepflegt und entwickelt werden muss, um das volle Potenzial im Sinne einer weltethischen Organisation entfalten zu können.

Transfer für Hochschulen, Schulen, Stadtgesellschaften und Unternehmen

Sowohl einzelne Anwendungsbereiche und Leistungen der WCS als auch das WCS-Betriebssystem als Ganzes besitzen für weitere Hochschulen, Schulen und Bildungseinrichtungen bereits Vorbildcharakter. Erste Nachahmer fanden sich an der Université Marseille, der HTW Chur in der Schweiz und der Universität Stuttgart. Einzelne Programme und Workshops, wie z. B. das Social Innovation Camp, werden an unterschiedlichen Hochschulen und in Stadtgesellschaften durchgeführt.

Die Entwicklung des Modells wurde wissenschaftlich begleitet. Erste Publikationen wurden veröffentlicht bzw. erscheinen kurz nach Veröffentlichung dieses Buchbands. Diese bieten institutionelle, didaktische, (hochschul-)politische und bildungspraktische Argumente zur Etablierung neuer Lernkulturen an Hochschulen, Schulen, in Bürgerzentren oder für Corporate-Citizenship-Aktivitäten in Unternehmen.

Zur Verbreitung des Konzepts wurde mit dem World Citizen School Alliance e.V. zudem ein Wissenstransferzentrum gegründet. Im Zuge des Wissenstransfers an die Universität Stuttgart nahm der Verein seine operative Arbeit 2019 auf. Der Verein bietet interessierten Bildungseinrichtungen die Möglichkeit einer Mitgliedschaft.

Der Weg der digitalen Balance: Digitalisierung als Herausforderung der Menschlichkeit

Ulrich Hemel

Die digitale Transformation ist tief greifend, formatiert Gewohnheiten, verändert gesellschaftliche Machtverhältnisse und lässt sich aus unserem Leben schon heute nicht mehr wegdenken. *Hans Küng* hat mit seinem Projekt »Weltethos« einen Rahmen geschaffen, der die Goldene Regel und das Leitmotiv der Humanität jenseits der Grenzen von Kultur, Religion und Staatlichkeit in den Vordergrund menschlichen Handelns stellt. Die Frage nach einer humanen Perspektive für das digitale Zeitalter greift, so gesehen, unmittelbar auf den Kern der Weltethos-Idee zu. Angesichts der für manche fließend gewordenen Grenze zwischen Mensch und Tier einerseits, zwischen Mensch und Maschine andererseits ist folglich zu fragen: Was heißt Menschlichkeit in Zeiten der Digitalisierung?

Digitalisierung bedeutet zunächst einmal die Überwindung der Grenzen von Zeit und Raum. Wir können in Echtzeit kommunizieren, wir können visuelle und akustische Eindrücke über die Grenzen des physischen Raums und der Zeit transportieren und gelangen so, ob wir es wollen oder nicht, in ein engeres Miteinander, Füreinander und Gegeneinander der globalen Zivilgesellschaft. Die Signatur heutiger Biografien ist eben auch durch eine *digitale Konnektivität* gekennzeichnet, die auf ihre Weise tatsächlich neue Züge trägt.

So wurde vor einigen Jahren ein betrunkener Autofahrer in den USA in eine Ausnüchterungszelle gesteckt. Die Polizisten nahmen ihm aber auch sein Mobiltelefon ab. Dagegen klagte der Autofahrer mit dem Argument, das Smartphone sei Teil seiner Persönlichkeit, sodass man es ihm hätte lassen müssen. Das Gericht gab dem Autofahrer recht! Als ich den Vorfall zum ersten Mal las, war ich überrascht. Schon heute – etwa drei Jahre später – finde ich das Urteil einleuchtend.

Die *digitale Signatur heutiger Existenz* bedeutet, noch darüber hinausgehend, einen dreifachen Begriff der Persönlichkeit. Denn jede heutige Person existiert in drei Formen: als physische Person und selbstbestimmter Mensch (Person 1), in der Gestalt der von ihm selbst im eigenen Smartphone gespeicherten Informationen (Person 2), aber auch in der Form derjenigen Daten, die von dieser Person in einer fremden Cloud gespeichert sind (Person 3). Was aber heißt dann digitale Personalität? Die Europäische Union hat zwar das Recht auf informationelle Selbstbestimmung verankert und dieses in der Europäischen Datenschutzgrundverordnung des Jahres 2018 im Sinn individueller Schutz- und Zugangsrechte definiert. Für Zeiten rascher Veränderung ist es aber typisch, dass die Gesetzgebung den Anforderungen der Zeit hinterherhinkt. Denn die Frage nach einer inhaltlichen Bestimmung von »Humanität« und »persönlicher Selbstbestimmung« bleibt auch auf der Ebene der europäischen Gesetzgebung offen.

Dafür gibt es zum einen technische, zum anderen sozialpolitische, zum dritten philosophische Gründe.

Beginnen wir mit den *technischen Gründen*. In den Anfangszeiten der Kybernetik und der Logik des Turing-Tests ging es um die Steuerung von Systemen innerhalb eines gegebenen Regelkreises. Grundsätzlich ist diese Aussage auch heute noch richtig, aber der Systemkontext selbst hat sich in Richtung einer fast schon grundsätzlichen Unübersichtlichkeit verändert. Bei knapp 8 Milliarden Menschen auf der Welt gibt es heute auch etwa 8 Milliarden Smartphones. Darüber hinaus entwickelt sich die Technik der Künstlichen Intelligenz rasant. Hier geht es beispielsweise um »Deep Learning« als Form maschinell generierter Lernprozesse aus großen Datenmengen. Die meisten Anwendungen der Künstlichen Intelligenz gehen in die Richtung von Arbeitserleichterungen, so etwa bei einem Roboter zur Tank-Innenreinigung, der dazu verhilft, dass Mitarbeitende bei der Tankreinigung keine giftigen Gase mehr einatmen müssen (Bundesministerium für Arbeit und Soziales 2017).

Dennoch gibt es die Sorge um kontroverse Anwendungen wie etwa bei militärischen Drohnen oder bei der Überwachung durch den Staat (Misselhorn 2018). Schließlich stehen wir vor dem grundsätzlichen Problem, dass bei Programmen Künstlicher Intelligenz der Rechenweg für ein ausgegebenes Ergebnis aufgrund des »Eigenlernens« des Programms selbst nicht mehr reproduziert werden kann. Künstliche Intelligenz führt so zu einem neuen »*Orakel von Delphi*« auch dann, wenn die maschinellen Ergebnisse im Vergleich mit den Ergebnissen menschlicher Experten oft besser sind.

Sozialpolitisch haben diese Umstände die Welt bereits gewaltig verändert. Das Gefühl für die Beherrschbarkeit der Welt ist im Vergleich mit der letzten Hälfte des 20. Jahrhunderts in die Krise geraten. Die gegenwärtige Klimakrise trägt dazu ebenso bei wie der wahrnehmbare Bedeutungsverlust des einzelnen Menschen mit Blick auf Fluch und Segen der digitalen Transformation. Auch wenn das Paradigma der »Beherrschbarkeit« der Welt selbst in die Krise geraten ist, bleibt doch festzuhalten: Der gefühlte Kontrollverlust und die sinkende Bedeutung einzelner Menschen können zu Gefühlen von Angst und Ohnmacht, aber auch zum Bedürfnis nach einfachen Lösungen führen. Es mag auf den ersten Blick unwahrscheinlich wirken, doch sind gerade solche Ohnmachtsgefühle der verständliche Gegenpart zum Versuch, wieder die Kontrolle über das eigene Leben zu gewinnen. Diese Versuche gipfeln bisweilen in populistischen Heilsversprechen, wie wir sie in der Politik dieser Tage etwa am Beispiel des amerikanischen Präsidenten *Trump* oder des Brexit mit dem expliziten Slogan »Take back control« immer wieder erleben.

Philosophisch ist der tief greifende Wandel unserer Welt in eine analog-digitale Mischwelt noch nicht hinreichend reflektiert oder auf den Begriff gebracht. Neue Kategorien der Welterfassung entstehen erst. Andere sind nur scheinbar überholt, bei näherer Betrachtung aber überlebensnotwendig, so etwa die Leitbegriffe »Personalität« und »Sozialität«.

Ein Beispiel für neue philosophische Aufgaben ist der Begriff der Daten. Auf welcher Ebene Daten erfasst werden können und sollen, hängt eher von technischen Herangehensweisen als von philosophischen Begründungspfaden ab. Es handelt sich aber um eine keineswegs triviale Frage, allein schon wegen der Nachfolgeprobleme wie Daten-Infrastruktur, Energieverbrauch, ökologische Belastung und anderen. Daten sind jedenfalls der Rohstoff des digitalen Zeitalters. Für eine bestimmte Form der intelligenten Datenverarbeitung wird u. a. der Begriff des »Data Mining«, also wörtlich: des Daten-Bergbaus, gebraucht.

Für die Frage nach Menschlichkeit im digitalen Zeitalter sind diese Beobachtungen zentral. Denn sie könnten nahelegen, dass der einzelne Mensch im Grunde ein Rohstofflieferant für die datenverarbeitenden Konzerne ist. Das ist deutlich weniger als ein selbstbestimmter Konsument, und schon dieser galt philosophisch als problematische Ausgeburt der »Konsumgesellschaft«. Der Konsument oder die Konsumentin ist immerhin noch mit der ganzen Person genussfähig. Der Nutzer und Datenlieferant hingegen ist vor allem wirtschaftlich interessant, und zwar wegen seines spezifischen Nutzerprofils, welches dann zu »kuratierten Daten« in Form von Kaufvorschlägen, Informationsangeboten und anderem führt. Genau deshalb ist auch die Orientierung am »Ux-Design«, also an der Darbietung von Daten gemäß der Nutzer-Erfahrung oder »User Experience« kommerziell immer bedeutsamer.

Eine solche Welt formatiert sich gemäß kommerziellen Bedürfnissen und sieht in der digitalen Transformation vor allem aufregende Geschäftsmodelle im Rahmen einer solchen kommerziellen Digitalisierung. Diese digital-kommerzielle Welt wird insbesondere von Konzernen aus den USA wie Facebook, Amazon, Google und Apple (auch »FAGA« genannt) vorgelebt.

Demgegenüber positioniert sich China als digitaler Wohlstands-Überwachungsstaat. Ein solches digitales Staatspatriarchat (denn die

Überwachenden sind auch in China überwiegend Männer) arbeitet dann beispielsweise mit einem Social Credit System, also einem System sozialer Bonität. Dabei wird jedem Bürger und jeder Bürgerin ein Anfangsguthaben von beispielsweise 1000 Punkten für seine soziale Bonität gutgeschrieben. Wer zu schnell fährt, falsch parkt, wegen Diebstahls verurteilt wird oder gar an systemkritischen Demonstrationen teilnimmt, dem werden entsprechende Maluspunkte abgezogen. Sinkt die »soziale Bonität« unter eine bestimmte Schwelle, folgen Reisebeschränkungen, wie sie nach unbestätigten Meldungen bereits für 23 Millionen Menschen in Kraft getreten sind. Eine weitere Sanktionsstufe sind beispielsweise Schwierigkeiten bei der Anmietung einer Wohnung, beim Arbeitsplatz und dergleichen mehr. Dass in China kein Auto verkauft werden darf, ohne dass dem Staat die Bewegungsdaten des Fahrzeugs zugänglich sind, passt ins Bild solcher staatlicher Kontrolle.

Für Europa mit der Tradition der Sozialen Marktwirtschaft und Humanität sind beide Ausprägungen der digitalen Welt eher ein Albtraum. Gesucht wird folglich ein *Weg der »digitalen Balance«* zwischen Kommerzialisierung und staatlicher Überwachung. Dieser Weg ist ein »Weg des Gleichgewichts« zwischen den Interessen der einzelnen Person in ihrer »digitalen Souveränität«, den Interessen der vom Staat unabhängigen Zivilgesellschaft und den Interessen des Staates in seinen tatsächlich notwendigen Funktionen.

Dann ist freilich zu fragen, worin die Interessen der Zivilgesellschaft liegen könnten. Und hier gibt das Weltethos-Prinzip der Humanität eine überraschend konkrete Orientierung: Es geht um den richtigen Mix aus Freiheit und Verantwortung, um das Ringen zwischen notwendiger staatlicher Kontrolle zum Zweck der Verbrechensbekämpfung und sinnvoll gestalteter individueller Freiheit.

Ein solcher Weg der digitalen Balance entsteht nicht über Nacht. Er setzt gesellschaftliche Lernprozesse voraus, »Lernprogramme« im eigentlichen Sinne. Wo im Sinn einer »digitalen Sozialität« die Barriere eines Gesetzes, gar auf europäischer Ebene, erforderlich ist, das wird auch in Zukunft umstritten bleiben. Eine freie digitale Gesellschaft wird aber um die beste Lösung ringen und sie sich nicht von einer allmächtigen Staatsbürokratie oder von monopolistisch auftretenden Konzernen diktieren lassen wollen.

Zu den Lernprozessen wird es auch gehören, neu über den *Eigentumsbegriff* nachzudenken. Früher kauften Menschen Schallplatten, Musikkassetten oder CDs, heute hören sie Musik über ein Streaming-Portal. Früher kauften Menschen ihr eigenes Auto, heute bevorzugen viele Personen in größeren Städten öffentliche Mobilität oder Car Sharing. Was aber bedeutet diese Veränderung mit Blick auf medizinische Daten? Wem gehören diese? Oder sollten wir vielleicht über eine »öffentliche Cloud« nachdenken, die zumindest die Daten als »Rohstoff« verwaltet? Eine solche Cloud könnte dann nach demokratisch legitimierten Spielregeln die Verarbeitungsmöglichkeiten gemäß wissenschaftlichen, aber auch wirtschaftlichen Interessen unter kontrollierten Bedingungen ermöglichen.

Das *Prinzip der Humanität* bezieht sich folglich sowohl auf die Entstehung wie die Verwendung von Daten, auf das Design wie auf die Anwendung von Programmen. Dass beispielsweise beim Autonomen Fahren die klassische philosophische Kontroverse zwischen einem utilitaristischen und einem deontologischen Ansatz in den Entscheidungsalgorithmus eines Fahrzeugs eingeht, ist für Philosophen und Philosophinnen aufregend. Tatsächlich aber ist das Einprogrammieren ethischer Entscheidungen (»Ethics by Design«) erst am Anfang. Viel häufiger als bewusste Entscheidungen oder gar ein »werteorientiertes Design« (»Value-sensitive Design«) sind bis heute *»unsichtbare Entscheidungen«*, die wirksam sind, aber im Programmierprozess gar nicht erkannt werden. Dazu gehören beispielsweise systemische Verzerrungen wie die einer rein männlichen oder einer rein weißen Perspektive, einfach weil die überwiegende Mehrzahl der Programmierer (eben nicht: Programmiererinnen) weltweit genau diese demografischen Merkmale aufweist.

Hier schlägt dann die Stunde des Weltethos. *Thilo Hagendorff* hat jüngst (2019) darauf hingewiesen, dass angesichts der massiven ethischen Probleme speziell der Künstlichen Intelligenz insbesondere die ethische Qualifizierung derjenigen Personen erforderlich ist, die selbst programmieren. Nicht einfach die Ausformulierung ethischer Richtlinien, sondern die Verbesserung der ethischen Sensibilität von Entscheidungsträgern und Entscheidungsträgerinnen in der digitalen Welt ist das Gebot der Stunde. Hier treffen sich dann die Anliegen des Weltethos als Lernprogramm mit den Zielen der Vereinten Nationen. Denn als Ziel Nr. 4 der 17 Nachhaltigkeitsziele der Vereinten Nationen von 2015 wird das Ziel der »Quality Education« ausformuliert.

Menschen können lernen, wollen lernen und dürfen lernen. Sie dürfen dabei auch irren, sich in Widersprüche verwickeln und mit ihren Emotionen umgehen. Genau das aber sind Elemente eines spezifisch humanen Lernprogramms, nicht Inhalt künstlicher Intelligenz.

Die heutige Welt verändert sich rasant auch deshalb, weil digitale Lernprozesse individuell und kollektiv zugleich stattfinden müssen und stattfinden können. So hat sich die Praxis der Preisgabe persönlicher Nutzerdaten an Social-Media-Unternehmen wie etwa Facebook bereits in den letzten 10 Jahren deutlich in die Richtung eines bewussteren Umgangs mit eigenen Daten verändert.

Denn Daten, nicht Menschen sind der Rohstoff des 21. Jahrhunderts.

Die Balance aus Personalität und Sozialität so zu finden, dass wir weiterhin in einer freien Gesellschaft leben, das ist eine bleibende Herausforderung. Die Beschäftigung mit Weltethos-Werten auch für Akteure der digitalen Informationsgesellschaft ist dabei nicht die kleinste, aber sehr wohl eine lohnenswerte Aufgabe, um tatsächlich eine begehbare Brücke zwischen der neuen digitalen Welt und den bleibenden Anforderungen von Humanität zu bauen.

Literatur:

Bundesministerium für Arbeit und Soziales (2017): Gesundheit und Teilhabe in der Arbeitswelt 4.0. Sammlung betrieblicher Gestaltungsbeispiele, [online] http://www.bmas.de/SharedDocs/ Downloads/DE/PDF-Publikationen/a887-praxissammlung-gesundheit-teilhabe-arbeitswelt-4-0.pdf?__blob=publicationFile&v=3 [08.07.2019].

Hagendorff, Thilo (2019): The Ethics of AI Ethics. An Evaluation of Guidelines, [online] www.thilo-hagendorff.info/neuer-aufsatz-zur-ki-ethik-im-preprint/ [21.06.2019].

Hemel, Ulrich (2015): Wirtschaftsanthropologie. Grundlegung für eine Wissenschaft vom Menschen, der wirtschaftlich handelt, in: Claus Dierksmeier, Ulrich Hemel und Jürgen Manemann (Hrsg.), *Wirtschaftsanthropologie*, Baden-Baden: Nomos, 9–25.

Hemel, Ulrich (2016): Fragmentierte Verantwortung. Menschen- und Bürgerrechte in der digitalen Welt – eine Utopie?, [online] www. institut-fuer-sozialstrategie/ [08.07.2019].

Misselhorn, Catrin (2018): *Grundfragen der Maschinenethik*, Stuttgart: Reclam.

Turing, Alan (1994): Kann eine Maschine denken?, in: Walther C. Zimmerli und Stefan Wolf (Hrsg.), *Künstliche Intelligenz. Philosophische Probleme*, Stuttgart: Reclam, 39–78.

V. Weltethos in ökologischer Verantwortung und Nachhaltigkeit

Weltethos und die Agenda 2030 für Nachhaltige Entwicklung

Klaus M. Leisinger

»Im Hause muss beginnen, was leuchten soll im Vaterland.«

<small>Jeremias Gotthelf, Bern 1842</small>

Es mutet zunächst fremd an, ein Essay über die Bedeutung des Welt-ethos-Gedankenguts im Zusammenhang mit den 17 Zielen der Agenda 2030 für Nachhaltige Entwicklung mit einem Zitat eines Schweizer Dorfpfarrers aus dem 19. Jahrhundert zu beginnen. Die Agenda 2030 ist das Dreh- und Rezeptbuch für die umfassends-te gesellschaftliche Reform unserer Zeit. In der Mitte des 21. Jahr-hunderts wird die Welt in politischer, wirtschaftlicher, sozialer und ökologischer Sicht eine andere sein als die heutige. Es liegt an je-dem Einzelnen von uns, ob dieses »anders« von menschenfeindlichen Charakteristika geprägt ist – Umweltzerstörungen, soziale Verwer-fungen, wirtschaftliche Krisen, armutsgetriebene Migrationsströme und Abbau demokratischer Strukturen –, oder ob die dann leben-den Menschen von einer neuen Aufklärung für eine Entwicklung mit menschlichem Antlitz profitieren können. Es liegt an den heute le-benden und Verantwortung tragenden Menschen – an jedem Ein-zelnen von uns –, ob wir von unseren Nachfahren einmal als Teil des Problems oder auch als Teil der Lösung betrachtet werden. Da-her muss »zu Hause« beginnen, was sich in der Welt verändern soll.

Nachhaltig erfolgreiche gesellschaftliche Reformen werden nicht »von oben« durch die jeweils Machthabenden befohlen – veränderte Denk- und Verhaltensweisen entwickeln sich über die Zeit »von un-ten«. Grund für ein neues Entwicklungsverständnis ist daher nicht

Gehorsam, sondern Motivation aufgrund eigener Einsichten und ein auf Empowerment beruhendes Selbstverständnis. Wo sich aus eigener Werte-Überzeugung etwas ändert, entsteht eine neue Achtsamkeit; diese wiederum schafft neues Wissen über und ein sensibleres Bewusstsein für die Konsequenzen eigenen Handelns. Veränderte Denk- und Handlungsweisen beeinflussen die Allokationskriterien der eigenen Kaufkraft, die Art und Weise sowie Intensität der Mobilität, den Umgang mit nicht erneuerbaren Ressourcen, das politische Engagement und vieles mehr. Durch freiwillige Einfachheit, durchdachte Bescheidenheit und Rückbesinnung auf das, was Menschen über den Tag hinaus glücklich macht, entsteht ein neues gesellschaftliches Ideal: Wohlstand light. Auf der individuellen Ebene entwickeln sich neue Vorbilder über das, was »cool« ist. Wo solche neuen Leitideen gesellschaftliche Breitenwirkung entfalten, entstehen neue Märkte, diese wiederum haben neue, weitgehend de-karbonisierte Produktionsweisen zur Folge. Schließlich werden die politisch Verantwortlichen aktiv – diese setzen erfahrungsgemäß keine Trends, sie laufen ihnen hinterher.

Gesellschaftliches Handeln im Geiste der Agenda 2030 setzt individuelles Handeln in aufgeklärtem Eigeninteresse voraus. Solches steht jedoch in der Praxis in Konflikt mit der Kurzfristigkeit der heute verbreiteten Anreizstrukturen:

- Die Bericht-Zeiträume von Unternehmen sind meist 12 Monate, bei börsennotierten Firmen sogar 3 Monate. Zwar wird immer auch über andere Sachverhalte berichtet, die finanziellen Ergebnisse (Umsatz, Gewinn, Cashflow) stehen jedoch stets im Vordergrund. Die flexiblen Anteile am Gesamteinkommen des höheren Managements – oft über 50 Prozent – sind überwiegend an die finanziellen Ergebnisse gebunden. Investitionen zur Verbesserung der Nachhaltigkeitsperformanz über das gesetzlich Vorgeschriebene hinaus kosten im bonusrelevanten Zeitraum Geld, Management-Aufmerksamkeit und Ausbildungsprogramme. Sie belasten die kurzfristige Profitabilität. Der zu erwartende Return on Investment fällt jedoch weit jenseits der Berichterstattungs- und Bonusberechnungszeiträume an – und dies (z. B. bei der Reduktion des CO_2-Ausstoßes) für zukünftige, irgendwo in der Welt lebende, anonyme Stakeholder. Heutigen Aktionären bleibt also nur ein ideeller Ertrag. Ohne eine andere, nachhaltigkeitsfokussierte Auffassung von Geschäftsverantwortung (*Andreas Suchanek* und *Martin von Broock* sprechen von Spielverständnis) und entsprechend modifizierten Spielregeln (Steuerpolitik und andere ordnungspolitische Unterstützung) wird das kurzfristig Profitable immer Vorrang vor dem langfristig Richtigen haben.

• Ähnliches gilt für politische Entscheidungsträger: Wer sich im Vierjahresrhythmus seiner Wählerschaft zur Wiederwahl stellen muss und wessen Partei im Zeitraum dazwischen noch andere Wahlen gewinnen will, wird seinen Wählern keine höheren Kosten (z. B. Benzin- und Ölpreise) oder Einschränkungen bei der Mobilität (öffentlicher Verkehr statt Privatauto) oder andere Unbequemlichkeiten zumuten. Die umworbenen Wähler haben u. U. zwar auch Kinder und Enkel, verspüren aber in ihrer Mehrheit meist keinen privaten Problemdruck, der ihnen entsprechende Belastungen einsichtig machen würde. Für die als richtig erkannte Sache jedoch seine professionelle Existenz als Politiker aufs Spiel zu setzen, setzte moralischen Heroismus voraus, den nur eine verantwortungsethisch motivierte Minderheit als zumutbar empfände.

• Last but not least: Wer als einzelner Bürger oder Bürgerin die Schuld auf die Wirtschaft oder die Politik abschiebt, begeht eine billige Ersatzhandlung (englisch: redirection activity). Alle Menschen könnten, wenn sie nur wollten, über vorbildliches Handeln, problemadäquate Allokation der verfügbaren Mittel für Konsum und Investition sowie Einsatz der demokratischen Kompetenzen das tun, was sie im Innersten für richtig halten. Jeder noch so begrenzte individuelle Beitrag ist wichtig – 7,6 Milliarden kleine Schritte verändern das Antlitz der

Erde, nicht das Warten auf Godot. *Karl Jasper*s drückte dies im Kontext der Bedingungen und Möglichkeiten eines neuen Humanismus – und um nichts anderes geht es bei der Agenda 2030 – so aus: »die sittliche Kraft des scheinbar verschwindenden Einzelnen [ist] die einzige Substanz und der wirkliche Faktor für das, was aus dem Menschsein wird … Die Zukunft liegt in der Gegenwärtigkeit jedes Einzelnen« (Jaspers 1949: 734).

Ohne ein prinzipiengebundenes Nachdenken über die wirtschaftlichen, sozialen, ökologischen und politischen Konsequenzen des heute von uns als normal empfundenen täglichen Ablaufs im privaten, professionellen und gesellschaftlichen Leben steigt die Notwendigkeit des Lernens durch Schmerz. Es sinkt die Chance eines Wandels durch Erkenntnis. Ohne Reflexion des Status quo im Lichte des heute zugängigen Wissens und nicht verhandelbarer Werturteile entsteht kein Anreiz, den gewohnten Tagesablauf zu verändern. Nachhaltiges Wertemanagement ist eine Geisteshaltung, und die Umsetzung fängt bei jedem Menschen zu Hause an und geht danach weiter im professionellen Handeln in den jeweiligen Institutionen. Es ist ein auf Dauer angelegtes anderes Verständnis von Normalität.

Aufbauend auf der Deklaration des Parlaments der Weltreligionen (Chicago 1993 und 2018 ergänzt durch die ökologische Dimension) haben *Hans Küng* und seine Kollegen bei der Weltethos-Stiftung den Beweis erbracht, dass Menschen zu allen Zeiten, in allen Kulturen und in allen Religionen mehr normative Gemeinsamkeiten als Trennendes haben. Unzählige wissenschaftliche Erkenntnisse aller Disziplinen belegen, dass die Sorge um das gemeinsame Haus Erde und die Sorge um gute und solidarische Nachbarschaft (Laudato Si') eine normative Gemeinsamkeit von höchster Bedeutung ist (World Happiness Reports verschiedener Jahre). Es kann in einem aufgewühlten Meer sozial Ausgegrenzter und ökologischer Flüchtlinge keine Insel der Glückseligen für die wenigen an der Spitze der globalen Einkommens- und Vermögenspyramide geben. Ja, es geht immer auch um gute Regierungsführung in armen Ländern; aufgeklärte Menschen anerkennen jedoch den Zusammenhang z. B. zwischen den schon heute spürbaren Klimaveränderungen sowie dem Artensterben einerseits und dem heutigen ›courant normal‹ und ›business as usual‹ in den OECD-Ländern andererseits.

Die Kernelemente des alle Menschen guten Willens verbindenden Weltethos-Gedankenguts beschreiben auch im Kontext der Agenda 2030 kluges, weil menschendienliches Handeln:

- das Prinzip, unter allen Umständen und in allen Beziehungen Menschlichkeit walten zu lassen;
- der handlungsleitende Grundsatz zum Perspektivenwechsel im Sinne der Goldenen Regel sowie
- die seit letztem Jahr fünf »unverrückbaren Weisungen« Gewaltlosigkeit, Gerechtigkeit, Wahrhaftigkeit, Partnerschaft und Gleichberechtigung von Mann und Frau sowie die Verpflichtung für eine Kultur der Nachhaltigkeit und Fürsorge für die Natur.

Allerdings gilt in Bezug auf konkrete Veränderung praktischen Handelns für das Gedankengut des Weltethos dasselbe wie für die Einsichten, die uns die philosophischen Denker in all ihren Facetten zur Reflexion aufgeben. Seien es Pflichtethiken wie der kategorische Imperativ, konsequentialistische Ethiken wie der Utilitarismus oder Tugendethiken wie die von *Aristoteles:* Generelle Gebote und abstrakte Wertedeklarationen bedürfen der Kontextualisierung. Auch das abstrakte Weltethos-Gedankengut kann bei konkreten Entscheidungsfindungen nur auf situationsethische Weise Anwendung finden. Jede Gesinnung, auch jede gute, kann Konsequenzen bewirken, die kein aufgeklärter Mensch gutheißen kann. Kein Wert ist absolut – es geht immer um den Sitz im Leben:

- *Gewaltlosigkeit* kann – man lese dazu *Dietrich Bonhoeffer* – zu Situationen führen, in denen größeres Unglück über mehr

Menschen kommt. Daher muss auch dieser Wert kontextual in Güterabwägungen eingehen. »Gewalt« muss angesichts des großen Mangels an guter Regierungsführung auch als strukturelle Gewalt begriffen werden.

- *Gerechtigkeit* kann unter bestimmten Bedingungen nur durch Verstoß gegen (die Buchstaben, nicht den Geist!) Rechtsnormen geschaffen werden (Epikie).
- *Wahrhaftigkeit* als kategorischer Imperativ kann bösen Mächten und ihren verbrecherischen Absichten dienen (z. B. wenn die Gestapo an der Haustüre fragt, ob Sie in Ihrem Hause einen Menschen verstecken, dem Sie lebensrettende Zuflucht gewähren);
- *Partnerschaft und Gleichberechtigung* sind nur in Verbindung mit affirmative action realistische Weisungen, weil Menschen aus einer unterprivilegierten Einordnung nur durch nachhaltige explizite und konkrete Fördermaßnahmen herauskommen können.
- Verpflichtung zu einer Kultur der *Nachhaltigkeit und Fürsorge für die Natur* – dies auch im Sinne der Ehrfurcht vor dem Leben zukünftiger Generationen.

Neben dem »Sitz im Leben« geht es auch, wie *Karl Homann* das formulierte, um eine *soziale Ordnung*, die als Brücke zwischen dem moralischen Sollen und dem im spezifischen institutionellen Rahmen möglichen Können (Homann 2014). Mit der gleichen Intention haben die Autoren der Allgemeinen Erklärung der Menschenpflichten darauf hingewiesen, dass jedem durchzusetzenden Recht eine entsprechende Pflicht entsprechen muss (InterAction Council 1997).

Im relevanten ethischen Diskurs geht es nach meiner Überzeugung ohnehin nicht um »Schwarz-Weiß«-Alternativen – solche sind in erster Linie Intelligenz- und keine Moralfragen. Es sind Dilemma-Situationen, in denen ethische Reflexionen unabdingbar sind. In diesem Kontext spielen nicht nur Komplexität, unterschiedliche Menschenbilder und Wertehierarchien, sondern auch unterschiedliche Wirklichkeitswahrnehmungen eine Rolle. Daher sind diskursethische Elemente immer auch Teil guter Lösungen.

Es gibt allerdings auch tragische Dilemma-Situationen, die sich jeder Beurteilung von außen entziehen. Sie entstehen dann, wenn Menschen mit dem Zusammenprall unvereinbarer Gesetze konfrontiert werden und daran zugrunde gehen, weil sie so oder so schuldig werden. In solchen Situationen ist auch das »kleinere Übel« ein großes Übel. Im tragischen Fall gibt es kein absolut gültiges Prinzip, das von vornherein und in jedem Fall verpflichtende Gültigkeit hat. Das in der spezifischen Situation Notwendige entsteht mit der gegebenen Situation und aus ihr. Was *Sophokles* in seiner Antigone-Tragödie beschrieb und was Menschen wie *Dietrich Bonhoeffer* oder *Max Josef Metzger* wegen nationalsozialistischer Tyrannei erleben mussten, gehört jedoch in eine prinzipiell andere Kategorie als beispielsweise Entscheidungen im geschäftlichen Bereich.

Die Notwendigkeit der Situationsethik besteht zwar auch im Kontext geschäftlichen Handelns, aber mit einem unvergleichlich geringeren Einsatz – es geht nicht um Leben oder Tod. Zwar mag das Einstehen für das moralisch als richtig Empfundene temporär die Gunst unaufgeklärter Vorgesetzter mindern – das Eintreten für eigene normative Überzeugungen im Konflikt mit hierarchisch (nicht menschlich) höher Positionierten ist allerdings nie ein free lunch. Weniger Bonus oder keine allzu schnelle Beförderung für unorthodoxes, aber situationsethisch richtiges Handeln mögen zwar nicht gerade als Anreiz dienen, sind aber ein geringer Preis für gelebte Integrität und ein gutes Gewissen. Erfahrungsgemäß verlangt aufrechter Gang der betreffenden Person aufwendige Mehrarbeit ab, Demut und Bescheidenheit im Auftreten sowie diplomatisches Geschick im Umgang mit opportunistischen Ideologen. Er bringt jedoch für normativ richtig Handelnde auf Dauer Respekt und Glaubwürdigkeit.

Gerade im Kontext der vor uns liegenden Herausforderungen in Bezug auf das Erreichen der 17 Nachhaltigkeitsziele erhält das Weltethos-Gedankengut neue Aktualität:

- Da alle Menschen guten Willens darin übereinstimmen, dass jeder Mensch auf menschliche Weise behandelt werden muss und alle Menschen durch eine unantastbare Würde charakterisiert sind, resultiert daraus, dass jeder von uns individuelle Verantwortung trägt für alles, was er oder sie tut. Das schließt die Verantwortung ein, in der eigenen Einflusssphäre alles dafür zu tun, dass die Möglichkeiten zukünftig lebender Menschen mindestens erhalten, wenn nicht vermehrt werden, ein selbstbestimmtes Leben in Freiheit und Würde zu führen.

- Die Goldene Regel gilt auch für das Verhältnis der heute lebenden Menschen zu denen zukünftiger Generationen. In ihrer passiven Version (Tue andern nicht an, was du selbst nicht angetan haben möchtest) ist sie eine Selbstverständlichkeit. Angesichts der heutigen strukturellen Disparitäten zwischen armen und reichen Ländern ist jedoch Handeln im Sinne der aktiven Version (Tue anderen, was du möchtest, dass dir getan wird) eine Notwendigkeit für eine friedliche Entwicklung mit menschlichem Antlitz. In diesem Sinne müssen auch Themen wie der Zugang zu innovativen Technologien und intellektuellem Eigentum (z. B. für Arzneimittel, Filter- und Recyclingtechnologien), Zukunft der Entwicklungszusammenarbeit (z. B. für den Ausbau der administrativen Absorptionskapazität und Good Governance) sowie Zugang zu Märkten generationenübergreifend erörtert werden.

Die Tatsache, dass es einen großen Grundkonsens bezüglich bestehender verbindender Werte, unverrückbarer Maßstäbe und persönlicher Grundhaltungen gibt, ist für Erfolge bei den nachhaltigen Entwicklungszielen von größter Bedeutung. Schwierige Verhandlungen über kontroverse Themen (z. B. Ziel 10: Abbau der Ungleichheiten zwischen und innerhalb der Staaten) haben nur dann Aussicht auf Erfolg, wenn Menschen guten Willens sich auf gemeinsam getragene Werte berufen können und willens sind, kurzfristige eigene Vorteile zugunsten von langfristigen Vorteilen für das Gemeinwohl zu opfern.

Sind Erwartungen in dieser Hinsicht realistisch? Ich meine ja und verweise auf *Margaret Mead:* »Zweifle nie daran, dass eine kleine Gruppe aufmerksamer, engagierter Bürger die Welt verändern kann: tatsächlich passierte es nie auf andere Weise.«

Literatur:

Homann, Karl (2014): *Sollen und Können. Grenzen und Bedingungen der Individualmoral*, Wien: Ibera.

InterAction Council (1997): Allgemeine Erklärung der Menschenpflichten, [online] https://www.interactioncouncil.org/sites/default/files/de_ udhr%20ltr.pdf [09.07.2019].

Jaspers, Karl (1949): Über Bedingungen und Möglichkeiten eines neuen Humanismus, in: *Die Wandlung*. Herbstheft.

Weltethos als ethisches Programm globaler Nachhaltiger Entwicklung

Robert Brunnhuber

Das klassische 3-Säulen-Modell »Nachhaltiger Entwicklung« (nachfolgend: NE) besteht bekanntlich aus den »Dimensionen« ökonomisch, ökologisch und sozial. Die Grundidee von NE ist jedoch nicht die bisher vernachlässigte ökologische Dimension zur Dominanz zu erheben. Vielmehr ist das Ziel eine ausgewogene »Harmonie«, wonach sich diese Dimensionen ergänzen, etwa dadurch Synergien zu nutzen (»co-benefits«) und Zielkonflikte (»trade-offs«) zu vermeiden. Wenn die ökologischen Prozesse eine notwendige Vorleistung für Ökonomie und menschliche Gesellschaften überhaupt sind (»starke Nachhaltigkeit«) und die ökonomischen Fortschritte menschenwürdige Lebensbedingungen schaffen sollen, und dafür ökologische Prozesse nutzen oder umfunktionieren, dann dienen beide (auch ihrem Wortstamm »oikos« nach) demselben Zweck: Eine menschenwürdige Gesellschaft zu kreieren. Denn der Zweck des ökonomischen Fortschritts ist es, menschliche Lebensbedingungen zu verbessern. Die ökologischen Probleme resultieren allerdings aus einer zu hohen Eingriffsintensität in globale ökologische Prozesse, was in der derzeitigen Lage dazu führt, dass die bisherigen ökonomischen Fortschritte wieder zunichtegemacht werden könnten. Die nunmehr vorhandene 5. Weisung der »Verpflichtung für eine Kultur der Nachhaltigkeit und Fürsorge für die Natur« expliziert damit, was implizit im Weltethos bereits enthalten war: Um dem »Humanitätsprinzip« überhaupt gerecht werden zu können, müssen die ökologischen Vorleistungen für zukünftige Generationen (nachhaltig) erhalten bleiben. Aus ökologischer Sicht ist nicht die Frage, ob nicht menschliche Lebewesen einen »Wert« in sich tragen, den es zu bewahren gilt (Naturschutz-Anliegen), oder Lebewesen in ihrer Existenz zu erhalten, damit sie den Menschen »dienen« können (Umweltschutz-Anliegen), sondern: Aus ökologischer Sicht gilt es, die Interdependenz von menschlichen und nicht menschlichen Lebewesen zu erkennen (z. B. Sauerstoffproduktion, Bestäubung, Wärmeregulation) und deren Verflechtung im »größeren Ganzen« (siehe: Scheitern von Biosphere 2), wie es in der Erklärung zur Weisung heißt, was das Thema globaler NE ist (siehe: ›intermediate disturbance hypothesis‹).

Die Idee, das Humanitätsprinzip als Zielvorgabe zu interpretieren, wird bereits, aber nur teilweise, mittels der Einbeziehung von Lebensqualitäts-Indikatoren zur Messung von NE praktiziert. Da Lebensqualität primär durch vorgefundene Lebensbedingungen definiert wird, besteht eine Konformität mit dem Humanitätsprinzip darin, dass jeder Mensch Lebensbedingungen vorfinden sollte, die es ihm ermöglichen, sein Mensch-Sein so umfangreich wie möglich zum Ausdruck zu bringen. Im Diskurs zu NE werden für eine Orientierung in der Ökonomie solche Bedingungen bspw. im aktuell viel beachteten Modell der Donut-Ökonomie konkretisiert. Für die Ermittlung der geeigneten (Lebens-)Bedingungen kann aber auch der Mensch selbst »gefragt« werden. Der Autor hat dafür eine psychologische Interpretation des Humanitätsprinzips vorgeschlagen, die im Wesentlichen mit der psychologischen Selbstbestimmungstheorie (Blickhan 2015) übereinstimmt – abgesehen von einigen Abweichungen und der definitorischen Einführung des Begriffs »Grundbestrebung« in Abgrenzung zu »Bedürfnis« – und auch mit *Erik Allardts* soziologischer Konzeption von Lebensqualität konform ist (Brunnhuber 2017), die im Diskurs zu NE in *Max-Neefs* berühmtem Grundbedürfnis-Ansatz (King et al. 2014) oder auch für tiefenökologisch inspirierte Indikatoren weiterentwickelt wurde (nach Hirvilammi und Helne). Es gibt drei Grundbestrebungen, die für das Mensch-Sein so konstitutiv sind, dass deren Beschränkung als »schmerzhaft« empfunden wird: Anerkennung, Selbstbestimmung, Kompetenzentfaltung. Sie wollen möglichst umfassend »erlebt« werden, was aber je nach Lebensumständen nur graduell möglich ist. Im

Kontrast zur heutigen Situation in Industrienationen besteht in einer Sklavengesellschaft ein unfaires, asymmetrisches Verhältnis beim Erleben des Mensch-Seins: Sklaven sind in allen drei Grundbestrebungen vehement eingeschränkt. Da die Grundbestrebungen in jedem Menschen angelegt sind, kann dies mittels Perspektivenwechsel nach der Goldenen Regel (GR) verallgemeinert werden: Wenn du dir die möglichst umfassende »Verfolgung« der Grundbestrebungen (ähnlich der Verfolgung von Zielen) für dich wünschst, d. h. Anerkennung von anderen, nicht bevormundet werden und Fähigkeiten erwerben, dann wünsche dies auch jedem anderen! Jedenfalls besteht das erste Verwandtschafts-Merkmal zwischen Weltethos und NE darin, dass die ursprüngliche Definition für NE »ohne zu riskieren, die Bedürfnisse zukünftiger Generationen nicht befriedigen zu können«, durch diese psychologische Lesart des Humanitätsprinzips konkretisiert werden kann, welche konkreten Bedürfnisse diese voraussichtlich haben werden (können). Obwohl die konkreten Bedürfnisse zukünftiger Generationen noch nicht bekannt sind, lässt sich jedoch plausibel argumentieren: Insofern Menschen diese Grundbestrebungen besitzen, sind die konkreten Bedürfnisse mit hoher Wahrscheinlichkeit daran geknüpft, dass diese Grundbestrebungen möglichst umfassend verfolgt werden können. Ein Rückfall in eine erneute Begrenzung, sei sie durch ökologische Knappheiten oder Katastrophen, technische Bevormundungen oder soziale Missstände hervorgerufen, hieße, das Erreichen des Entwicklungsziels der Menschheit zu mehr Menschlichkeit auf globaler Ebene und menschenwürdigen Gesellschaften hinauszuzögern oder – bedingt durch ein Scheitern auf globaler Ebene – zu verfehlen. Das ist auch eine wichtige Lehre für NE: Wie kann eine menschenwürdige Gesellschaft trotz des globalen Umweltwandels aussehen? Die »frohe Botschaft« lautet: Ökonomisches Wachstum an sich und »Haben« (*Fromm*) machen den Menschen nicht glücklich – gelegentlich sogar unglücklich (siehe: Easterlin-Paradox). Er ist glücklich, wenn er sein Mensch-Sein zum Ausdruck bringen kann (»Sein« nach Fromm). Das ist aber keineswegs das Ende des Wirtschaftswachstums, sondern Gebot einer Umorientierung. Aus dem Diskurs zu NE geht konsensuell hervor, dass bestimmte Bereiche »wachsen« müssen: erneuerbare Energien, biologische Landwirtschaft, Recycling, nachhaltiger Tourismus, Naturkosmetik etc. Darin liegt auch der Unterschied zwischen NE und den »Grenzen des Wachstums«. Die »Achtung vor dem Leben« kann auf diesem Wege ebenfalls berücksichtigt werden, wenn jede ökonomische Aktivität im Zusammenhang mit einer einfachen Entscheidungsheuristik betrachtet wird: Trägt diese dazu bei, ökosystemare Dienstleistungen zu erhalten oder gar zu optimieren, oder führt sie langfristig zu deren Degradation? Im Sinne der »Achtung vor dem Leben« ist jedoch zusätzlich dazu eine Bedingung zentral: »Resilienz«, genauer: Die Erhöhung der Resilienz von Ökosystemen gegenüber den lokalen Veränderungen durch den globalen Umweltwandel. Deshalb lautet ein weiteres Verwandtschafts-Merkmal: Da menschliche Gesellschaften von ökosystemaren Dienstleistungen abhängig sind, und Lebewesen als Teil dieser ökosystemaren Dienstleistungen von diesen sowohl abhängig sind, aber diese auch erzeugen, ist mit dem Schutz dieser und der Erhöhung der ökologischen Resilienz beiden Seiten gedient. Wichtig ist in ökozentrischer Hinsicht, dass die ökologische Regulationsfähigkeit (z. B. Emissions-, Schadstoff- und Abfallabsorption) nicht überschritten wird (siehe: ›intermediate disturbance hypothesis‹).

Die GR lässt sich als ethisches Programm für globale NE interpretieren, die die beiden bereits genannten Verwandtschafts-Merkmale in einem dritten verknüpft. Zu diesem Zweck werden hier drei Versionen der GR für globale Entwicklung unterschieden. Die ethische Version basiert auf der »Urzustands«-Idee nach *John Rawls* und nutzt das Argument des »Schleiers des Nichtwissens« zur Gewährleistung der allgemeinen Gültigkeit mittels Unparteilichkeit (Fairness): Wenn eine Person nicht weiß, in welcher Gesellschaft zu welcher historischen Zeit sie leben wird, aber weiß, dass sie sich in einer zufällig zugeteilten wiederfinden wird, dann wird sie mit ziemlicher Sicherheit sich jene Zeit wünschen, die ein großes Maß an Sicherheit verspricht (siehe: psychologische Bedürfnispyramide). Die daraus zu ziehende ethische Schlussfolgerung lautet, dass alle historischen Zeiten ein Mindestmaß an Sicherheit bieten sollten, was die ethische Forderung aufwirft, dass jetzige Generationen die Welt nicht so hinterlassen sollten, dass nach ihnen (bspw. klimatisch bedingt) die »Sintflut« kommt. Tatsächlich regt eine Reflexion über die Lebensbedingungen zukünftiger Generationen zu dieser fairen Schlussfolgerung an (Tonn 2009). Dies kann verschieden erklärt werden, etwa dadurch, dass solche Personen sich in die Position anderer versetzen (Perspektivenwechsel), mit diesen Mitgefühl hegen (Empathie) oder aber von einer formalen Fairness ausgehen: Fair wäre es, wenn alle Gesellschaften zu allen Zeiten eine vergleichbar hohe Sicherheit besitzen würden. (Um es zu erwähnen: Selbst ein Atheist wie *John L. Mackie* nutzt im Rahmen seines 3-Stufen-Modells den Perspektivenwechsel, weshalb die Herkunft der GR aus einem religiösen Kontext kein legitimer Grund ist, ihre Gültigkeit für globale NE abzulehnen.)

Nun sind aber keine völlig sicheren Gesellschaften möglich: Risiken gehören zum Leben. Die ethische Frage ist daher: Welcher Risikowert kann zukünftigen Generationen ethisch vertretbar aufgebürdet werden? Eine erste Antwort liefert das Fairness-Kriterium nach Tonn (2009): Fair wäre, wenn der Risikowert zumindest nicht höher ist als jener, der gegenwärtig akzeptiert wird. *Carl Friedrich Gethmann* nannte eine ähnliche Argumentation, die davon ausgeht, dass die Übertragung eines Risikowertes von einem Gesellschaftsbereich in einen anderen zulässig ist, das »Prinzip der pragmatischen Konsistenz«, weshalb dies hier als die pragmatische Version bezeichnet wird. Der konkrete Zahlenwert ist jedoch kein Fixpunkt: Im Sinne einer Entwicklung wäre das Bemühen angebracht, diesen Wert permanent zu reduzieren. Da also die pragmatische Version der GR keine Dauerlösung darstellen *sollte*, weil die ethische Version das zu erreichende Ideal darstellt, ist für politische Ambitionen schließlich die geschichtsphilosophische oder »entwicklungsethische« Version entscheidend, die durch die Bestrebung der kontinuierlichen Reduktion des globalen Risikos motiviert ist: Bisher bestand das Bemühen darin, Gesellschaften für einzelne Personen »sicherer« zu machen. Nun gilt es, dieses Vorhaben für die Menschheit umzusetzen. Für das praktische Vorgehen gilt: Da alle Entscheidungen Risiken involvieren, sind nur solche ethisch vertretbar, wenn die antizipierbaren Konsequenzen gegenwärtiger Entscheidungen zumindest nicht den Risikowert der pragmatischen Version überschreiten. Das Problem dabei ist jedoch die involvierte Ungewissheit: Oft kann nicht festgelegt werden, wie hoch die involvierten Risiken tatsächlich sind. In diesem Fall tritt das Vorsorge-Prinzip (Precautionary Principle) in Kraft, welches trotz der Fülle an Formulierungen und Kritiken eine einheitliche Grundstruktur ethischer Natur aufweist: Umso größer die Ungewissheit, desto mehr Vorsorge ist geboten!

Die universale Gültigkeit dieses Gebots ist dadurch nachweisbar, dass das Gegenteil nicht verallgemeinerbar ist (für die Möglichkeit der Operationalisierung dieser ethischen Forderung vgl. Brunnhuber/Abed-Navandi 2017). NE besteht darin, dass die Möglichkeit der Vorsorge für zukünftige Generationen erhalten bleibt (d. h. ›Lock-In‹-Effekte und Irreversibilität vermieden werden), wenn die »Bewahrung der Entwicklungs- und Handlungsmöglichkeiten« (Jörissen et al. 1999) gemäß Humanitätsprinzip bewahrt werden soll. Andernfalls würde NE »ad absurdum« geführt. Das Vorsorge-Prinzip tritt aber nur in Kraft, wenn das Sorge-Prinzip (Cautionary Principle) im Normalmodus nicht oder noch nicht anwendbar ist. Das Sorge-Prinzip (hier in einer Interpretation) besteht aus zwei Elementen: In der Regel nehmen Personen keine Risiken freiwillig auf sich, wenn sie (1) davon keinen Nutzen haben – laut *Sven O. Hansson* ist daher auch individueller Nutzen eine ethische Vorbedingung – , und (2) Nutzen und Risiko nicht in einem vertretbaren Verhältnis stehen. Wenn das Risiko außerordentlich hoch ist, aber der Nutzen minimal, dann handelt es sich um kein vertretbares Verhältnis. Die Vorteile des Nutzens erhöhen sich aber, wenn durch bestimmte Maßnahmen die involvierten Risiken minimiert werden können, d. h so gering wie möglich gehalten werden. Durch eine Transport-Dienstleistung nimmt eine Person einen Nutzen in Anspruch, aber nur unter der zusätzlichen Bedingung, dass entsprechende Maßnahmen getroffen wurden, damit das Risiko, die sichere Ankunft zu verfehlen, auf ein Minimum reduziert wird. Das Sorge-Prinzip ist mittels GR begründbar, wenn angenommen werden darf, dass eine Person nur in Ausnahmefällen Risiken ohne Nutzen auf sich nimmt: Willst du nicht, dass dir Risiken ohne Nutzen aufgebürdet werden, so bürde sie auch niemand anderem auf. Die Gültigkeit der beiden Prinzipien kennt jedoch (nach dem ethischen Principlism) Ausnahmen, auf die hier nicht im Detail eingegangen werden kann. Deshalb nur so viel: In einer Gesellschaft werden anderen Personen permanent Risiken aufgebürdet, ohne dass diese daraus einen Nutzen für sich ziehen, ziehen können oder ziehen müssen (z. B. Feinstaub, hochfrequente elektromagnetische Strahlung etc.). Das Sorge-Prinzip wird in solchen Fällen verletzt, weil »angenommen« wird, dass die Risiken sehr gering sind. Ergibt sich ein nachträglicher Verdacht (z. B. als Folge eines Irrtums), dass die Risiken nicht trivial sind, dann ist es ein ethisches Gebot der gesellschaftlichen Verantwortung, entweder reduzierende Maßnahmen zu treffen oder Alternativen zu finden. Auf globaler Ebene korrespondiert das Element des möglichst geringen Risikos mit der ethischen Version der GR, das Element des Nutzens mit dem Humanitätsprinzip. Für das ethische Programm globaler NE gilt daher: Wenn gegenwärtige Entscheidungen intergenerationeller Relevanz Konsequenzen hervorrufen, die auch einen Nutzen für zukünftige Generationen versprechen, und Maßnahmen möglich sind, die die involvierten Risiken zumindest unterhalb des fairen Risikowertes nach der pragmatischen Version halten, und idealerweise nach der entwicklungsethischen Version weiter reduzieren, dann handelt es sich um ethisch vertretbare Entscheidungen, nach der hier geführten Argumentation. Konträr dazu wurden bisher die zukünftigen Konsequenzen gegenwärtiger Entscheidungen zulasten der Zukunft diskontiert (Adam et al. 2011).

Literatur:

Adam, Barbara und Chris Groves (2011): Futures Tended. Care and Future-Oriented Responsibility, in: *Bulletin of Science, Technology & Society*, Jg. 31, Nr.1, 17–27.

Blickhan, Daniela (2015): *Positive Psychologie. Ein Handbuch für die Praxis*, Paderborn: Junfermann Verlag.

Brunnhuber, Robert (2017): Ethischer Realitätssinn nach dem Weltethos. Lösungsansätze nach einer psychologischen Lesart, *Artikelreihe des Human and Global Development Research Institute (DRI)*, Wien.

Brunnhuber, Robert und Mohammed Abed-Navandi (2017): Die Lehre der Risikopotenziale im Umgang mit Risiken, in: *Risiko Manager*, Jg. 12, Nr. 4, 40–49.

Jörissen, Juliane, Jürgen Kopfmüller, Volker Brandl und Michael Paetau (1999): Ein integratives Konzept nachhaltiger Entwicklung, [online] http://digbib.ubka.uni-karlsruhe.de/volltexte/fzk/6393/6393.pdf [18.07.2019].

King, Megan F., Vivian F. Renó und Evelyn M. L. M. Novo (2014): The Concept, Dimensions and Methods of Assessment of Human Well-Being within a Socioecological Context. A Literature Review, in: *Social Indicators Research*, Jg.16, Nr. 3, 681–698.

Tonn, Bruce E. (2009): Obligations to Future Generations and Acceptable Risks of Human Extinction, in: *Futures*, Jg. 41, Nr. 7, 427–435.

Nachhaltigkeits-Governance: Warum Geschäfte und Technikwunder allein die Umwelt nicht retten

Felix Ekardt

Nach den Daten des Weltklimarates ist die im Paris-Abkommen vereinbarte Begrenzung der globalen Erwärmung auf 1,5–1,8 Grad nur machbar, wenn weltweit alle Emissionen in 10–20 Jahren auf null gebracht werden. Selbst wenn wir uns drei statt zwei Dekaden Zeit für den Wandel nehmen, wie der Weltklimarat erwägt, und die 1,5-Grad-Grenze dadurch nur noch mit etwa 50 Prozent Wahrscheinlichkeit einhalten, ist das immer noch sehr anspruchsvoll.

Gleichzeitig schreibt uns die globale Biodiversitätskonvention vor, den Artenverlust zu stoppen und umzukehren. Deutschland und die EU sind davon meilenweit entfernt. Statt vermeintlich sauertöpfischer Begrenzungsdiskurse um nötige Politikmaßnahmen, die doch ohnehin keine Mehrheit finden, wird uns seit einiger Zeit eine vermeintlich einfache Lösung offeriert: Nachhaltigkeit durch intelligenteren Konsum, nämlich durch Kaufentscheidungen für pfiffige grüne Produkte und Dienstleistungen, was zugleich den Unternehmen fantastische Geschäfte und der Gesellschaft sattes grünes Wachstum bringen soll.

Die Liste der Ideen ist schier endlos. Warum sollten wir auf irgendein Produkt verzichten, wenn man es doch einfach aus beliebig nachwachsenden und im Kreislauf führbaren Produkten herstellen kann, sodass Produkte nur noch nutzen und null Schaden verursachen. Warum etwa Wegwerfgeschirr abschaffen, wenn man es doch einfach aus Blättern von Pflanzen herstellen kann. Und was soll an Autos und Häusern ökologisch problematisch sein? Bauen wir sie doch einfach aus nachwachsenden Rohstoffen und liefern Strom und Wärme aus erneuerbaren Energien. Für alles bieten wir dann einen Gesamt-Nutzungstarif an, natürlich mit Energie-Flatrate auch fürs Elektroauto. Warum nicht extra viel Autofahren in den Wunderwagen eines *Elon Musk*, wenn es doch ›öko‹ ist. Sanfte Tourismus-Ressorts unter Palmen und ökologisierte Sportschuhe wären weitere Beispiele. Der Anbieter macht ein schönes Geschäft, und der Nutzer konsumiert nachhaltig.

Doch so einfach ist es nicht, auch wenn grüne Technik sehr wichtig ist. Oft wird zum Beispiel nur auf einen Problembereich geschaut, etwa auf die Herstellung. Etwa eines Autos aus vollständig essbaren Komponenten, ohne Metalle. Doch verbraucht ein Auto auch dann noch Fläche und schädigt damit auch dann noch die Biodiversität und die Grundwasseranreicherung, wenn das Auto vollständig aus essbaren Materialien hergestellt wurde, wie manche verheißen. Auch die erneuerbaren Energien, mit denen ein solches Lunch-Auto betrieben werden sollte, sind mitnichten unendlich verfügbar. Und auch nachwachsende Rohstoffe sind alles andere als unendlich. Will man die globalen Naturschutzziele erreichen, dürfen wir nicht etwa mehr Flächen zum Anbau solcher Rohstoffe in Nutzung nehmen, sondern müssen der Natur und der Wildnis mehr Raum geben.

Daran sieht man noch etwas: Die Auswirkungen auf andere Umweltbereiche als das Klima werden oft gar nicht gesehen. Doch Umwelt ist nicht gleich Klima. Und es reicht auch nicht, dass eine Technik-Idee für ein paar Einzelanwendungen pfiffig wäre. Die Frage ist vielmehr, ob ihre flächendeckende Anwendung funktioniert. Und daran fehlt es eben, wenn man statt einer Begrenzung unserer steigenden Nachfrage nach Ressourcen aller Art einfach auf nachwachsende Optionen umsteigen möchte. Auch Blätter für Einweggeschirr sind nicht einfach massenhaft verfügbar; denn sie sind Teil der natürlichen Stoffkreisläufe etwa im Wald.

Sowohl Fernreisen als auch neue Schuhe für jeden denkbaren Sport sind zudem Beispiele für Produkte, die noch vor einiger Zeit eigentlich niemand brauchte. Zugespitzt gesagt, kann man all diese Produkte für Ergebnisse des Versuchs halten, in einer gesättigten westlichen Welt weiterhin Absatz und Wirtschaftswachstum zu ermöglichen, auch wenn ohne Malaysia-Urlaub und superneue Sportausrüstung in den 1980er-Jahren niemand unglücklich war. Jedoch ist es keine Öko-Strategie, Produkte erst neu in den Markt zu drücken und dann einige grobe Auswüchse zu therapieren. Der Langstreckenflug, den man früher gar nicht unternommen hätte, wird nicht dadurch ein Gewinn für die Umwelt, dass die Düsen des Flugzeugs plötzlich total energieeffizient konstruiert werden. Für Nullemissionen im Sinne des Paris-Abkommens oder für mehr Raum für die Natur ist die Strategie, immer reicher zu werden, und das jetzt halt ein bisschen grüner, aller Voraussicht nach schlicht zu wenig.

Die Idee, jegliche ökologische Schädlichkeit aus Konsumgütern zu verbannen und diese dadurch immer intensiver konsumieren zu können, mag für viele traumhaft klingen. Sicherlich lassen sich darüber auch schöne Geschichten erzählen, wenn etwa *Michael Braungart* beispielsweise den Baum als Vorbild für Öko-Produkte anpreist, der schließlich auch nur nütze und der sein Vorbild sei. Doch schon anhand dieses banalen Bildes sieht man erneut, wie eigenartig so weitgehende Versprechungen sind: Natürlich nützt auch ein Baum nicht nur, er verhindert vielmehr beispielsweise durch seinen Schatten, dass sich bestimmte andere Pflanzen in seinem Schatten entwickeln können.

Sicherlich lassen sich viele Konflikte und Abwägungsprobleme im Leben durch bessere Technik und intelligente Lösungen minimieren, doch das Ziel, den Umweltschutz zu einem konfliktfreien Geschehen ohne schmerzliche Abwägungen zu machen, ist ersichtlich irreal. Nicht umsonst gibt es gerade keine ethisch-rechtliche Formel »Schade niemandem« – nahezu alles im Leben ist für irgendjemanden auch unvorteilhaft. Selbst wenn alle Autos essbar wären, würden sie immer noch Menschen gelegentlich verletzen oder totfahren. Und sie werden massig Fläche für Transportwege, Parkplätze & Co. verbrauchen und damit den Schutz von Biodiversität und Ökosystemen torpedieren. Umso mehr gilt das, wenn sich die Idee vollständiger Kreisläufe und vollständig schadloser Produkte aller Voraussicht nach nur teilweise umsetzen lässt.

Natürlich brauchen wir zum Beispiel den konsequenten Umstieg auf erneuerbare Energien. Doch selbst den bekommen wir nicht allein durch pfiffige Unternehmer und Konsumenten. Dafür sind Unternehmen und Konsumenten in ihren täglichen Entscheidungen viel zu sehr auf die Normalitäten der Vielverbrauchsgesellschaft eingeschliffen, und Normalitätsvorstellungen ändern sich – wie menschliches Verhalten allgemein – mitnichten allein durch neues Wissen. Auch schlichter kurzfristiger Eigennutz, Pfadabhängigkeiten, Kollektivgutprobleme und menschliche Emotionen wie Gewohnheit, Verdrängung, Bequemlichkeit und fehlende Dringlichkeitsgefühle bei raumzeitlich entfernten Problemlagen wie dem Klimawandel stehen unserer Öko-Performance oft im Weg. Ob eher die Konzerne oder die Kunden oder die Politiker die Bösen sind, wäre dabei eine Henne-Ei-Diskussion. Die einen gibt es nicht ohne die anderen. Außerdem sind wir alle als Kunden, Arbeitnehmer und vielleicht noch Aktionäre in Gestalt unseres Pensionsfonds mehr oder minder eng mit den Unternehmen verflochten.

Will man neue Technik wie erneuerbare Energien und Energieeffizienz schnell in den Markt bringen und will man unser aller Verhalten mitunter auch genügsamer machen, wird neben aller unternehmerischer Kreativität und allem Wandel von unten auch Politik nötig sein. Und zwar geografisch und sachlich breit ansetzend, sonst verlagert man oft Probleme lediglich in andere Länder oder andere Sektoren. Zum Beispiel indem man die fossilen Brennstoffe konsequent aus dem Markt nimmt, auch wenn an ihre Stelle nicht nur neue Technik, sondern manchmal auch etwas Genügsamkeit treten müsste. Freiheitsfreundlicher und sogar ökologisch wirksam erreicht man dies durch eine gesamtwirtschaftliche Mengensteuerung – für fossile Brennstoffe auf null im besagten Zeitrahmen von maximal zwei Dekaden, für die Tierhaltung mit einer deutlichen Reduktion. Und zwar auf EU-Ebene, denn ein Argument war schon immer richtig: Klimaschutz allein in Deutschland anzugehen, würde das Problem teils in andere Länder verlagern.

Wahrscheinlich bedeutet ökologisch motivierte Genügsamkeit durch die Hintertür einen Ausstieg aus der Wachstumsgesellschaft. Wie aber können Unternehmen ohne Wachstum klarkommen, wenn eine ökologisch nötige Genügsamkeit ihnen mittelfristig Absatzmärkte nähme? Es gibt Unternehmen, die das bereits ausprobieren. Wir brauchen auch gute Ideen dafür, wie ein Arbeitsmarkt in einer solchen Welt ohne Wachstum als Treiber funktionieren könnte. Arbeitszeitverkürzung, Grundeinkommen, aber auch Wege der Tagesgestaltung jenseits der Lohnarbeit müssen viel konkreter als bislang debattiert, ausprobiert und angegangen werden. Solche wirtschaftlichen und gesellschaftlichen Konzepte weiter zu vertiefen, ist mindestens ebenso wichtig wie die neuesten technischen Innovationen.

Die fünfte Weisung des Parlaments der Weltreligionen zum Weltethos kann im Sinne des Vorstehenden gelesen werden. Gier, Maßlosigkeit und eine Fokussierung auf den Konsum werden dort als mit allen großen religiösen Traditionen unvereinbar kritisiert. Suffizienz und Verhaltensänderungen, also gerade nicht nur technischer Wandel, werde damit zutreffend als notwendiges Element von Nachhaltigkeit erkannt. Es bleibt zu hoffen, dass religiöse Bewegungen und Institutionen dies nicht als bloßen unverbindlichen Appell an den Einzelnen betrachten, sondern auch dafür eintreten, dass künftig in diesem Sinne Politik gemacht wird – und zwar weltweit.

Das Ethos der Nachhaltigkeit: Die Gestaltung der Globalisierung im Sinn der 17 Sustainable Development Goals

Friedrich Glauner

Die zukunftsweisende Stellung der Weltethos-Werte für ein gedeihliches Zusammenleben der Menschen erschließt sich nicht nur in ihrer Rolle für den Aufbau leistungsfähiger Organisationskulturen sowie bei der Entwicklung zukunftsfähiger Geschäftsmodelle, sondern in einer dritten Facette ihrer praktischen Weltwirksamkeit. Vergegenwärtigen wir uns hierzu nochmals die Besonderheit der Weltethos-Werte. Wie *Hans Küng* in seinen vielen Schriften auf eindrucksvolle Weise herausgearbeitet hat, findet sich ihr Kanon in allen Religionen und Kulturen wieder. Dabei nehmen diese Werte eine Zwischenstellung ein zwischen den kulturspezifischen Geboten der materialen Moral auf der einen Seite (beispielsweise die Koscher- und Halal-Gebote im Islam und im jüdischen Glauben) sowie den abstrakten Vorstellungen der reflektierten Ethik auf der anderen Seite (beispielsweise die von so unterschiedlichen Denkern wie *Aristoteles*, *Epikur*, *Konfuzius* oder *Lao Tse* behandelte Frage, was eine Tugend zu einer Tugend macht). Denn anders als die abstrakten Begriffe der Philosophie und auch als die oft konkret voneinander abweichenden Gebots- und Verbotsregeln kulturgeprägter Moralvorstellungen handelt es sich beim Kanon der Weltethos-Werte um ein in den verschiedensten Lebenswelten verankertes Regelwerk, das zu allen Zeiten und in allen Kulturen und Weltreligionen in ähnlicher Form ausgebildet worden ist. Es entstand aus einer kulturübergreifenden Strategie, wie der Umgang mit existenziellen Konflikten geregelt werden kann. Solche Konflikte entstehen, wenn substanzielle Spannungen zwischen den Werten eines Einzelnen und seiner Umgebung oder zwischen den Werten verschiedener Gruppen entstehen. Mit Blick auf solche Konflikte hat sich deshalb zu allen Zeiten und in allen Kulturen ein regulativer Kanon von im Kern gleichen Wertehaltungen ausgebildet, die solche Konflikte entschärfen helfen.

In der Phänomenologie des guten Handelns kann die besondere Rolle des Weltethos wie folgt auf den Punkt gebracht werden: Einerseits handelt es sich bei ihm um einen Kanon, der in seiner abstrakten Form eine kulturübergreifende Geltung beansprucht. Zum anderen handelt es sich bei ihm um einen Kanon, der sozusagen vorreflexiv praxiswirksam wird, da er aus unterschiedlichsten konkreten Lebenssituationen heraus erwachsen und so in unterschiedlichsten Kulturen und Lebensformen konkret verankert ist. Im Sinn einer weltwirksamen »Protoethik« greifen die Weltethos-Werte dabei ohne ethische Begründungsdiskurse und damit diesseits einer rein philosophischen Betrachtungsweise praxiswirksam in die vielfältigen Formen einer höchst unterschiedlichen Lebenswirklichkeit ein. Sie sind somit sowohl kulturspezifisch wie auch kulturübergreifend praxiswirksam.

Genau diese kulturübergreifende Praxiswirksamkeit der Weltethos-Werte erhebt sie in den Rang eines globalen Ethos der Nachhaltigkeit. Warum das so ist, wird deutlich, wenn wir uns nochmals der in diesem Buch schon beschriebenen funktionalen Rolle zuwenden, die die Weltethos-Werte im Bereich der Unternehmensführung sowie bei der Entwicklung zukunftsfähiger Geschäftsmodelle einnehmen (vgl. Glauner in diesem Band). Als funktionale Begleitwerte zur Ausbildung gelingender Kooperationskulturen und zukunftsfähiger Leistungsversprechen helfen sie, Unternehmen so auszurichten, dass unser Wirtschaften zukunftsfähig wird. Zukunftsfähig wird unser Wirtschaften nämlich nur dann, wenn Unternehmen ein aus weltethischer Sicht gesehen ›ethikologisches‹ Geschäftsmodell betreiben, sprich ein Unternehmen betreiben, das von den ethischen Werten eines humanen Miteinanders getragen wird und sein Wirtschaften an den ökologischen Prinzipien ressourcenschöpfender Mehrwertkreisläufe ausrichtet. Ethikologische Geschäftsmodelle sind solche, die dazu beitragen, dass die durch unser heutiges Wirtschaften hervorgerufenen lokalen und globalen ökologischen, sozialen und gesellschaftlichen Probleme mit ökonomisch erfolgreichen Mitteln gelindert und aufgelöst werden (Glauner 2016; 2017; 2018).

Die Rolle der Weltethos-Werte für zukunftsfähiges Wirtschaften geht über die praxistaugliche Entwicklung von zukunftsfähigen Unternehmen hinaus. Deutlich wird dies, wenn wir uns den von den Vereinten Nationen verabschiedeten und am 1. Januar 2016 in Kraft getretenen siebzehn Zielen für eine Nachhaltige Entwicklung zuwenden. Denn in der konkreten Umsetzung dieser Ziele kann es zu Konflikten und sogenannten »trade-offs« kommen, also zu Zielkonflikten und negativen Wechselwirkungen, die bei der Verfolgung einzelner Ziele, Projekte und Maßnahmen zu berücksichtigen sind (Pradhan et al. 2019). Diese Konflikte lassen sich in drei Kategorien einteilen: erstens in Zielkonflikte, die zwischen den einzelnen Nachhaltigkeitszielen auftreten, beispielsweise zwischen den Zielen der Armutsbekämpfung, dem gerechten Interessenausgleich von Chancengleichheit und Wohlstandsteilhabe sowie der Sicherung der ökologischen Lebensgrundlagen; zweitens in Kultur- und Wertekonflikte sowie drittens in Interessenkonflikte. Sie entstehen, wenn bei der Umsetzung einzelner Projekte und Maßnahmen unterschiedliche globale und lokale Belange, Interessen und Wertehaltungen von beteiligten und betroffenen Akteuren aufeinandertreffen, beispielsweise zwischen global handelnden und lokal verankerten Unternehmen, der Politik sowie der lokalen Zivilgesellschaft mit ihren teils sehr unterschiedlichen lokalen Kulturen und Wertevorstellungen.

Mit Blick auf diese Konfliktpotenziale bei der konkreten Umsetzung der globalen Nachhaltigkeitsziele nehmen die Weltethos-Werte die gleiche Rolle ein, die sie bei der Ausbildung einer ethisch trag- und funktional hochleistungsfähigen Unternehmensorganisation sowie bei der Entwicklung zukunftsfähiger Geschäftsmodelle spielen. Als Maßstab für ein humanes Miteinander sorgen sie dafür, dass bei der Umsetzung der globalen Nachhaltigkeitsziele auftretende Konflikte jederzeit sachorientiert, fürsorglich, beteiligend und fair in

Szene gesetzt werden. In Analogie zu ihrer Funktion als funktionale Begleitwerte für die Entwicklung einer unverwechselbaren Unternehmenskultur sowie als Maßstab für die Entwicklung zukunftsfähiger ethikologischer Geschäftsmodelle dienen die Weltethos-Werte somit auch auf der Ebene des Nachhaltigkeitsdenkens als ein funktionaler Maßstab, mit dem eine gelingende Globalisierung ausgestaltet werden kann.

Als funktionale Begleitwerte einer gelingenden Globalisierung, die die Belange der Menschen vor Ort mit denen der Menschheit und der Natur insgesamt in Einklang bringen hilft, dienen die Weltethos-Werte dazu, die globalen Belange für eine nachhaltige Absicherung der Menschheit mit den lokalen Belangen und Interessen der Menschen und der Natur vor Ort in Einklang zu bringen. Dabei schreiben sie nicht eins zu eins vor, wie in einer konkreten Situation die Umsetzung der Nachhaltigkeitsziele in Szene zu setzen ist. Im Sinn eines »metaethischen« Kriterienkatalogs, der im Sinn eines bewusst gewählten Ethos aus der vielfältigen Lebenswelt unterschiedlichster religiöser und kultureller Praktiken und Glaubenssysteme abgeleitet worden ist, liefern sie vielmehr die Leitlinien und Verfahrensanweisungen zur Bewertung, ob eine konkrete Lösung aus Sicht der Beteiligten – und d. h. hier aus der Perspektive aller (!) Betroffenen – sowohl fair, partnerschaftlich und gewaltfrei ist als auch im umfassenden Sinn eines zukunftsfähigen Wirtschaftens zu einer nachhaltigen Ressourcenschöpfung führt, mit der die globalen Nachhaltigkeitsziele umgesetzt werden können. Als abstrakter Nenner einer Mannigfaltigkeit unterschiedlichster religiöser und lebensweltlicher Regeln für ein humanes Miteinander sind die Weltethos-Werte somit die fundamentalen Leitlinien, mit denen höchst individuelle Lebenspraxen so ausgerichtet werden können, dass sie dazu beitragen, dass der heutige Ressourcenraubbau gestoppt und in einen umfassenden Kreislauf ressourcenschöpfender Mehrwertprozesse überführt werden kann. Als ein umfassendes Ethos der Nachhaltigkeit dienen die Weltethos-Werte somit auch auf der globalen Ebene von Wirtschaft, Gesellschaft und Natur als funktionale Regeln, mit denen die Menschheit zukunftsfähig wird. Wo sich Menschen bewusst und aktiv zu diesen Werten bekennen und begreifen, dass sie die prozeduralen Regeln für Konfliktlösungen sind, die die Belange aller berücksichtigen, werden die Weltethos-Werte so zur Grundlage einer »Metaethik«, die die Belange der Menschheit mit denen der Natur auszusöhnen in der Lage ist.

Literatur:

Glauner, Friedrich (2016): *Zukunftsfähige Geschäftsmodelle und Werte. Strategieentwicklung und Unternehmensführung in disruptiven Märkten,* Berlin/Heidelberg: Springer-Gabler.

Glauner, Friedrich (2017): Ressourcenschöpfende Mehrwertkreisläufe. Die Logik zukunftsfähiger Geschäftsmodelle, in: Patrick Bungard (Hrsg.), *CSR und Geschäftsmodelle,* Berlin/Heidelberg: Springer, 57–100.

Glauner, Friedrich (2018): *Das zukunftsfähige Unternehmen. Wettbewerbsvorteile durch Wertschöpfungsvernetzung,* Wiesbaden: Springer-Gabler.

Pradhan, Parjal, Lusi Costa, Diego Rybski, Wolfgang Lucht und Jürgen P. Kropp (2019): A Systematic Study of Sustainable Development Goal (SDG) Interactions, in: *Earth's Future,* Jg. 7, Nr. 5, 1169–1179.

Dank und Ausblick: Zur Umsetzung von »Weltethos« im 21. Jahrhundert

Ulrich Hemel

Wenn ein Handbuch wie das hier vorliegende vor dem Abschluss steht, löst dies Emotionen bei allen Beteiligten aus: Freude darüber, dass aus einer Idee ein realisiertes Werk wurde, aber auch vieles mehr. Ich bin begeistert darüber, mit welcher großen inneren und äußeren Bereitschaft die Wegbegleiter des Weltethos-Projekts ihren jeweiligen Beitrag geleistet haben. Die Vielschichtigkeit und Reichhaltigkeit der Gedanken faszinieren mich, auch in ihren jeweiligen Spannungen.

Diese unterschiedlichen Akzente sollen in einer spannungsreichen Welt auch nicht geglättet werden. Ganz im Gegenteil: Die Kunst des guten Zusammenlebens in einer globalisierten Welt besteht ja gerade darin, gute gemeinsame Wege trotz existierender Unterschiede zu finden und humanen Umgang trotz aller Differenzen zu pflegen.

Eine Brücke dafür bilden die großen, friedenstiftenden Institutionen und Ideen dieser Welt. Dazu gehören die Lebensbereiche Politik, Wirtschaft und Religion. 2016 traten die 17 Ziele Nachhaltiger Entwicklung der Vereinten Nationen (17 SDG) in Kraft. Der Wirtschaftsgipfel in Davos und andere Initiativen zeigen, dass viele Unternehmen ihre Verantwortung in dieser einen Welt begreifen und den Weg der Zerstörung von Lebensgrundlagen verlassen. 2019 fand das weltweite Friedenstreffen der Religionen in Lindau (Deutschland) statt.

Der Ausblick dieses Bandes über Weltethos im 21. Jahrhundert soll daher über eine Vision formuliert werden. Denn die Welten von Politik, Wirtschaft und Religion gehen längst ineinander über, sei es durch die Globalisierung von Waren und Dienstleistungen, sei es durch globale Migrationsströme aufgrund von Flucht und Arbeitsmigration. Hier ist die Weltethos-Idee gefragt wie noch nie. Denn Menschen bringen ihre Religion ja mit und wollen sie auch in neuen Kontexten leben.

Daher sei hier die Vision einer »guten religiösen Praxis« artikuliert. Diesen Gedanken habe ich zuerst im Juni 2019 auf der UNESCO Summer School in Luzern vorgetragen. Es geht darum, eine »SDG 18« als »Good Religious Practice« oder »Gute religiöse Praxis« zu formulieren, um die Welten von Religion, Politik und Wirtschaft über globale Mindeststandards von Verhalten miteinander ins Gespräch zu bringen.

»Gute religiöse Praxis« ist ganz im Sinne der Weltethos-Idee keine eigene religiöse oder weltanschauliche Bewegung, sondern die Verpflichtung, sich an Mindeststandards des Verhaltens in einer globalen Welt zu halten. Ohne hier auf Einzelheiten einzugehen, sollten folgende Forderungen in eine solche SDG 18 eingehen:

I. Religiöse Bekenntnis- und Glaubensfreiheit
II. Religiöse Kult- und Gottesdienstfreiheit
III. Freiheit zur religiösen Konversion oder zum Religionswechsel
IV. Freiheit, ohne Religion, also agnostisch oder atheistisch zu leben
V. Abkehr von und Verzicht auf grausame religiöse Praxis

Einen solchen Gedanken zu formulieren, ist das eine. Ihn Realität werden zu lassen, ist ungleich schwieriger und langwieriger. Denn die Verabschiedung eines solchen Ziels als UN-Ziel setzt ein Verständnis dafür voraus, dass Religion und Religionen über einen Menschenrechtsdiskurs weit hinausgehen. Sie betreffen die Selbstdefinition von Menschen und Gemeinschaften. Sie sind unmittelbar verbunden mit den großen Menschheitsthemen Freiheit und Selbstbestimmung,

Anerkennung und Würde. Und genau deshalb greift religiöse Realität immer auch über in politisches und wirtschaftliches Handeln, auch wenn dies nur sehr selten ausdrücklich wahrgenommen wird.

Denn ein kurzer Blick auf die Welt so, wie sie ist, zeigt auf, dass die fünf Forderungen guter religiöser Praxis in zahlreichen Ländern eben nicht verwirklicht sind. Und im Vorblick auf Bemühungen zur tatsächlichen Verankerung dieser Forderungen als ein UN-Ziel der Weltgemeinschaft können wir uns alle lebhafte Diskussionen darüber, was nun wirklich »grausame religiöse Praxis« ist, vorstellen.

Eine SDG 18 über »gute religiöse Praxis« wäre ein konsequenter nächster Schritt zu einer friedlichen und nachhaltigen Welt. Die Erklärung des Parlaments der Weltreligionen vom Oktober 2018 über die Aufnahme des Wertes der »Nachhaltigkeit« in die sogenannten »Weltethos-Werte« legt hierfür ein beredtes Zeugnis ab. Denn wir haben nur eine Welt und müssen umsteuern in die Richtung eines langfristig lebensfähigen Modells von Wirtschaften mit ethisch sprachfähigen Unternehmen. Zu einer solchen Weltgestaltung gehören ökologische, aber auch soziale Aspekte, denn gutes Zusammenleben braucht auch ein Minimum an sozialer Kohäsion. Wie aber soll dies gewährleistet sein, wenn nach letzten vorliegenden Zahlen im Jahr 2018 noch 832 Millionen Menschen oder rund 9 Prozent der Weltbevölkerung physisch Hunger leiden und von weniger als 2 Dollar pro Tag leben müssen?

Faire Lebensverhältnisse, nachhaltiges Wirtschaften, friedliches Zusammenleben der Religionen und nicht zuletzt eine humane Gestaltung der Digitalisierung: das sind die Herausforderungen für die Welt des 21. Jahrhunderts. Und weil wir als Menschen Sprache, Symbol- und Kooperationsfähigkeit haben, können und sollten wir diese Fähigkeiten umsetzen in Ideen und »Leuchtturmprojekte« wie das ursprünglich von Hans Küng formulierte Projekt »Weltethos«. Da geht es nicht um eine »Überreligion«, um den Gedanken von Eberhard Stilz im Geleitwort aufzugreifen, sondern im Grunde um ein *Lernprogramm für gutes Zusammenleben* jenseits religiöser, nationaler, kultureller und sonstiger Unterschiede.

Dieses Lernprogramm soll nun zeitgemäß ausbuchstabiert werden. Einen ersten Vorgeschmack dazu liefert der vorliegende Band. Und es ist mir eine Ehre und Freude, den beteiligten Akteuren ausdrücklich und explizit zu danken. Mein Dank gilt zunächst allen Autorinnen und Autoren, die durch ihre Beiträge die Vielfalt unseres Gesprächs über die Zukunft des Projekts Weltethos und ihre Partnerschaft in diesem Projekt bezeugen. Mit allen Autorinnen und Autoren danke ich besonders meinen Kollegen *Hanna Schirovsky* und *Christopher Gohl* für die engagierte und akribisch genaue Redaktion, unterstützt durch *Sebastian Ulmer* und *Laura Balasus*.

Schlussendlich ist dieses Buch aber die Leistung des gesamten Weltethos-Instituts. Für die Erfahrung, Ideen und Unterstützung, die dieses Buchprojekt erst ermöglicht und verbessert haben, danke ich namentlich *Bernd Villhauer* und *Anna Tomfeah*, aber mit Blick auf den großen organisatorischen Rückhalt auch *Esther Nezere*.

Mein Dank gilt weiterhin auch den Kollegen von der Weltethos-Stiftung, namentlich *Eberhard Stilz, Stephan Schlensog* und *Markus Weingardt*. Sie unterstützen unser Institut auch jenseits ihrer Beiträge in diesem Band mit Rat und Tat. Stiftung wie Institut sind gemeinsam dem Projekt Weltethos verpflichtet und bilden dabei eine eigene Lerngemeinschaft. Während die Weltethos-Stiftung ihren Akzent stärker auf die Bereiche Gesellschaft und Bildung setzt, widmet sich das Weltethos-Institut ausdrücklich dem Thema »Weltethos« durch Aufbau von Vertrauen in der Welt der Unternehmen und der gewinnorientierten Wirtschaft. Dieser Fokus auf Wirtschaft als der Lebensbereich mit dem größten Bedarf und dem größten Hebel für Veränderung ist in einer globalisierten Welt deshalb sinnvoll, weil Unternehmen als Akteure der globalen Zivilgesellschaft wirken. Sie müssen und können neu lernen, wie sie in der Welt von heute Verantwortung in der Gesellschaft übernehmen.

Die besten Ideen verhungern, wenn es nicht jemanden gibt, der in sie investiert. Besonderer Dank gilt deshalb dem Sponsor des Weltethos-Instituts, dem Unternehmer und großzügigen Philanthropen Prof. h. c. *Karl Schlecht*. Seine Impulse und Investitionen wirken stärker, als es im Alltag gelegentlich scheinen mag und gehen weit über ein finanzielles Engagement hinaus.

Danken möchte ich außerdem dem Verleger *Manuel Herder*, denn einer Begegnung mit ihm im Oktober 2018 verdankt sich die Idee für dieses Buch. In einem ungemein anregenden Treffen mit dem Cheflektor des Herder-Verlags *Simon Biallowons* nahm es Gestalt an. Seine materielle Form verdankt es nicht zuletzt *Anna Heinzle*, der betreuenden Lektorin: ihnen allen danke ich gerne und von Herzen.

Dankbar sind wir schließlich und in allererster Linie Prof. Dr. Dr. h. c. mult. *Hans Küng*. Ohne seine Inspiration und seine vielfältigen und beispielhaften Initiativen über die vergangenen drei Jahrzehnte hinweg wäre aus der Weltethos-Idee kein so umfassendes, stets wachsendes und wichtiges Werk geworden! Dieses Buch, mit dem wir an den 30. Geburtstag des Weltethos-Projekts erinnern, ist deshalb ihm gewidmet.

Nun wünschen wir dem Werk viele engagierte, inspirierte, kritische, aber auch wohlwollende Leserinnen und Leser! In der Auseinandersetzung mit unserem Gesprächsangebot werden Sie selbst zu Teilhaberinnen und Teilhabern unseres Projekts. Wir sind gespannt, was Sie denken und tun. Lassen Sie uns gerne davon wissen!

Tübingen, den 20. August 2019

Ulrich Hemel

Namensregister

Hinweise zu den Autoren

Robert Brunnhuber ist Mitarbeiter beim Forschungsnetzwerk »Human and Global Development Research Institute«, wo er sich interdisziplinär mit ethischen Fragestellungen befasst. Zudem war er als wissenschaftlicher Assistent am Institut für »Zukunftspsychologie und Zukunftsmanagement« der Sigmund-Freud-Privatuniversität in Wien und freischaffend in verschiedenen Kooperationen im Bereich Risikoforschung tätig. Er hat jeweils einen Bachelor in Philosophie und Geschichte sowie einen Master in Sozial- und Humanökologie.

Prof. Dr. Claus Dierksmeier hat eine Professur für Globalisierungsethik am Institut für Politikwissenschaft der Universität Tübingen inne; von 2012 bis Juni 2018 war er der Gründungsdirektor des Weltethos-Instituts. Er ist Mitglied des von der Päpstlichen Akademie der Wissenschaften und dem Sustainable Development Solutions Network eingerichteten *Ethics in Action Council for Sustainable and Integral Development* und ist außerdem seit März 2018 Mitglied der Europäischen Akademie der Wissenschaften und Künste.

Prof. Dr. Dr. Felix Ekardt, LL.M., M.A. – Jurist, Philosoph und Soziologe – ist nach sechs Jahren als Professor an der Uni Bremen seit Anfang 2009 Gründer und Leiter der Forschungsstelle Nachhaltigkeit und Klimapolitik in Leipzig und Berlin. Ferner ist er seit Anfang 2009 an der Universität Rostock (Juristische und Interdisziplinäre Fakultät) Professor für Öffentliches Recht und Rechtsphilosophie und Mitglied des Leibniz-Wissenschaftscampus Phosphorforschung Rostock. Forschungsschwerpunkte sind Recht, Ethik, Governance und Transformationsbedingungen der Nachhaltigkeit.

Dr. rer. pol. Raban D. Fuhrmann begleitet als international tätiger Verfahrensexperte Reformprozesse in Politik, Wirtschaft und Zivilgesellschaft. Er ist Inhaber der ReformAgentur für Prozessberatung und Leiter der Akademie Lernende Demokratie. Zudem forscht und lehrt er am Weltethos-Institut an der Universität Tübingen zu Governance, Bürgerbeteiligung und Demokratie 4.+.

Dr. Friedrich Glauner ist Philosoph mit langjähriger Unternehmererfahrung. Er unterrichtet und forscht am Weltethos-Institut, ist außerdem als Dozent an der Universität der Bundeswehr München, der Hochschule Weihenstephan-Triersdorf sowie der Forstlichen Hochschule Rottenburg tätig. Seine Arbeitsschwerpunkte liegen im Bereich nachhaltige Geschäftsmodelle und Unternehmenskulturen sowie zukunftsfähiges Wirtschaften.

Dr. Christopher Gohl ist wissenschaftlicher Assistent des Weltethos-Instituts und leitet den Bereich Lehre. Er habilitiert sich zum Themenbereich Werteentwicklung. Seine Arbeitsschwerpunkte liegen in den Bereichen Dialog, Demokratietheorie und Weltbürgertum. Er war zuvor als Leiter der Abteilung Politische Planung, Programm und Analyse einer Bundestagspartei tätig, außerdem für Unternehmen im Bereich Beratung und Mediation.

Prof. Dr. Dr. Ulrich Hemel ist seit 2018 Direktor des Weltethos-Instituts. Seit 1996 ist er außerdem Professor für Religionspädagogik an der Universität Regensburg. 2009 gründete er das Institut für Sozialstrategie (IfS) zur Erforschung der globalen Zivilgesellschaft. Er ist außerdem Bundesvorsitzender des Bundes Katholischer Unternehmer (BKU). Zuvor war er in verschiedenen Spitzenpositionen der Privatwirtschaft tätig, u. a. als Vorstandsvorsitzender der Paul Hartmann AG. Er ist Mitglied der Europäischen Akademie der Wissenschaften und der Künste.

Prof. Dr. Dr. h. c. Karl-Josef Kuschel ist Theologe und Germanist; er lehrte von 1995 bis 2013 Theologie der Kultur und des interreligiösen Dialogs an der Universität Tübingen. Außerdem war er stellvertretender Direktor des Instituts für ökumenische und interreligiöse Forschung und von 1995 bis 2009 Vizepräsident der Stiftung Weltethos. Gegenwärtig ist er auch im Kuratorium der Stiftung tätig. 2015 wurde er in den Stiftungsrat zur Vergabe des Friedenspreises des Deutschen Buchhandels berufen und zum Präsidenten der Internationalen Hermann Hesse Gesellschaft gewählt.

Dr. Klaus Leisinger ist Gründer und Präsident der Stiftung Globale Werte Allianz. Als Professor für Soziologie lehrt und forscht er weltweit an renommierten Universitäten über Fragen der gesellschaftlichen Verantwortung von Unternehmen bzw. ihrer leitenden Führungspersönlichkeiten. Er dient verschiedenen Institutionen als wissenschaftlicher Berater, u. a. dem Sustainable Development Solutions Network der Vereinten Nationen und der päpstlichen Akademie für Sozialwissenschaften. Bis 2013 war er Präsident und CEO der Novartis Stiftung für Nachhaltige Entwicklung.

Hanna Schirovsky ist Forschungs- und Projektkoordinatorin am Weltethos-Institut. Sie widmet sich der Frage, wie im Rahmen der Integration von geflüchteten Menschen die Suche nach und die Umsetzung von geteilten Werten im Sinne des *Projekt Weltethos* über kulturelle und religiöse Grenzen hinaus gelingen kann. Sie hat ein deutsch-französisches Doppel-Masterstudium der Internationalen Beziehungen in Berlin und Paris absolviert.

Dr. Stephan Schlensog ist Generalsekretär der Stiftung Weltethos. Er studierte Katholische Theologie und Indologie an der Universität Tübingen. Seit über 30 Jahren arbeitet er mit Prof. Dr. Hans Küng zusammen und beschäftigt sich seither umfassend mit den Weltreligionen und mit ethischen Fragen. Er hat u. a. zum Hinduismus publiziert.

Prof. Dr. Hans-Martin Schönherr-Mann ist Essayist und Professor für politische Philosophie an der Ludwig-Maximilians-Universität München. Thematisch beschäftigt er sich mit dem Begriff der Involution als Politische Philosophie der Zivilgesellschaft wie der partizipatorischen Demokratie im Anschluss an Hannah Arendt, Michel Foucault, Jacques Derrida, Richard Rorty und Judith Butler sowie den Themenbereichen Bildung und Politik, Existenzialismus und Poststrukturalismus.

Eberhard Stilz ist seit 2012 Präsident der Stiftung Weltethos. Er war ab 1996 Präsident des Oberlandesgerichts Stuttgart, von 2002 bis 2018 Präsident des Verfassungsgerichtshofs für Baden-Württemberg und bekleidete davor verschiedene öffentliche Ämter in Sachsen und Baden-Württemberg. Außerdem ist er u. a. Gesellschafter und Kurator der Robert Bosch Stiftung, Mitglied der Wüstenrot Stiftung und Vorstandsmitglied der Schwäbischen Gesellschaft.

Anna Tomfeah arbeitet als Referentin für Presse- und Öffentlichkeitsarbeit am Weltethos-Institut an der Universität Tübingen. Zuvor war sie als PR-Beraterin freiberuflich in einer Full-Service-Agentur tätig. Anna Tomfeah absolvierte ihr Masterstudium am europaweit einzigen Lehrstuhl für Allgemeine Rhetorik an der Universität Tübingen.

Dr. Bernd Villhauer, M. A., ist seit 2015 Geschäftsführer des Weltethos-Instituts. Nach einer Ausbildung zum Industriekaufmann und einem Studium der Philosophie arbeitete er in verschiedenen Unternehmen, bis 2014 als Lektoratsleiter in einer wissenschaftlichen Verlagsgruppe. Seine Arbeitsschwerpunkte liegen im Bereich der Finanzen, beim Aktienmarkt und nachhaltigem Investment. Er schreibt darüber auch regelmäßig in seinem Blog »Finanz & Eleganz«.

Dr. soc. Markus Weingardt ist Friedens- und Konfliktforscher mit dem Schwerpunkt Religion und leitet bei der Stiftung Weltethos die Bereiche »Finanzen« und »Frieden«. Zudem ist er als Gutachter und Berater in Wissenschaft und Kirche sowie als Coach und Mediator tätig. Er hat Politik- und Verwaltungswissenschaften in Konstanz und in Jerusalem/Israel studiert.

Michael Wihlenda ist Begründer der World Citizen School (WCS) am Weltethos-Institut an der Universität Tübingen, Vorstand des WCS – Alliance e.V. sowie Leiter der WCS an der Universität Stuttgart. Die WCS ist Gegenstand seiner Dissertation. Der studierte Volkswirt beschäftigt sich dabei mit Fragen des weltethischen Dialogs, der Wirtschaftspädagogik, Global Citizenship und Social Entrepreneurship Education.

Küngs Publikationen zum »Projekt Weltethos«

768 Seiten | Gebunden
mit Schutzumschlag
und Leseband
ISBN 978-3-451-35219-5

»Diese eine Weltgemeinschaft braucht einige verbindende und verbindliche Normen, Werte, Ideale und Ziele.« (H. Küng) Der Band enthält u.a. das Schlüsselwerk »Projekt Weltethos«, die Dokumente »Erklärung zum Weltethos« und »Allgemeine Erklärung der Menschenpflichten« sowie das »Handbuch Weltethos«.

In jeder Buchhandlung!

Rückblick auf das Schaffen und Wirken von Hans Küng

160 Seiten | Gebunden mit
Schutzumschlag
ISBN 978-3-451-38559-9

Anlässlich des 90. Geburtstags von Hans Küng blicken Wegge-
fährten und Schüler auf das Schaffen und Wirken dieses herausra-
genden Denkers zurück. Die Beiträge würdigen das vielschichtige
Lebenswerk Hans Küngs aus unterschiedlichen Perspektiven und
zeigen die bleibende Bedeutung seines Denkens.
Mit Beiträgen von Claus Dierksmeier, Hermann Häring, Margot
Käßmann, Johanna Rahner, Stephan Schlensog und Perry
Schmidt-Leukel.

In jeder Buchhandlung!

HERDER

www.herder.de